白杜村村志

许新民　主编

山西出版传媒集团
三晋出版社

村志编纂委员会

主　任：许廷生

副主任：许国伟　许新民　李文生　李连明　许钧民
　　　　李玉田　许华伟　许世平

委　员：李春雨　李会玲　许芳有　许建国　许继红
　　　　许晋平　许建民　许永红　许建峰　李九保
　　　　李廷俊　许高明　许建红　李文林　许林生
　　　　李连文　许银有　许陆孩　许文明　许连民
　　　　许兰生

特邀编委：李玉山　冯岩　侯耀强

村志编辑人员

主　编：许新民

编　辑：许钧民　许建红　冯华杰

打　印：曹梅瑞　许凯峰　许学娟　许迎辉

校　对：冯华杰

摄　影：许永红　许学海

白杜村地图

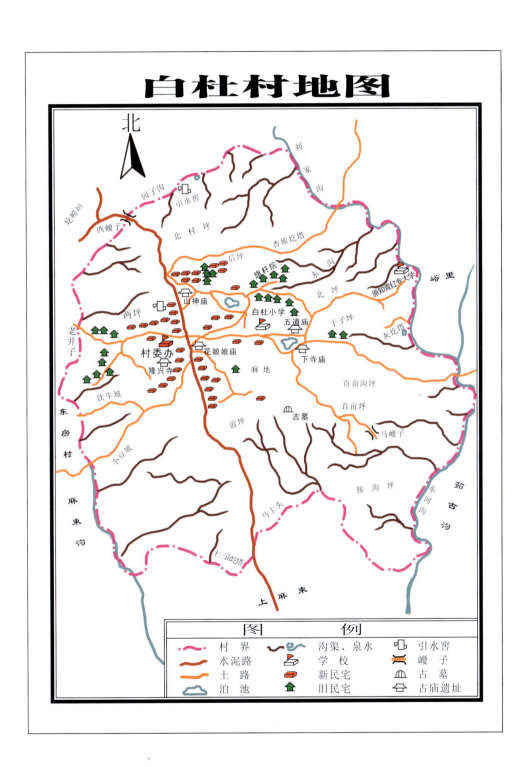

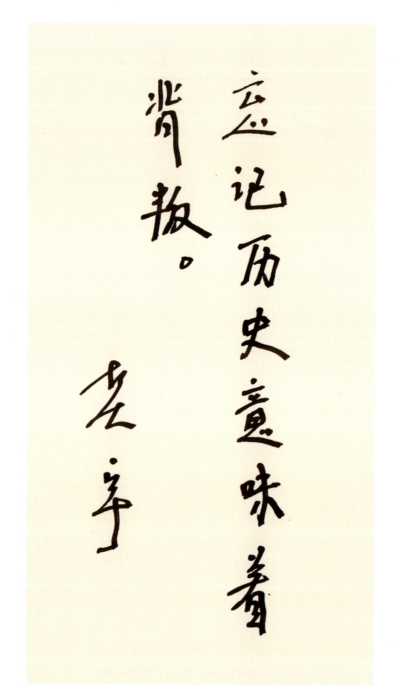

忘记历史意味着背叛。

大宁县人民政府县长樊宇　题

撰写村志　存史于世
昭示后人奋发有为

贺寅生

大宁县人大常委会主任贺寅生　题

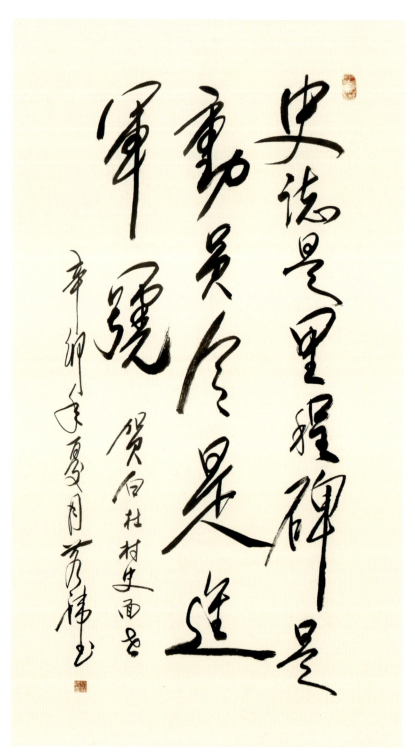

政协大宁县委员会主席姚如意　题

编委会成员照片

编委主任、支部书记许廷生

编委副主任、永和联社董事长许国伟

编委副主任、原农工部长许新民

编委副主任、原大宁县委副书记李文生

编委副主任、离休干部、原外贸局长李连明

编委副主任、原政府办主任许钧民

原政协副主席、编委副主任李玉田

昕水镇镇长、编委副主任许华伟

村委主任、编委副主任许世平

编委委员、政法委副书记李春雨

编委委员、原妇联主任李会玲

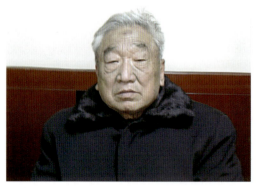

编委委员、原劳动服务公司经理许芳有

编委委员、原计委副主任许建国

编委委员、法院副院长许继红

编委委员、原政法委科长许晋平

编委委员、公安局副局长许建民

编委委员、运管所所长许永红

编委委员、原教育局纪检组长许建峰

编委委员、原二轻局副局长李九保

编委委员、原烟草局职工李廷俊

编委委员、原文化局办公室主任许高民

编委委员、政府办科长许建红

编委委员、粮食局科长李文林

原安古联区校长、编委委员许林生

编委委员、原大队党支部书记李连文

编委委员、原大队党支部书记许银有

编委委员、村民小组长许陆孩

农机局副局长、编委委员许连民

编委委员、原工行科长许兰生

特邀编委委员、中国散文作家协会会员、山西省作家协会会员、临汾市作协顾问、临汾市首届德艺双馨艺术家、大宁县作协主席、原县文联主席李玉山

特邀编委委员、临汾市史志编委、副编审、原县委党校副校长冯岩

特邀编委委员、县通讯组编辑侯耀强

序

　　《白杜村村志》成稿后，编者许新民同志约我为特邀编审，要我写篇序言，并提出修改意见。我离开修志工作岗位已二十余年，再就志稿评头论足，实是勉为其难，但我添在编审之列，又义不容辞。我只得细心通读志稿，根据我个人的看法，在统一规范、核实情节、人物传录等方面，提了一些意见。下面的文字就作为《白杜村村志》的序，一并交付新民同志，以此了结其约。

　　地方志是一门独立的科学门类，是一种边缘科学，也是一种严谨的科学的资料书，是熔多种学科于一炉的乡邦文献。村志又是县志的延伸和细化，是县志资料来源的重要组成部分。

　　《白杜村村志》真实地展现了白杜村的历史，记录了白杜村人民在中国共产党的领导下，从新民主主义革命到社会主义建设各个历史时期走过的战斗历程。志书如实地记载这些历史，既写成就，也记失误；见优势，也见劣势，从而有利于吸取经验教训、指导现实、启迪后世。

　　《白杜村村志》篇目设计遵循"分类立志，纵述始末"的原则，做到门类齐备、结构合理、横不缺项、纵不断线。志书文风严谨、朴实、简洁、流畅，坚持直书其事，述而不论，寓褒贬于事实的记述之中，基本上达到"观点正确，史料翔实，体例完备，特点突出，文风端正"的要求。

　　人物篇是《白杜村村志》的一大亮点。本志以传、录、表、简介诸体并用的形式，囊括了清代以来白杜村知名人物，村级干部，国家机关离、退休老同志和现今担任一定领导职务的机关、企事业干部，生动地展现白杜村地灵人杰、人文鼎盛、人才济济的风貌，起到了激励当代、启迪后辈的作用。特别是既坚持了"生不立传"的传统，又以"简录"形式记述了在世人物的事迹，这种创新尝试很值得重视和研究。

　　编修地方志是一项服务当代、惠及后世的大事。事业兴旺全在人民，修志亦然。志书主编须具备"通才"（知识渊博）、"专才"（精通专业）、"秀才"（文字功底扎实）和"干才"（有事业心）等素质，这是一部志书的成功所在。主编许新民同志以修村志为己任，勤勤恳恳，兢兢业业，任劳任怨，不怕苦累，殚精竭虑，废寝忘食，广征博采，秉笔直书，去芜存菁，精益求精。历时数年，终于定稿，其间的酸甜苦辣、困难曲折，非身临其境者是难以深切体会的。主编年近耄耋，更以一人之力，撰写洋洋巨著，这种老骥伏枥、壮怀不已的精神更是难能可贵，很值得我辈仰慕、学习。

《白杜村村志》实在是一本难得的乡土教材，珍贵的村情资料。由于编撰时间较短，瑕疵在所难免，但就它"资治，存史，教化"功用的社会价值来说，无疑是一本比较系统的、翔实的、值得人们翻阅的资料书。《白杜村村志》的问世，将使村人前有所稽，后有所鉴，这对有关领导全面客观地认识白杜村，把握地情，因地制宜，扬长避短，兴利除弊，科学决策白杜村的开发和发展，无疑有着十分重要的意义。

遵编者所嘱，恭书数语，拙笔匆匆，权且为序。

冯　岩

二〇一〇年十二月十八日

编写说明

在社会的发展变革中，任何时候、任何事物都离不开人的活动。一部志书所记载的各种社会现象，就应该也必须是通过各个时期各种人物的具体活动，去记述当地的一切发展变化。白杜村志就是按照这样的一个原则，在编写过程中始终坚持以人为本、以史为鉴这两个重要链条。以人为本就是通过广泛记述人物的具体活动、具体事例，深刻展示白杜村在各个历史时期、各个方面涌现出来的风流人物、爱国志士以及他们为祖国安全、人民幸福而做出的可歌可泣的英雄业绩。并以此为内容，用爱国主义思想，教育启迪后人，使世世代代的人们，都能和英雄的先辈一样，为祖国、为人民而英勇献身；坚持以史为鉴，就是坚持实事求是的优良传统，通过广泛记述白杜村在各个历史发展阶段，特别是党的十一届三中全会以来的社会变革、经济发展、生活变化等各方面的发展情况，广泛展现白杜村半个多世纪以来在中国共产党的领导下，生活节节高升、面貌日新月异的感人事迹，进一步说明只有在中国共产党的领导下，我们的日子才会过得更加美好，祖国才会更加强大，一个更加文明富裕、强大的具有中国特色的社会主义伟大国家，会以更新的姿态，展现在世人面前，进一步激发人们的民族情感和爱国热忱。编者在编写白杜村志的过程中，始终把人文状况和经济发展，作为白杜村村志的重中之重，不惜笔墨，重章成书，载入史册。本志纵贯古今、详今略古，上限溯至有史记载，下限截止 2010 年底。入志人物囊括清、民国和新中国成立后的知名人物、村里主要干部、国家机关离、退休老同志和现今担任一定领导职务的机关、企事业单位干部，以传、录、表三种形式，分别录入。全志涵盖白杜村一百多年来的发展历史和现实，以编、章、节为层次结构，纵览全局，按类分述，横排竖写，纵横结合，以史为主，志、图、表、录、述、记、照等综合并用，使读者较为深刻地领悟到《白杜村村志》是一部比较全面的百科全书。

《白杜村村志》在正文前列概述，以提纲挈领，使读者翻开书篇，看过概述之后，对全志一目了然；在志文末列有从晚清到中华人民共和国成立六十多年，历经一百多年、横贯三个历史朝代的大事记，其中有关白杜村的一些历史大事，分年加以记列，读者可以从中简略地看到，白杜村在一百多年的历史沧桑过程中，自然气候、辖属沿革、人物活动以及涉足各个时期的政治运动、历史事件、灾情祸异等简要概况。大事记采用编年体和记事本末体两者结合并用的方法记述，尽量做到文字简明扼要，事例简要清晰。

在编写白杜村志的过程中，由于很难收集到有文字记载的资料，因而所采用的多是口碑资料，所有资料都经多方对照，反复核实无误之后再采纳应用。数字和计量单位的使用，原则上一般都采用国家有关单位规定的标准。但也有兼以习惯用法的时候，如在有些章节中，就有多处地方使用市斤、市亩来表达数量。这样做的目的是想使志书更加贴近群众，更加符合乡村的一些历史习惯和实际情况。尽管志书编者在撰写过程中呕心沥血、费尽心力，但由于水平有限，再加上时间仓促，全志一定会有不少不尽如人意的地方，纰漏和错误仍然在所难免，特别在文字处理、章节安排上可能有些粗糙和不够科学合理的地方，趁此机会，尚请读者见谅，并加以批评指正。

概　述

　　白杜村地处大宁县城以北的白杜塬。从县城出发，进入麻束沟，到约五里处，向右拐，从麻束坡上坡后，途经下麻束、上麻束，共行程二十华里即到白杜村。全村属地呈东西宽约十华里，南北长约八华里，总面积八十平方华里。南同上麻束毗邻，北与刘家村隔沟相望，东与上茹古、太德，西同东房村、圪崂垣隔沟为邻。白杜村所处的白杜塬地理位置非常独特，东、南、西、北同四邻都被沟、河相隔，外界同白杜塬相交，进则必须爬山上坡，出则必须入沟下坡，是大宁县唯一没有平道同外邻接壤的单独山塬。白杜在全县是一个比较大的村庄。2010 年全村有 181 户，584 口人，其中外出工作人员 89 户，257 人；在村的 92 户，327 口人。

　　白杜村历史悠久。据传早在秦、汉时期就有先民在这里栖居，可惜尚缺史料印证，无法记述。据《大宁县志》所载记实和推测，清顺治八年（1651）白杜辖属永乐里；清光绪二年（1876）全村只有 150 多人，光绪三年遭大旱，人口伤亡过半，至光绪四年（1878）全村只有六七十口人。清宣统三年（1913 年）废里甲行乡制。民国六年（1917）改乡为编村，白杜村辖属茹古编村。从光绪四年到民国初年的四十年间，白杜村人口逐步增长一百多口人。到解放后的土改时全村共有 34 户 148 人，土改中全部分到了土地，无房居住的贫农户有的还分到了房子窑洞。中华人民共和国成立后，白杜村辖属小冯行政村。人民公社集体化时期，白杜村辖属安古人民公社。2009 年，白杜村同上下麻束村合并为白杜村民委员会，辖属昕水镇领导。时年，全村共有在村人口 312 人，同解放初期相比，人口增长近 49%。

　　白杜村垣面广阔，地势较为平坦，坐北向南，西北较高，东南偏低，易受阳光直射，有利作物生长。东西北三面都有长年川流不息的山泉小溪顺沟而出。整个山塬全由深厚的黄土覆盖，是典型的旱塬地区。全村所属境地广阔而平坦，村东有几处平缓的山梁从西向东延伸到峪里和茹古沟畔。山梁一般宽约一里左右，长约三至四里，每道山梁上都承载着一大片肥沃的良田。整个村貌酷似一个厚实丰茂的巨人手掌。我们的祖先曾给它起了一个神奇美妙而又悦耳动听的名字——神仙抓金掌。不过，这一耐人寻味的美名，由于年时深久，几乎失传，如今很少有人知道它。今再提及此事，铭记于本志，以资流传。白杜村地属干旱少雨区，气候温和，四季分明，一般春季干旱多风，沙尘弥漫；夏季酷热多雨，暴晒闷热；秋季阴雨连绵，大气温润；冬季干燥严寒，雨雪偏少。年平均日照 2500 小时左右，平均气温 10℃ 左右，全年气温高低差 38℃ 左右，一般正常年降雨量约在 450 到 550 毫米之间，无霜期在 200 天左右，比较适合农作物生长。

白杜村，民风醇厚朴实，村民勤劳正直、生活节俭。村民相处为邻，历来都是团结友爱、和睦相处，不论是和平安稳年代，还是政治风暴急骤动荡和战乱的年月，从来都没有发生过尔虞我诈、互相倾斗之事。村中有识之士，历来多把无谓的争斗行为当作小人之见予以驳贬，就是互相争吵斗殴的现象也极为少见。整个村子，多是一派欢乐祥和、和谐相处的宜人景象。村民素有较为深厚的中华民族情感和炽热的爱国豪情。邻里之间有了困难互相帮，遇到难题众人解，有了事情共同办，利益好事同分享。不仅左邻右舍能和睦相处，许、李两姓之间也从来不为宗族而相隔，不讲你近我远，互相情同手足。人常说，家和百业兴，人和万事通。和睦相处给白杜村各项事业的发展营造了良好的生活环境，奠定了优越的发展基础。在历史上，白杜村民就有习文练武、报效国家的优良传统。光绪之初，村里专门聘请上麻束村一位武术教师，给青年村民教练棍棒拳术，精习武艺，以备抵御外敌，响应国家号召。清光绪年间，各地暴发了以农民为主体的义和团大革命运动，据口碑传说，白杜村有五六个青年人参加了大宁兴起的义和团革命武装组织。

日本侵略中国给白杜人民埋下了祖辈难忘的深仇大恨。1938 年 3 月 17 日，日军十一师团的一股部队，在追击阎锡山十九军属部队时，铁蹄践踏到白杜村，烧死村民 2 人，烧毁房窑近百间（孔），抢走大批粮棉财物。日寇惨无人道的罪恶行径，激发了全体村民保家卫国的爱国热情。此后，在白杜村，就有 11 人先后参加了抗日战争、解放战争和抗美援朝战争。白杜村是大宁为革命而牺牲的烈士人数最多的村子，他们可歌可泣的业绩，将永远铭记史册，成为后人学习和借鉴的榜样。长江后浪推前浪，革命更有后来人。1949 年以来，白杜村的在龄青年，每逢国家征兵开始之时，个个争先恐后，踊跃报名应征。多年来，全村先后有 13 名青年经检验合格后应征入伍，除此之外，白杜村的男女青年积极响应党的号召，踊跃参加民兵组织，他们坚持在田间地头边劳动边学习边训练，有不少人练就了一身娴熟的军事技术本领，成了保卫祖国的后备中坚力量。

重视教育，舍得人才投资是白杜村民经久不衰的良好风尚。从晚清至今，村里基本上没有间断过兴办村级小学教育。绝大多数村民就是在经济十分拮据的时代，也要供应子女上学读书。有学校就能有文化，有文化就可出人才。从民国初年至 1949 年中华人民共和国成立之初，全村共有高级小学毕业生 9 名，中学毕业生 3 名，在当时教育发展十分滞后，各地上学人数极少的情况下，白杜村的"秀才"如此之多，确属难能可贵。从中华人民共和国成立到 2010 年，全村共有包括成人教育在内的大学本、专科毕业生 47 人，具有硕士、博士学位的 9 人，其中许乐是全县第一个考上北京大学的优秀学子，已经取得博士学位，在全县颇有影响。各类中等专科和初高中毕业生 200 多人，其中许光明是全县最早的高中毕业生之一。这是白杜村辛勤劳作的村民重视教育的体现，他们为党和国家培养出了一批又一批的有用之才。从 1949 年中华人民共和国成立以后到 2010 年底，白杜村先后有 150 多人外出参加了革命工作，有 120 多人加入了中国共产党。其中，担任过各级各类学校教师的就有 32 人之多（有大学教授、讲师 4 人），任教人数之多在全县名列第一。在外出工作的人员中，担任过省、厅级领导职务的 2 人，地、市、县团级领导职务的 8 人，局科级领导职务的 16 人。他们之中有全县第一个加入共产党组织的许建业；有中国共产党领导下的大宁县第一任县长许科堂；有全县第一个考入北京大学，一连刻苦攻读十个年头获得博士学位的许乐。截止到 2010 年，全村有离退休老干部、老职工 23 人，一个村离、退休人员如此之多，在全县也是极为少有的。白杜村不只是外出工作的人多，而且担任过局级以上领导职务的人在全县也是名列前茅的。在不少领域尚有成就的人也不少见。白杜村参加革命工作的人多，且不少人有一定的建树和业绩。在教育、体育、文学创作、书法、木雕、木刻等诸多领域都有所涉猎。半个世纪以来，白杜村在全县一直是一个人才繁多，精英荟萃的知名村庄。

听党的话，跟党走，党叫干啥就干好啥，这是白杜村人始终坚持的一条基本原则。1937 年，抗日战争爆发后，白杜村的革命青年许科堂、许玉祥、许凤堂、许执奎、许天圆等人积极参加了牺盟会，并在其组织里开展抗日救亡革命活动。但是，由于阎锡山实行不抵抗政策，还暗地里同日本侵略者相互勾结，把矛头对准了积极领导抗日的共产党人和牺盟会会员，大肆逮捕共产党和牺盟会会员，引发了惨无人道的晋西事变。大宁牺盟会在负责人带领下，于 1939 年 12 月撤离大宁，许科堂等人随同撤离。从此，他们跟随共产党，从抗日战争到解放战争，不少人献出了自己宝贵的生命。1947 年 7 月大宁解放后，党和政府号召成立农会组织，白杜村 20 多户贫苦农民，很快组建了白杜村农民协会，并先后选举李廷秀、许乃谦、李进祥、李进仓、李五常担任主任。农会组织在全村领导了 3 次土地调整，并于 1948 年 10 月正式开始了土地改革运动。土地改革依据中央颁发的《土地法大纲》，依靠农会，宣传发动群众，划定阶级成分，对全村土地进行丈量、登记、分级，所有地按三等九级逐块定产，然后采取按人带产，以产定亩，分配到户的方法把土地分给全村农户。在全村 36 户中，划定贫农 20 户，下中农 11 户，上中农 3 户，富农、地主各 1 户。

1949 年，西北解放战争正处于最后决战的关键阶段。为了打好解放大西北这一仗，党中央号召解放区人民，组织民工担架队支援前线。大宁和永和共同组建了一个150名民工担架队，跟随中国人民解放军十九兵团六十五军四十五师炮兵团出征作战。白杜村在县人民武装部工作的许瑞堂和在村务农的许厚堂两人积极报名应征。许厚堂赶上自家的毛驴，6月5日从大宁出发随同解放军途经陕西进发甘肃、宁夏，行程一万多里，历时4个多月，于10月31日胜利归来，受到县委和县政府的热烈欢迎，并举行了十分隆重的庆功大会。一个村同时两个人支前抗战，当时在全县也是独一无二的。1949年5月，《中华人民共和国婚姻法》颁布之后，按照婚姻法规定，结婚前，夫妇双方必须开具证明，到乡人民政府领取结婚证，但由于历史习惯的原因，不少人难于接受。在白杜村担任贫协会的李五常积极带头，同自己的未婚妻到乡政府领取了结婚证，成了全县第一个领取结婚证的新婚夫妇。1950年春天，人民政府号召农民成立互助组，共产党员李进仓、许建德二人同心协力，发动群众，同秋卜坪村的白寅生，上吉亭的付良义组建了三个闻名全县的模范互助组，多次受到政府的奖励。1951年，美国发动侵朝战争，眼看战火就要烧到中国东北边疆，同年4月，中国政府发出了抗美援朝的伟大号召，全国人民积极响应，捐献飞机大炮，报名参加中国人民志愿军。白杜村掀起了和平签名高潮。全村有一百多人参加了签名，二十多人积极报名参加中国人民志愿军，共捐献购买飞机大炮款五十多万元（旧人民币）。1950年共产党员李进仓办起了互助合作社，1952年共产党员许建德响应政府号召办起了农业生产合作社，由于白杜村比较早地实现了农业合作化，在当时大大促进了优良品种的推广和耕作技术的改进，有力地促进了农业生产的发展，多次受到县人民政府的奖励。1965年6月，党中央号召城市知识青年上山下乡，从北京派到我县130名知识青年在农村安家落户。这批知青被安置到白杜峪里沟，成立了大宁县知识青年水土保持基本建设工作队，县政府为他们在峪里沟打土窑，圈砖窑二十多孔，同年，为便利知青通行，县上决定修建从县城到白杜峪里沟知识青年水保专业队的简易山村公路。白杜村干部群众积极行动，主动让地修路，年底工程完工，白杜村也因此而成为全县第一个通公路的塬面村。1967年7月，白杜村在县政府的支持下，购买了一台30马力的拖拉机开上了白杜塬，成为了全县第一个拥有拖拉机而初步迈进耕地机械化的生产大队。有了拖拉机，土地深耕和田间运输有了保障，这在很大程度上促进了农业生产的发展。

白杜村民对中国共产党历来都怀着无比深厚的感情，早在抗日战争之前的1935年，在太原友仁中学就读的许建业加入了中国共产党，成为全县第一个共产党员。他入党后，积极为党工作，经常与北京、上海的党组织联系。在此期间，许建业还通过各种方式，同大宁一些进步青年紧密联系，传播马列主义，宣传中国共产党的政治纲领，是中国共产党在大宁县最早的活动者与宣传者之一。在抗日战争、解放战争中，全村在外地加入中国共产党的就有 11 人之多。在他们之中，就有 7 人为党、为祖国、为人民的革命事业献出了自己宝贵的生命。1947 年，大宁解放后，白杜村的许建德、李进仓、许登堂、许建功等人第一批加入了中国共产党，并于 1955 年建立了白杜村党支部，许建德被选为党支部书记，成为解放后大宁较早建立党的基层组织——村党支部的村庄之一。1952 年，白杜村还建立了团支部，由李廷杰担任团支部书记，吸收许新民、许芳有、许德贵等人为共青团员。要说本志编写的重点，应该是党的十一届三中全会以来，随着改革开放的不断深入发展，给白杜村在生活、生产诸多方面带来的巨大变化。改革开放 30 年，彻底改变了人们沿用了数百代的生活内涵，提高了生活标准，有效地加快了生产发展的步伐。第一，生活质量大大提高。1949 年，中华人民共和国成立前，村里人白天身上穿的，晚上铺的盖的，都靠妇女们用土纺车纺的线，土织机织的布来做。织出来的布，人们把它叫作"土布"，这种布幅面宽一般只有一尺七八，既不结实不耐穿，又不平整不美观。衣服被褥鞋袜，全靠用手工一针一线的缝制。人们穿破的衣服，缝上补丁继续穿，一件衣服穿好几年。人们常说："新三年，旧三年，缝缝补补又三年。"大人小孩，冬天上下穿一身内无衬衣外无外套的棉袄、棉裤。就这样的衣服也还是大人穿破了，裁剪一下再缝成衣服让孩子穿，大孩衣服小的不能穿了，再让小孩穿。1949 建国后，随着生产的发展，人们的穿戴明显发生了变化。除了自己纺织的土布外，一般还要添置一些白洋布、海昌蓝等机织平面布料做衣服。铺的盖的也多用大花洋布作被面和褥芯，鞋帮一般也都用各色灯芯绒来作面子。但做衣服鞋袜仍然是手工缝制。到六七十年代，虽然实行了棉花统购，人们到布坊扯布要布票（一个人一年发一丈二尺布票），但人们的穿戴还是发生了比较大的变化。一是很少有人自己纺花织布，土纺车、织布机基本退出了历史舞台。布料一般都用哔叽、斜纹、的确良面料；二是有一部分家庭有了缝纫机，不再用手工缝制衣服；三是人们开始在市场上购买部分成衣和鞋袜；四是穿绒衣、毛衣的人日渐增多；还有一个最明显的变化，在全村很难见到有人穿打补丁的衣服，多数人冬天穿棉衣内有衬衣外有外套。但是，人们穿着还是比较单调，只有白、灰、兰、黑几种浅淡的色彩，就连妇女儿童也很少有花红叶绿的多彩服饰。1978 年党的十一届三中全会确定改革开放的重大战略决策，使中国社会走上了日新月异的康庄大道。30 年间，人们的衣着穿戴发生了翻天覆地的巨大变化。全村不论大人小孩，一年四季的衣服鞋袜都到市场上买成品，夏天穿着丝绸服，冬天多着毛、绒衣，春秋青年人多为西服，老年人穿中山装和夹克服，妇女儿童一年四季全是色彩鲜艳的各式衣装，球鞋、皮鞋、运动鞋取代了祖祖辈辈沿袭多少代的粗布手工鞋。同城市人相比，有些只是在档次上略低一些。床上用的被子、褥子，多是苏杭出的丝绸面料，一般都铺有毛毯、大花床单。服饰样式、色彩、质量都具有文雅新鲜多样的特点。

在饮食方面，解放前多数人一年四季糠菜半年粮，农闲吃稀饭，农忙吃稠的，不少人一逢过年，没有粮菜充饥，只得外出乞讨。土改后，人们的饮食发生了比较大的变化，但只是能够勉强吃饱肚子。一日三餐以窝窝头为主，很少能吃到白面；一年四季只有逢年过大节才能见到一点肉食。集体化时期，由于生产力受到压抑，农业生产长期徘徊不前，多数人过着半饥半饱的生活。特别是在1960年到1963年几年间，由于天灾人祸造成的所谓"困难时期"，生产队在交够粮食收购任务后，每年给社员发的口粮十分有限，远不能满足人们的基本生活所需。最低时，一口人每月只能分到十几斤粮食，人人过着吃不饱肚子的生活，由于长期营养不良，不少人得了水肿病，严重影响到人们的身体健康。党的十一届三中全会以后，农村实行了分田到户的联产承包责任制，农民种地，一年下来，只要交足国家的，留够集体的，其余全是自己的，生产积极性空前高涨。只几年工夫，白杜村粮食产量成几倍翻番，所有家户不只是能吃饱肚子，而且饭菜花样不断翻新，一改过去长年吃窝窝头的历史，不仅一日三餐全是白面，而且平时也能吃到鸡鸭鱼肉。从吃饭只用点盐，到五味调料顿顿俱全，家家户户饭桌上都十分丰盛。孩子们平时能喝上饮料，吃到雪糕、糕点，小食品天天不断。人们高兴地说：解放后能吃饱饭，改革开放后能吃好饭，这样的日子，哪能不让人越过越高兴呢？

在住宿方面，白杜村千百年来祖祖辈辈都是分别居住在东西圪崂和后街的土窑洞内。据口碑传说，在清康熙五十年（1711）前后，正是人民安康、生活富裕的康熙盛世，清廷崇扬佛事，各地人民大建佛殿庙堂。白杜村是时杂居着白、曹、许、李四姓，亦共同集资，大兴土木，修建了规模宏大的隆兴寺大庙和下寺的单孔二层的寺庙。在此期间，村人白曹二姓各有一户修了西圪崂砖窑1孔，东圪崂西坪砖窑3孔。清道光年间，村人许毓麒父亲（实名无考）在东圪崂现在的旗杆院内，修了7孔砖面土窑。约在清咸丰年间有3户村人在东西圪崂中间坪里，挖坑取土修了3处地窑院，院内打旱井收纳流不出去的雨水。其中一院是许致祥的祖上挖修的。直到解放初，许致祥一家还住在地窑院内。至二十一世纪初年，地窑院坍塌后的坑型依然留存。解放后，村人为了办好学校在下乡干部李连民（本村人）倡导和组织下，在东圪崂西南处的坪里圈了4孔砖窑，作为学校教学使用。从1983年开始村里就有人在自己祖业遗留下的小片土地上修建砖窑。最早在坪里修建砖窑的是许文德等户，从八十年代初到新世纪初的十多年里，全村家家户户都在自己分的责任田的地头，或地边修起了宽敞明亮的砖窑。有的户多达五六孔之多，到2009年全村共建新砖窑183孔，全村绝大多数家户，都从东西圪崂搬到新修的砖窑内，原来东西圪崂和后街的土窑洞都被废弃。1998年，

概 述 007

由县上出资在学校院内修了三间平房作为教室。2008年在隆兴寺遗址往北处修了三间平房作为村委办公室。这是白杜村居住史上从来没有过的大变化，遗憾的是这样的大修建事前没有规划，自由发展，住户之间也比较分散。但是不管怎样，它的确是白杜建筑史上从来没有过的一次大壮举，极大地改善了人们的居住条件。

在出行交通方面，白杜村古来有两条道路出行。一条是白杜村经上下麻束到县城的官道，官道实际上也只是个弯曲狭窄的羊肠小道。一条是供村里人畜担水驮水的河坡。从西河坡下到沟底，到井子沟还能再从圪崂塬村东河坡上去到而吉塬。河坡甚陡，人们担上水后想歇会，没一点平地放水桶。其余所谓道路都是些田间小道和放牧牛羊的山坡小道。1965年县政府为了解决白杜峪里沟知识青年的交通问题，出资修通了从县城到白杜村东峪里沟知识青年居住点的简易公路。从1998年到2002年，县政府两次投资5万多元，修通了白杜西边的简易公路。2009年由国家投资25万元，把麻束沟到白杜和白杜到圪崂塬的简易公路，铺成了水泥路，使人们的出行条件得到了根本改变。人们到县城不是骑摩托车就是开着三轮拖拉机，过去走人行小道时，从白杜到县城，一般需要两三个小时，现在只需20来分钟。经过多年整修，全村所有的田间小道也都变成了能走平车、拖拉机的平坦道路。过去运输全靠驴驮人担，现在全用平车、拖拉机拉运。毛驴的驮鞍和人用的扁担全成了闲置品。

第二，生活条件发生了根本性的变化。

伴随着生产的发展，生活的提高，白杜村民的生活条件也发生了日新月异的根本变化。村里人祖祖辈辈人畜吃水靠在三四里远的西河沟驴驮人担。解放后政府号召打旱井，全村共打旱井30多眼，解决了部分人畜饮水常年四季都得下沟找水的问题。1968年，在国家的扶持下，以柴油机作动力，用钢管在西沟井子内抽水，实现了引水上塬入村。2006年到2009年国家又两次投资，从圆子沟引水到村，并给家家户户安装了自来水管道，我村于2010年家家户户吃上了自来水。1985年村里通了电，家家户户用上了电灯，人们告别了祖祖辈辈用煤油灯照明的历史。有了电，大多数村民都用上了电饭锅、鼓风机，并且购置了电视机。2009年国家出台了家电下乡的补助政策，农民购买家电国家补贴13%，不但家家户户有了电视机，不少户还购买了电冰箱、洗衣机等家用电器。这一年全村购买家用电器消费达3万多元。1972年，白杜村安装了电话。进入到二十世纪以来，村里的通话设备由单机单线变成了程控线路。不只大多数户都安上了更加方便的程控电话，而且有差不多一半以上的农户都用上了更为方便的手机。长久以来，村里人磨面、碾米用的是石磨、石碾。一合石磨一整天能磨六七十斤粮食，十分费时费力。村里通了电，村民许继成自筹资金买了碾米磨面的加工机械，从此，沿用了世世代代的石磨石碾全被废弃。

第三，农业生产条件有了根本改变，生产得到了大力发展。新中国成立前，白杜村的农业生产同全县各地一样，一直采用传统陈旧的粗放耕作方法。其特点是劳动生产工具粗放陈旧，效率低下。用旧木犁耕地，两头牛和一个人一天只能耕一二亩地，而且耕得非常浅，只有二、三寸深。种子从不更新，多代不变。肥料只有牲畜圈肥和少量的羊粪，因此产量较低，一亩好平地顶多能产一百来斤粮食。解放后，政府号召改良和推广农作物品种，普遍改木制犁为比较先进的七寸铁步犁；又大力推广秸秆沤肥，并开始使用化学肥料。生产条件的改善，使生产力有了明显提高，一亩地一般都能产到三四百斤粮食。农村实行人民公社化的集体生产之后，虽然化肥增多、优良品种基本普及，而且更新换代步伐也不断加快，但由于农业生产关系的所有制形式不能适合生产发展的需要，大大限制了人们的生产积极性，农业生产一直处于徘徊不前的局面，劳动生产率十分低下，收入越来越少，人们生活水平不但没有提高，甚至出现了填不饱肚子的局面。党的改革开放政策实施以来，党中央给了农村、农业和农民许多宽松实惠的政策。农业生产责任制的实行，大大解放了农村生产力。减免学杂费，取消农业税，退耕还林，国家给钱给粮，买种粮、买农机给农民补贴等一系列优惠政策，使白杜村民得到了很大实惠，从此村民开始不断增大对农业的投入。到2009年底全村共有手扶、三轮、四轮拖拉机二十七台，30型和50型拖拉机各1台，耕地、运输都用拖拉机，完全代替了过去的畜力。优种、密植、化肥、农药、地膜覆盖、化学除草等新技术，成了农业增产的主要措施，一亩玉茭子由亩产1200斤可提高到1800斤。同解放前相比，亩产提高了十几倍。全村80%以上的户银行有存款，截至2009年底全村存款额达到100多万元。村里人高兴地说，我们现在的日子越过越红火，越过越甜美。真是电灯不用油，耕地不用牛，吃水自己流，做饭不点火，米面加工机械化，在家便知天下事的现代化生活。

　　第四，农业生产大发展，粮食产量大提高，经济收入大增加。解放前，由于耕作粗放，农业生产水平十分低下，一年四季，人们从早到晚把东山日头背到西山，天天辛勤劳作，一年下来一亩地最多能收100来斤粮食，天年不好时甚至连种子都收不回来，打的粮食，多数户连肚子也填不饱，经济收入十分有限。在那些年代，村里人除过买火柴、食盐，添置部分锄、镰、犁、耙外，再就没有别的花费。地里收什么吃什么，收多少吃多少，年复一年都在走着简单再生产的单一农业经济的老路。伴随着封闭、守旧、艰苦落后的生产生活条件，村民们过着极为艰辛的小农经济日子。解放前，阎锡山实行编组分地、兵农合一后，大部分穷人因受催粮要款、抓壮丁当兵所逼，都背井离乡，逃离本村。全村有10多户40多人流离他乡，有近三分之一的土地弃耕荒废。全村连续几年粮食产量不足两万斤，人均不到200斤。经过强征公粮，人均生活用粮所剩无几，不少人一年四季不是以野菜充饥，就是外出行乞，可是在那个年头，各地黎民百姓都是过着有饥无饱的生活。出门行乞，往往是空出空进。村里人编的顺口溜说："兵农合一好，地里长满草，人民饿肚皮，生命都难保"。解放后，外出的村民们才陆续返回白杜，土改时全村有 32 户，125 口人参加土地改革，分得了土地，从此人人有地种，公粮和税款也比解放前大为减少，人们开始过上了安安稳稳的日子。从 1949 年到五十年代初，粮食产量不断攀升，人均产量从 1948 年的 250 斤到 1952 年的互助合作化时期上升到人均 400 斤左右，基本上解决了填饱肚子的问题。村里人高兴地说："三十亩地一头牛，老婆娃娃热枕头，穿衣吃饭不发愁，油盐酱醋样样有"。到了六、七十年代，从高级农业社到人民公社化期间，随着农业机具和优良品种的不断更新，逐步加大农药、化肥的用量、粮食产量有了一定的增加，但由于集体劳动生产的形式，以及劳动计酬的办法不能适应生产的发展，严重挫伤了人们的劳动生产积极性，白杜村的农业生产和其他各地一样，不但徘徊不前，甚至还有所降低。在六十年代，甚至又出现了因粮食不足而挨饥受饿的现象，一个农村人口一月的口粮，只能吃到十四五斤原粮，村民又经历了一段时期饥寒交迫的苦楚生活。人们十分遗憾地说："学大寨轰轰烈烈成效低，集体化天天干活收入少，真没想到咱们又走了一段回头路。"更为严重的是，在所谓史无前例的"无产阶级文化大革命"期间，"四人帮"胡说什么"宁要社会主义的草，不要资本主义的苗"，进一步挫伤了人们的生产积极性，再加上所谓"割资本主义尾巴"运动，在集体分不到粮食和钱的情况下，村民们用空余时间开点圪崂地，喂几只鸡下几个蛋，都被当作资本主义，横加批判斗争。在集体分的粮食不够吃，人们再没有任何来钱路，生活十分窘迫。人们说那时期人们的日子是"天天受苦打不下粮，人们手里没有钱，饿着肚子搞批判，日子越过越艰难。"党的十一届三中全会后，改革开放的春风吹遍了祖国的大江南北、长城内外，白杜村也迎来了一片曙光，逐步实现了以家庭联产为主要形式的大包干责任制，人们的生产积极性空前高涨，农业生产迎来了前所未有的高速发展时期，粮食产量连年大幅度增长。1978 年，开始实行责任制的第一年，白杜村粮食产量在 1977 年 16 万斤的基础上增加到 25 万多斤，落实责任制的第三年粮食产量达到了 33 万多斤，实现了粮食产量翻番。到八十年代中期，不仅粮食产量连年大幅度上升，而且全村出现了一批粮食收入超万斤户，经济收入超万元户。村民许银有外出到三多公社东堡村承包果园，连续几年每年收入都在两万元以上。就连年过六十常年有病的许金奎和他的老伴，一年也能收到近一万斤粮食，没过几年，他还圈了三孔砖窑，有了宽敞明亮的新居舍。到九十年代，特别是进入二十一世纪以来，村里超万斤的粮食大户更是层出不穷。2009 年，村民李录田全年产各种粮食 25000 多斤，经济收入达到三万多元。本年度，全村粮食产量达到 50 多万斤，是集体化时期 1977 年全年实收粮食产量的三倍，人们高兴地说："邓小平号召人们解放思想，实行改革开放，为中国经济发展绘制蓝图指明前进方向；江泽民倡导三个代表，发展国民经济，让人民过上了幸福生活；胡锦涛提倡科学发展观，走和平建设道路，引领亿万人民走上小康富裕的幸福大道。"

第五，随着改革开放的不断深入，白杜村民的思想观念发生了根本性的变化。长期以来，人们普遍故步自封、因循守旧，祖辈都守候在耕作种地的小农经济的圈子里谋求生计，很少人离开白杜塬这块小天地。而现如今，村里不少有富余劳力的年轻人，争先恐后走出家门，进入到大都市，外出打工的人越来越多。尤其进入九十年代以来，随着农业生产大幅度发展，在政府政策的调控下，坡地退耕还林、山坡沟凹小块坡地逐渐弃耕，所剩平地已不够日益增多的农村劳力耕作，白杜村劳动力剩余问题十分突出；更为重要的是人们在改革开放的浪潮中，十分需要大量的劳动力来补充城市用工的不足。在这种情况下，白杜村一些有理想有志气的男女青年，纷纷外出走入农民工的行列，长期到省内外一些大城市打工，甚至安家落户，也还有一部分是农忙在家种地，农闲就近外出打工。这一外出打工的热潮，同旧社会给地主资本家扛长工打短工有着本质的区别。过去扛长工打短工是出于家中无田耕作，为挣一口饭填饱肚子过日子；改革开放后的农民工，是为了开辟发财致富的新门路，而且大都是在高楼林立的大城市，是在更加宽阔的工商领域内找活路、开财源。改革开放以来，截至 2010 年全村先后有 116 人外出打工，从临汾、太原到大同，以至广州、深圳到上海、北京，都有白杜打工人的足迹。在外出打工的人中一般每月工资都在千元左右，少数人甚至可达两三千元，他们除了满足自己的日常花销外都还有一定的结余。更为可喜的是，有一部分人在有了一定的经济盈余后，自己开始经工经商，成了小有名气的私营企业"小老板"。许秋平早在八十年代就外出到大同市，在一个安装公司打工，由于他心灵手巧思想解放，不仅掌握了焊接技术，在企业经营上也有了一些专长，不久自己就办起了安装小企业，甩掉打工者身份的他，很快就进入到企业管理领域，使自己的小企业赚到一笔又一笔的大钱。到 2009 年他的年收入达到了二三十万元，不仅有了属于自己的小汽车，还在大同市区买下一套称心如意的住房，两个孩子也在大同上了学。同样在大同打工的许春红，经过几年的努力，也办起了自己经营的水暖安装、焊接小企业，2009 年到 2010 年，他的企业就完成了 100 多万元的生产任务，许春红已成为白杜村在外打工积累资金最多、私营企业规模最大的一个农民企业家。外出打工和经工经商早已成为白杜村的一大支柱产业，由此而发家致富的也大有人在。人们深有体会地说："走出白杜小天地，见了人间大世面，不仅手中有了钱，而且学到发财致富的真本事。"

目　录

第一编　境域　建置　自然状况

第一章　境域　地貌

第一节　境　域

白杜村位于大宁县城以北的山塬上。县邑人把以县城为中心的全县境内的自然区域概括为东川、西川和南川；东塬、南塬、西塬和北塬。自南而来的义亭河流域叫作南川。把在南川的吉亭、三多、川庄等村居住的村民叫作南川人。自东而来的昕水河流域称为东川。把位于东川的小冯、罗曲、下胡城等村的村民叫作东川人。昕水河和义亭河在县城以南合流后向西而去，仍称昕水河，其流域为西川。把在葛口、甘棠、曲峨、徐家垛等村居住的村民叫作西川人。太德万亩塬惯称东塬。东庄坪、榆村等山塬称南塬。白村、杜峨、西房村等称西塬。麦留、安古、白杜等山塬叫作北塬。按上述各区域内村庄所居住的村民分别叫作东塬人、西塬人、南塬人和北塬人。白杜村立地白杜塬，其塬面在县城以北，故被称为北塬。县域境内的外乡外村亲友，往往用亲昵的口吻把白杜人称作北塬家（亦称白杜家，当然，对其他川塬的人也有如此亲切感的称呼）。白杜村距县城 20 华里。从县城北端进麻束沟，沿沟畔行进，走约 5 华里，向右拐，过"红专桥"，从麻束坡上坡后就到了白杜塬。沿塬北行，途经下麻束、上麻束，到了塬头就是白杜村。白杜村属地呈方圆形，东西宽约 10 华里，南北长约 8 华里，总土地面积为 80 平方华里。南同上麻束为邻，相距 5 华里。北与刘家村隔沟相望，翻一道河沟，上下有 5 华里行程。东同上茹古、太德村，西同圪崂塬、东房村都是隔沟为邻。距茹古有七八里路程，距东房村也只有 5 里之遥。

白杜村立地的白杜塬上只有 3 个村子，即白杜和上、下麻束，地理位置非常独特。整个塬面东南西北四面同四邻都被河沟相隔。外界同白杜塬相互往来，进则必爬山上坡，出则要下坡入沟，是大宁县境内唯一一个没有平道（或山梁道）同外界接壤的单独山塬。由于进出不便，虽然离县城较近，但有史以来，每逢战乱，各方兵士上塬入境侵扰村民的情况比邻村要少得多。因此，白杜村人同其他村相比世世代代还是比较安宁和平静的。

第二节　地　貌

　　白杜村在白杜塬的最北端，塬面比较广阔，地势也较为平坦。整个村落地域坐北向南，北高南低，一年四季太阳光直射时间较长，人们把这里的土地叫作南阳地。时至冬日雨雪普降之后，太阳一蒸晒，就会出现站在村头，往南看雪，往北看麦的景象。

　　白杜村东边、西边、南边、北边都有长年川流不息的山泉小溪顺沟而出，向南而去，流入县城南面的昕水河。虽有河沟流水，但亘古以来，除西河沟的一股小泉水供人们饮用外，其他水流都没有得到有效的利用。近几年来，北面园子沟、刘家沟，东面的东沟、峪里沟都由国家投资筑起了一道道土坝，建成大小不等的小型坝库，但除了起到水土保持的作用外，也还没有收到其他效益。在不久的将来，很可能被用于鱼类养殖和灌溉农田等，前景是十分美好的。白杜村的整个山塬全由深厚的黄土覆盖，土壤为地带性褐土，是典型的少雨干旱地区。全村所属境地广阔而比较平坦。由于雨水的冲刷，村东有五道小沟相隔的平广山梁，从西向东伸向峪里沟和茹古沟畔。每道山梁南北宽约六七百米左右，东西约两千米左右。每道山梁上都承载着100多亩大片肥沃良田。这些山梁自古以来都各有名称，一般都叫作"坪"。从北面起一直往南依次为北村坪、北坪、于子坪、柏木沟坪、暗沟坪等。北村坪最短，似手掌的大拇指，其他四坪都较长，活像其余四根手指，它们都和村子中心的又大又广的中心塬相连。仔细观察，白杜村的地形就像一个厚实丰茂的巨人手掌，五指直指太阳升起的地方。据传，早年先辈概括上述地形，给它起了一个神奇美妙又悦耳动听的名字，把它叫作"神仙抓金掌"。这一耐人寻味的美名，由于年代久远，已经快要失传了，后人很少知道它的来龙去脉。

　　村西北有一条横跨在东西两塬半山腰中悬崖陡壁、十分险要的山路，人们称它"西崾"。由于崾的形状弯曲细长，所以，很早就有人传说这个腰子是金线吊圪芦。也是白杜村一处风水宝地的象征。白杜村还有两个收积雨水的泊池，一个叫大泊池，在五道庙前；一个叫小泊池，在东圪崂的大坡子上面。这两个泊池在下雨时把四面八方流来的雨水积存起来，供全村牲畜饮用。夏天大人们在池边洗衣服，孩子们在泊池里戏水游泳。由于雨水只能流进两个泊池，不能流出，就像一股股源源不断的财源一样，只会进不会出。人们说白杜村是块风水宝地，村子的风水好，住在这里的人福气好、财命大。以上几种对白杜村地形地貌形象的优美传说，虽然缺乏一定的科学依据，但是足以说明，自古以来，在这里祖辈居住的人们不仅热爱自己的家乡，而且对自己的家园寄托了无限美好的希望，对建设好自己的家乡充满了极大的信心。

第二章　村置　辖属

　　白杜村历史悠久，据口碑传说，从秦汉以来，就有人居住，再加上最近几年挖掘出土的一些文物的初步印证，也足以说明白杜村置村的时间确实是很久远的，据大宁县志记载，清朝实行里甲制。清光绪三年（1877）前白杜村属永乐里，清光绪三年后，全县将十个里统编为三个里，白杜村仍归永乐里管辖，清宣统三年（1911年）废里甲行乡制，民国初年沿用清制。民国六年（1917年）改乡治为编村，全县共划设九个编村，白杜属茹古编村。民国八年（1919年），改编村制为区，下设编村，全县划分为3个区，25个编村，白杜属城关区（即一区）当支编村。1928年改编村为行政村，白杜仍属当支行政村。1935年，改行政村为乡，乡辖村，村辖间，间辖邻。全县共设3个区，26个乡，211个间，591个邻。白杜村属第一区即城关区当支乡，白杜间分为东圪崂、西圪崂、后街三个邻。1938年，将26个行政村缩编为9个编村，白杜村属当支编村。1946年又将编村改为乡。1949年中华人民共和国成立时，一区设小冯，辖城关、茹古、当支3个行政村，白杜属一区当支行政村管辖。1950年，区未变，行政村由9个改为23个，白杜属东房村行政村管辖。1953年将23个行政村改为1镇18乡，白杜仍属东房乡管辖。1955年之后，全县虽然乡的规模数量有几次改变，但白杜村一直隶属东房村乡管辖。

　　1958年，大宁、隰县合并为隰宁县，县城设在隰县。原大宁辖地除太德乡划归隰宁县午城镇外，其余乡镇划为1镇3乡，即大宁镇、三多乡、曲峨乡和太古乡，白杜属大宁镇管辖。同年，一镇三乡合并，大宁镇、三多乡合并成立共产主义人民公社，曲峨乡、太古乡合并为卫星人民公社，白杜大队属共产主义人民公社管辖。1961年恢复大宁县建置后，大宁县设建10个人民公社，辖89个生产大队，337个生产队，405个自然村。白杜村属当支公社管辖。白杜村同上、下麻束为一个生产大队，白杜村分东西圪崂两个生产队。

　　1963年，改当支人民公社为安古人民公社，白杜大队属安古公社管辖。

　　1984年人民公社、生产大队、生产队分别改划为乡（镇）村民委员会和村民小组。白杜村属于安古乡人民政府白杜村民委员会。白杜村东西圪崂分为两个村民小组。

　　1985年，全县改设为2镇8乡，96个村民委员会，340个村民小组，405个自然村，白杜同上、下麻束分为白杜，上、下麻束两个村民委员会。白杜村设东、西圪崂两个村民小组。

2001年，大宁撤并乡镇，全县共设昕水、曲峨两镇，太古、徐家垛、三多、太德4乡，白杜村和上下麻束合并为一个村民委员会，划归昕水镇管辖。

第三章 民居布局

白杜村祖居为三大片，即东圪崂、后街、西圪崂。坪里只有一少部分住户。古人把住所定位于圪崂地带，根本原因是舍不得占用耕地作住房。可见先辈们珍惜耕地的理念是非常强烈的。东圪崂在东沟沟底之上，从阳面到阴面沿土崖下修建土窑居住。西圪崂坐东北向西南，是个半圆地形，土窑大体是分为三层的台阶式。

1980年以后，人们逐步放弃了东、西圪崂的旧式土窑洞，完全打破了东、西圪崂和后街三大片的布局，原来三大片的居民混杂在一起，大部分在自己分的责任田的边角修建砖窑。村民建房不仅占了大量的农田，而且又没有统一规划，相互距离又很远，最远的户与户之间有三四里。南到村子南的前坪，北到北村坪，东到于子圪洞，总的情况是由过去的聚居变为散居，有的户甚至变成了独居。还有一点与过去不同的是不仅庭院大大地扩大，而且房前屋后比较广阔，人们在房前屋后可以栽植果树、种蔬菜。

第四章　地名集

一、村中地名

东圪崂、背边子、背坡子、瓦窑、背院、背道、大坡子、小坡子、阳边子、旗杆院、书房院、书房背后、楼浮上、沟里、圪旦上、十字街、学校院、地窑院、大泊池道、小洎池道、山神庙、山神庙圪洞、花娘娘庙、花娘娘庙圪洞、庙圪旦子、上寺、下寺、圪登场、五道庙、果子园、后街、寺子豁、西窑圪洞子、西圪崂、前梢边子、庙圪洞子、麻地场、后圪崂、舍西、坪里、西坡、河坡、桃园圪吧子、后坪、后坪渠等四十多个地名。

二、村外地名

背条子、背凹子、杨树凹子、九亩圪塔、东沟、库道、东洴、石刻、北坪、北坪圪洞、小坪、驼腰、半坡山、柏木沟、圪刺坟、半升舒、贺家渠、下坪、三尖子、大坪、大坪坡子、牛糟圪崂、圪垛地、平家渠、西河坡、西腰界、二十四亩地、羊家圪崂、圪梁窝、南角上、大坡圪塔、黑老娃汕、茹古道、马腰子、马腰子渠、马腰子圪台、马子头、马窑坡、大柴家子圪梁、小柴家圪梁、高家地、上安沟、下安沟、安洴塌、麻地、麻地圪洞、地南头、寺圪塔、前坪、三十亩地、寨子上、麻上头、十三亩圪塔、饮牛坡、瓜条子、和尚圪塔、小豆坡、庙塔、井子沟、门路渠、腰上坡、梨园圪塔、金拘子、刘关家、北村坪、杏坡圪塔、班庙圪塔、九亩圪塔、别别圪塔、窝里圪塔、桃沟渠子、青前子圪塔、郝家圪塔、房村洴、西洴、园子洴、大腰河、刘家洴、峪里洴、茹古洴等八十多个地名。

第五章 自然环境

第一节 气 候

白杜村是个干旱山区，由于地势向南倾斜，属南阳地面，太阳照射时间较多，再加上西北面的高山、双锁山作屏障，深冬初春吹来的西北风风势多被减弱，所以比东塬和南塬一些村庄平均气温要略高一些。自然气候也要好一些，白杜塬气候比较温和，一年四季分明。一般春季少雨多风，风尘弥漫，天气冷暖多变，春寒年份较多，越冬返青的小麦和早春的作物容易受冻，往往造成农业减产减收，由于雨水减少，多数年份的春耕下种难以正常按时进行，故村人有"春雨贵如油"之说。夏季酷热多雨，有利于农作物的生长。雨量一般占年降水量的一半还多一些，而多为风暴雷电交加的大阵雨，往往会出现冰雹、大风灾害。严重干旱往往在小麦扬花灌浆季节，极容易出现干热风现象，对农田庄稼特别是小麦造成严重灾害。不少年份会出现伏旱，也会造成秋田减产。秋季阴雨连绵，大气湿润，光照足。多数年份，秋末易出现连续多天的降雨天气，有时大雾迷漫，清晨，树木、野草和田间庄稼苗上都挂满了露珠，略有寒意。冬季干燥严寒，雨雪偏少，阵阵偏北风常常袭来，大风沙天气较多，时过三九季节后，寒冬日渐减弱。

全年日照时间约 2500 小时左右。六、七、八月间天长夜短，日照时间最长；十一、十二月夜长昼短，日照时间最短。在这两个时段内，日夜时差最长时可达 9 个多小时。以节令计算，夏至这天白天最长，夜间最短，太阳在 5 点多就会露头，而到下午 7 点多，太阳才会落山，白昼时数长达十四五个小时；而冬至当日白昼最短，夜间最长，白天时数只有十来个小时。年平均无霜期为 220 天左右，有些年份早春解冻较晚，秋天下霜较早，无霜天数只有 190 天左右，而有些年份由于春暖早到，秋日姗姗来迟，无霜天数为 250 多天左右，两种情况，无霜期数差 60 来天，遇到无霜期最短的年份，晚秋作物往往难以成熟，农田减产。

从历年情况来看，每年的降水量相差较大，年际变化不小；平均年降水量 500 毫米。降水量最多的年份，全年雨量可达 800 毫米左右，而最少年份甚至出现不足 200 毫米的现象，出现这样的情况，一般就成为旱年，形成旱灾，造成农田减产。

第二节　土壤植被

白杜村地表土壤为地带性褐土土壤，属黄土质碳酸盐褐土性土。在古代，整个山塬被森林覆盖，由于地面植被较好，塬面沟壑较少，较为完整，坡面沟壕也少，坡面整体较大。但自有人类居住以来，随着人口的增加，烧火取暖做饭，人们以林木为薪，加之开垦面积的不断扩大，土地多为农田占用，羊牛的发展，使自然留存的植被遭到严重的破坏，山野荒坡形成光秃现象。以1949年为例，全村土地林草有效覆盖率不足15%，造成水土严重流失，因此，同古代相比，沟壑越来越向上移，坡地更加支离破碎。

第三节　野生动植物

动　物：

野生大型动物有狼、狐狸、狍子、野兔子、獾子等；小型动物有旱青蛙、草蛇、壁虎、犰狳、黄腰、田鼠、蝎虎等。

飞鸟类有野鸽子、斑鸠、麻雀、山鸡、野鸡、乌鸦、布谷鸟、鹞子、喜鹊、红嘴鸦、千千子、火燕、燕儿、大雁、麻尾鹊、老鹰、猫头鹰、啄木鸟、黄鹂、呀拍夫、鹭鸶等。

小体动物有蚂蚁、蜘蛛、蚯蚓、花媳妇、猫舅舅、拉地虫、粪爬牛、圪蚤、臭虫、萤火虫、天牛牛、例退、圪鲁虫、蜗牛、蚕、簸箕虫、椿姑姑、赤峰、蜜蜂、柴峰、蝇子、蚊子、蝎子、蜻蜓、蜈蚣、蚰蜒、蝴蝶、蝗虫、山里、千打、蝈蝈、曾牛牛、扫毒子、狗蝇等。

候鸟有大雁、燕子、火燕、布谷鸟等70多种。

家养类有牛、驴、骡、马、羊、狗、猪、鸡、鸭、家兔等10多种。

进入五六十年代以来，由于大量捕猎和农药杀害，一大部分动物逐步减少，粪爬牛、野鸽子、乌鸦、喜鹊、红嘴鸦、麻尾鹊、老鹰、啄木鸟、鹭鸶基本绝迹，野狼、狐狸极为少见，山鸡、野鸡等数量大减，大雁、火燕、燕子等候鸟也很少再来，唯有野兔、獾子不仅数量不减，而且在有些年份还给庄稼和小树苗造成灾害。

植　物：

树木有柏树、椿树、榆树、白杨、土梨树、红心杨、柳树、刺槐、楸树、桐树、桑树等。

果木树有梨树、小果子树、苹果树、山楂树、桃树、杏树、李子树、核桃树、花椒树、枣树、玉黄树等。

灌木类有葡萄、野葡萄、樱桃、酸枣、柠条、荆条、山桃桃、木瓜、茹茹、马茹茹、蛇茹茹、荆梢等。

药用植物有麻黄、连翘、野菊花、当归、柴胡、瓜蒌、防风、白芷、远志、黄芩、艾草、枸杞、五加皮（羊条梢）、马草（知母）、甘草等数十种。

草本植物数量较多，共约有20多种科目，有黄蒿、铁杆蒿、菅草、枝枝、羊条梢、苜蓿、红黄蒿、抓地龙、兔圪联、施孩旺、麽子梢、苦苦菜、阳子、野百合、火有子、苍耳草、鬼圪针、刺苋、蒺藜、沙蓬、灰条、猪耳朵草、野茴香、羊角角、打碗碗花、牵牛花、卜萝萝蔓、马莲、凤仙花、野菊花、蒲公英、眼眼草、毛狗、老雕草、节节草、金娃娃、洋姜、山石榴、马兜铃、指甲桃、草莓、得留、月季、出旗花、芦子草、小蒜、杂麻花、麻麻等100多种。

在野生植物中，从七八十年代起，一方面由于政府禁收、禁砍伐和不断加大水保工程力度，一方面随着煤炭产量的提高，村人取暖做饭用煤炭的人多了，大大减少了砍用烧柴的数量，野生林木、蓬生草木越来越茂盛，加上人工造林数量大增，自然环境状况大有改善。但在植物种类中，药用植物则大为减少，像马草、柴胡、连翘、甘草等几近绝迹，主要原因是药材收购量大、人们挖刨量过大。

另外，田间种植类植物有以下几类：

粮食类有小麦、大麦、荞麦、春麦、玉米、高粱、糜子、谷子、黑豆、白豆、大豆子、小豆子、豇豆等。

油料类有大麻子、小麻子、芝麻、葵花等。

瓜果蔬菜类有南瓜、西瓜、倭瓜、丝瓜、甜瓜、茄子、西红柿、芫荽、韭菜、葱、蒜、葫芦、苗子白、白菜、豆角、芹菜、蔓青、白萝卜、胡萝卜、小茴香等。

第二编　户籍人口　姓氏宗族

第一章　户籍人口

第一节　总量变化

　　白杜村在全县来说，算是一个比较大的村庄。清顺治八年（1651）辖属永乐里。清光绪二年（1876），全村只有30户，150口人，光绪三年（1877）遭大旱，人口伤亡多，至光绪四年（1878）全村只二十来户，六七十口人，比灾前减少到100多人。到1947年，全村在村的有32户，157口人。新中国成立后，全村人口以比较快的速度向前发展。1959年增加为186口人，增加了20%。六十年代，白杜村的人口生育进入到高峰期，1961年到1971年十年时间，全村人口从186口人增加到260口人，增加了40%左右。1982年人口普查时，全村人口达到307口人，其增长量是历史最高纪录，和1960年相比，每年平均增长1.9%。2010年全村在村的92户，327口人，在外工作的89户，257口人，全村共有181户，584人。

　　附：白杜村在村、在外分户户口册

白杜村在村人员户口册

户主或与户主关系	姓　名	年　龄
户　主	许廷生	56
妻	贺兰英	55
子	许国帅	24
女	许艳萍	26

户主或与户主关系	姓　名	年　龄
户　主	许国鹏	30
妻	曹华林	27
女	许译元	5
女	许严元	3

户主或与户主关系	姓　名	年　龄
户　主	许建荣	85
妻	张翠莲	81

户主或与户主关系	姓　名	年　龄
户　主	许还生	46
妻	贺纪凤	46
子	许雪鹏	17
女	许春玲	20
女	许雪芳	15

户主或与户主关系	姓　名	年　龄
户　主	许学宁	26
妻	任巧平	26
子	许浩然	3

户主或与户主关系	姓　名	年　龄
户　主	许友生	43
妻	单成芳	37
子	许斌文	15
子	许斌辉	13

户主或与户主关系	姓　名	年　龄
户　主	许对生	30
妻	冯梅兰	29
子	许超	15
子	许帅	13

户主或与户主关系	姓　名	年　龄
户　主	许国红	32
妻	张小丽	30
子	许赢	7
女	许浩	6

户主或与户主关系	姓 名	年 龄
户 主	许生明	59
妻	安文翠	57
女	许清红	25
子	许国强	22

户主或与户主关系	姓 名	年 龄
户 主	马梅莲	50
子	许国正	24
女	许香玲	21
女	许晋荣	18
女	许香芳	17

户主或与户主关系	姓 名	年 龄
户 主	许五生	52
妻	任惠莲	48

户主或与户主关系	姓 名	年 龄
户 主	许国勤	27
妻	张丽媛	24
子	许浩杨	3

户主或与户主关系	姓 名	年 龄
户 主	许国平	24
妻	郭园玲	21

户主或与户主关系	姓 名	年 龄
户 主	许国宁	23
妻	许学英	23
子	许静扬	2

户主或与户主关系	姓 名	年 龄
户 主	许陆生	50
妻	贺春凤	48
子	许鹏辉	20
子	许鹏斌	18
子	许鹏晶	15

户主或与户主关系	姓 名	年 龄
户 主	许三姓	58
妻	王九娥	55
子	许万平	24

户主或与户主关系	姓　名	年　龄
户　主	许恩录	62
妻	安月爱	60
子	许锁宁	21

户主或与户主关系	姓　名	年　龄
户　主	许锁平	30
妻	贺伟萍	28

户主或与户主关系	姓　名	年　龄
户　主	许恩平	44
妻	马金凤	42
女	许彩虹	17
女	许彩霞	13

户主或与户主关系	姓　名	年　龄
户　主	许录平	42
妻	崔宝林	40
子	许龙瑞	9
子	许龙祥	3

户主或与户主关系	姓　名	年　龄
户　主	许计生	64
妻	张志梅	59
子	许六平	34
子	许建平	25
子	许建红	22

户主或与户主关系	姓　名	年　龄
户　主	贺贵生	58
妻	冯玉凤	58
子	贺兰平	21

户主或与户主关系	姓　名	年　龄
户　主	许宝旦	50
妻	冯蛇凤	49
子	许建伟	24

户主或与户主关系	姓　名	年　龄
户　主	许艳伟	26
妻	马园园	25
子	许铭芹	2

户主或与户主关系	姓 名	年 龄
户 主	许宝生	55
妻	冯会珍	52

户主或与户主关系	姓 名	年 龄
户 主	许红星	30
妻	宋海凤	28
子	许 杰	6

户主或与户主关系	姓 名	年 龄
户 主	许瑞星	30
妻	杜小梅	28
子	许智杰	5

户主或与户主关系	姓 名	年 龄
户 主	许红勤	32
妻	王 荣	30
子	许 乐	4

户主或与户主关系	姓 名	年 龄
户 主	许春生	55
妻	马珍凤	52
女	许瑞芳	26
子	许瑞林	24
子	许瑞华	22

户主或与户主关系	姓 名	年 龄
户 主	许春红	38
妻	闫丽子	36
父	许九海	59
子	许育飞	10
女	许育花	6

户主或与户主关系	姓 名	年 龄
户 主	许红宁	31
妻	孔 美	29
子	许育超	5

户主或与户主关系	姓 名	年 龄
户 主	许明生	45
妻	苏秀英	43
子	许海鹏	21
子	许记鹏	19

户主或与户主关系	姓　名	年　龄
户　主	许建伟	23
妻	任秀芳	20

户主或与户主关系	姓　名	年　龄
户　主	许三锁	67
妻	张三汝	67

户主或与户主关系	姓　名	年　龄
户　主	许建鹏	25
妻	王淑芳	23
女	许博烨	1

户主或与户主关系	姓　名	年　龄
户　主	许秀生	36
妻	贺宁芳	36
父	许九锁	61
女	许渊清	18
子	许渊飞	13
女	许渊霞	16

户主或与户主关系	姓　名	年　龄
户　主	许文德	66
妻	贺志莲	65
女	许丽琴	27
女	许丽芳	27

户主或与户主关系	姓　名	年　龄
户　主	许明德	＊＊
妻	马生凤	＊＊
子	许小荣	16

户主或与户主关系	姓　名	年　龄
户　主	许秀云	32
妻	赵淑琴	30
子	许友鹏	12

户主或与户主关系	姓　名	年　龄
户　主	许逢生	32
妻	许育花	29
女	许政辉	8
女	许政桥	6

户主或与户主关系	姓 名	年 龄
户 主	许秀斌	36
妻	马晓宁	34
女	许紫琪	3

户主或与户主关系	姓 名	年 龄
户 主	许执民	54
妻	冯对莲	50
母	贺取英	71
子	许艳平	27
子	许建平	24

户主或与户主关系	姓 名	年 龄
户 主	许艳红	32
妻	贺青萍	26
女	许瑶彤	5

户主或与户主关系	姓 名	年 龄
户 主	许福明	50
妻	许文英	48
子	许兰宁	20

户主或与户主关系	姓 名	年 龄
户 主	许录平	45
妻	张平珍	42
子	许记宏	21
女	许小宏	17
女	许宏丽	14

户主或与户主关系	姓 名	年 龄
户 主	许艳宁	29
妻	河永湘	29
女	许艺花	2

户主或与户主关系	姓 名	年 龄
户 主	许录明	48
妻	贺会英	47
子	许晓强	21

户主或与户主关系	姓 名	年 龄
户 主	许取生	52
妻	冯福英	49
子	许小军	28

户主或与户主关系	姓 名	年 龄
户 主	李连文	69
妻	马花子	68
子	李银虎	29

户主或与户主关系	姓 名	年 龄
户 主	李连玉	65
妻	李三梅	60

户主或与户主关系	姓 名	年 龄
户 主	李红星	38
妻	马九芳	36
子	李晋	12

户主或与户主关系	姓 名	年 龄
户 主	李金虎	43
妻	冯建梅	41
子	李勇	10
女	李乐	8

户主或与户主关系	姓 名	年 龄
户 主	李红平	41
妻	李会珍	41
女	李娜	19
子	李豪	16

户主或与户主关系	姓 名	年 龄
户 主	李锁贵	65
妻	马侯女	63

户主或与户主关系	姓 名	年 龄
户 主	李新平	41
妻	吕润莲	41
子	李年鹏	20
子	李小鹏	18
女	李娟	15

户主或与户主关系	姓 名	年 龄
户 主	李录田	50
妻	高记芳	50
子	李艳平	24
子	李三平	17
女	李凤平	21

户主或与户主关系	姓　名	年　龄
户　主	李生平	53
妻	安对娥	52
子	李海军	19
子	李海建	15

户主或与户主关系	姓　名	年　龄
户　主	李记平	36
妻	许建芳	36
子	李云鹏	20
子	李晓鹏	11
子	李云龙	10

户主或与户主关系	姓　名	年　龄
户　主	李春平	26
妻	许花红	26
子	李帅	5

户主或与户主关系	姓　名	年　龄
户　主	李瑞生	63
妻	曹生凤	62

户主或与户主关系	姓　名	年　龄
户　主	李叫平	38
妻	冯记英	36
子	李伟	16
子	李杰	12
女	李琴	14

户主或与户主关系	姓　名	年　龄
户　主	李院生	54
妻	王爱英	53
子	李金龙	24
女	李娟	23
子	李琴	20

户主或与户主关系	姓　名	年　龄
户　主	李玉虎	48
妻	冯彩虹	42
母	高福翠	79
子	李超	17
子	李越	15

户主或与户主关系	姓　名	年　龄
户　主	李叫宁	30
妻	白记英	31
子	李之杰	11
女	李之琴	7

户主或与户主关系	姓 名	年 龄
户 主	李全保	57
妻	贺俊莲	55
子	李亮亮	15
女	李兰芳	26
女	李兰清	21

户主或与户主关系	姓 名	年 龄
户 主	李文平	46
妻	贺林萍	46
子	李强	21
子	李勇	15

户主或与户主关系	姓 名	年 龄
户 主	李香凤	45
子	许彦伟	22

户主或与户主关系	姓 名	年 龄
户 主	李记祥	52
妻	高春凤	51
子	李成伟	23
子	李成宁	12
女	李成英	25
女	李成芳	16

户主或与户主关系	姓 名	年 龄
户 主	许对平	27
妻	小琴	25
女	许明月	2

户主或与户主关系	姓 名	年 龄
户 主	许小平	40
妻	刘金娥	40
子	许艳龙	21
子	许艳飞	11
女	许小丽	23
女	许艳珍	20

户主或与户主关系	姓 名	年 龄
户 主	李文祥	37

户主或与户主关系	姓 名	年 龄
户 主	许春平	40
妻	任艳梅	40
母	马眉花	60
子	许涛涛	18
子	许海荣	14
子	许海文	11

户主或与户主关系	姓名	年龄
户主	李宁平	39
妻	聂红英	38
母	张桂兰	64
子	李健	13

户主或与户主关系	姓名	年龄
户主	许秋萍	39
妻	顾建芳	36
子	许晓桐	15
女	许晓霞	17

户主或与户主关系	姓名	年龄
户主	许秋红	36
妻	冯新红	36
女	冯玉翠	71
子	许紫建	11
子	许紫璇	7

户主或与户主关系	姓名	年龄
户主	许银有	72
妻	冯芳英	68

户主或与户主关系	姓名	年龄
户主	许鹏飞	25
妻	王金花	23
女	许＊＊	＊＊

户主或与户主关系	姓名	年龄
户主	李鹏	24
妻	单红琴	20
子	李家乐	2

户主或与户主关系	姓名	年龄
户主	许宝平	43
妻	李小莉	42
子	许振斌	18

户主或与户主关系	姓名	年龄
户主	许春平	53
妻	冯玉珍	52
子	许雁斌	27
女	许艳丽	28
女	许艳楠	17

户主或与户主关系	姓　名	年　龄
户　主	许东生	51
子	许艳鹏	26

户主或与户主关系	姓　名	年　龄
户　主	许明生	47
妻	曹香莲	44
子	许斌	19
子	许涛	6
女	许文	9

户主或与户主关系	姓　名	年　龄
户　主	许继成	50
妻	李三凤	49
子	刘建辉	24
子	许建鑫	20
女	许玲玲	15

户主或与户主关系	姓　名	年　龄
户　主	许俊生	36

户主或与户主关系	姓　名	年　龄
户　主	许建龙	29
妻	叶银花	22
女	许雅琴	2

户主或与户主关系	姓　名	年　龄
户　主	许志珍	67
妻	曹凤翠	65

户主或与户主关系	姓　名	年　龄
户　主	许富生	35
妻	许红霞	35
子	许宝蛋	14

户主或与户主关系	姓　名	年　龄
户　主	许志玉	58
妻	畅执英	56

户主或与户主关系	姓 名	年 龄
户 主	许建中	42
女	许玲美	17
女	许小娟	13

户主或与户主关系	姓 名	年 龄
户 主	许建伟	45
妻	冯爱珍	42
子	许英杰	21
女	许永娟	20

户主或与户主关系	姓 名	年 龄
户 主	许会荣	53
妻	张九英	52
子	许鹏伟	24
女	许鹏梅	20
女	许鹏玲	16
女	许鹏娟	15

户主或与户主关系	姓 名	年 龄
户 主	马芳兰	58
子	许会龙	39
儿媳	苏娇梅	38
女	许鹤楠	8
女	许 楠	2

户主或与户主关系	姓 名	年 龄
户 主	许瑞珍	61
妻	畅三芳	60

户主或与户主关系	姓 名	年 龄
户 主	许花峰	30
妻	李国丽	28
女	许馨尹	6

户主或与户主关系	姓 名	年 龄
户 主	许永平	41
妻	张丽荣	40
子	许博雯	11
子	许渊雯	9

户主或与户主关系	姓 名	年 龄
户 主	许瑞林	55
妻	李芳凤	52
子	许青峰	21

户主或与户主关系	姓　名	年　龄
户　主	许永峰	27
妻	郭慧英	25
子	许馨博	1

户主或与户主关系	姓　名	年　龄
户　主	许然平	31
妻	王莉霞	26

户主或与户主关系	姓　名	年　龄
户　主	许鹏飞	25
妻	王金花	23
女	许＊＊	＊＊

户主或与户主关系	姓　名	年　龄
户　主	许世平	39
妻	李海霞	38
子	许宇杰	11
子	许明杰	9

白杜村在外人员户口册

户主或与户主关系	姓 名	年 龄
户 主	许新民	75
妻	王慧卿	73

户主或与户主关系	姓 名	年 龄
户 主	许继红	47
妻	房改珍	42
子	许学海	22
女	许学娟	21

户主或与户主关系	姓 名	年 龄
户 主	许建红	43
妻	贺瑞芳	41
子	许学博	12
女	许学雅	3

户主或与户主关系	姓 名	年 龄
户 主	许永红	40
妻	李锦梅	40
子	许恺峰	19
女	许雅茜	7

户主或与户主关系	姓 名	年 龄
户 主	许高明	69
妻	房安俊	65

户主或与户主关系	姓 名	年 龄
户 主	许秀峰	37
妻	李艳青	39
女	许轩维	3

户主或与户主关系	姓 名	年 龄
户 主	许汉民	60
妻	张青梅	58
子	许晓强	30

户主或与户主关系	姓 名	年 龄
户 主	许晓路	33
妻	李慧慧	30
女	许诗佳	3

户主或与户主关系	姓　名	年　龄
户　主	许晋民	58
妻	刘蒲宁	58

户主或与户主关系	姓　名	年　龄
户　主	许雁斌	30
妻	赵艳丽	29
子	许翔哲	4

户主或与户主关系	姓　名	年　龄
户　主	许良民	53
妻	张留花	53
子	许建伟	27
女	许建丽	24

户主或与户主关系	姓　名	年　龄
户　主	许元民	51
妻	李兰凤	46
子	许浩	19
子	许杰	18

户主或与户主关系	姓　名	年　龄
户　主	许钧民	68
妻	张对梅	65

户主或与户主关系	姓　名	年　龄
户　主	许迎军	33
妻	郭艳萍	30
子	许资悦	6

户主或与户主关系	姓　名	年　龄
户　主	许芳有	75
妻	张凤仙	72

户主或与户主关系	姓　名	年　龄
户　主	许建明	48
妻	尉洁	46
子	许振鸿	25
子	许振伟	23

户主或与户主关系	姓　名	年　龄
户　主	许建新	40
妻	李云萍	40
子	许哲	15
女	许佳	13

户主或与户主关系	姓　名	年　龄
户　主	许兰生	60
妻	贺俊花	58

户主或与户主关系	姓　名	年　龄
户　主	许建峰	72
妻	宋梅芳	71

户主或与户主关系	姓　名	年　龄
户　主	许宁平	45
妻	冯惠梅	44
子	许超	22
子	许越	19

户主或与户主关系	姓　名	年　龄
户　主	许宏平	44
妻	贺新红	35
子	许童	18
子	许拥	14
女	许琳	13

户主或与户主关系	姓　名	年　龄
户　主	许三平	42
妻	刘玉莲	41
子	许壮	11

户主或与户主关系	姓　名	年　龄
户　主	许晋平	52
妻	白秀萍	52
母	王志清	71
子	许剑	23
女	许倩	25

户主或与户主关系	姓　名	年　龄
户　主	许林生	65
妻	贺三梅	64

户主或与户主关系	姓　名	年　龄
户　主	许永勤	44
妻	李文珍	42
子	许馨阳	13
子	许丽阳	6

户主或与户主关系	姓　名	年　龄
户　主	许对勤	41
妻	冯春霞	40
子	许博强	15
子	许博文	11

户主或与户主关系	姓　名	年　龄
户　主	许转勤	32
妻	付艳娜	27
女	许博阳	6

户主或与户主关系	姓　名	年　龄
户　主	李连明	79
妻	冯贺兰	74

户主或与户主关系	姓　名	年　龄
户　主	李春雨	59
妻	李会玲	55

户主或与户主关系	姓　名	年　龄
户　主	李小龙	33
妻	牛文宇	33

户主或与户主关系	姓　名	年　龄
户　主	许晋义	51
妻	马执梅	52

户主或与户主关系	姓　名	年　龄
户　主	李兰贵	48
妻	李小贝	11
女	李小萍	15

户主或与户主关系	姓 名	年 龄
户 主	李小虎	29
妻	贺晓娟	28
女	李佳玥	5

户主或与户主关系	姓 名	年 龄
户 主	李取贵	46
妻	冯红梅	44
女	李晓敏	21

户主或与户主关系	姓 名	年 龄
户 主	李福贵	42
妻	贺新文	41
子	李飞	17
子	李月	7

户主或与户主关系	姓 名	年 龄
户 主	李春平	48
妻	张文珍	48

户主或与户主关系	姓 名	年 龄
户 主	李春平	41
妻	苏婷莲	38
子	李彪	12
女	李小凤	18

户主或与户主关系	姓 名	年 龄
户 主	李玉田	71
妻	李慧慧	69

户主或与户主关系	姓 名	年 龄
户 主	李建生	40
妻	王富英	39
子	李洁	17
女	李文	19

户主或与户主关系	姓 名	年 龄
户 主	李力	28
妻	范艳伟	25
子	李佳轩	2

户主或与户主关系	姓 名	年 龄
户 主	李建平	42
妻	雷建珍	42
子	李 强	22
子	李 勇	14

户主或与户主关系	姓 名	年 龄
户 主	许 龙	24
妻	冯艳芳	24
子	许森洁	2

户主或与户主关系	姓 名	年 龄
户 主	马福生	57
妻	许小宁	58
子	马利民	20

户主或与户主关系	姓 名	年 龄
户 主	李国平	30
妻	朱哲华	29
子	李致运	5

户主或与户主关系	姓 名	年 龄
户 主	李福恩	62
妻	单秀英	60

户主或与户主关系	姓 名	年 龄
户 主	李小宏	32
妻	高若云	30

户主或与户主关系	姓 名	年 龄
户 主	李九保	56
妻	袁丽荣	54

户主或与户主关系	姓 名	年 龄
户 主	李文生	68
妻	冯芳莲	65

户主或与户主关系	姓　名	年　龄
户　主	李小云	27
妻	丁　荣	27

户主或与户主关系	姓　名	年　龄
户　主	李国宏	29
妻	田小英	29
女	李美莹	3

户主或与户主关系	姓　名	年　龄
户　主	李文明	47
妻	张丽萍	46
子	李春峰	23
子	李国峰	17
女	李青玲	21
女	李秋玲	19

户主或与户主关系	姓　名	年　龄
户　主	李文林	59
妻	冯爱芳	54
子	李小龙	22
子	李俊鹏	20

户主或与户主关系	姓　名	年　龄
户　主	许春明	60
妻	李雪兰	60
子	许　龙	23
子	许小强	21

户主或与户主关系	姓　名	年　龄
户　主	李青峰	32
妻	张晓霞	32
子	李存真	9

户主或与户主关系	姓　名	年　龄
户　主	李俊杰	33
妻	张小琴	31
子	李彦星	4

户主或与户主关系	姓　名	年　龄
户　主	李建鹏	29
妻	张　娜	25
子	李霖儒	2

户主或与户主关系	姓　名	年　龄
户　主	李清祥	53
妻	冯秀凤	54

户主或与户主关系	姓　名	年　龄
户　主	李廷俊	70
妻	贺凤凤	62
子	李文祥	37
女	李万花	35
女	李俊花	33

户主或与户主关系	姓　名	年　龄
户　主	许华鹏	30
妻	渠小荣	29

户主或与户主关系	姓　名	年　龄
户　主	许红宁	51
妻	董玉花	51
母	贺翠萍	79
子	许宾琰	23

户主或与户主关系	姓　名	年　龄
户　主	许春和	56
妻	张桂兰	52
子	许凯	26

户主或与户主关系	姓　名	年　龄
户　主	许晶	31
妻	陈郝荣	29
女	徐清荣	1

户主或与户主关系	姓　名	年　龄
户　主	许江	26
妻	刘盼盼	23

户主或与户主关系	姓　名	年　龄
户　主	许建新	55
妻	张俊莲	53
母	杨志礼	83

户主或与户主关系	姓 名	年 龄
户 主	许国伟	43
妻	贺兴玲	40
母	李志梅	82
子	许渊飞	18
女	许渊洁	16

户主或与户主关系	姓 名	年 龄
户 主	许晋红	26
妻	吴海英	26
子	许睿哲	2

户主或与户主关系	姓 名	年 龄
户 主	许华伟	32
妻	刘东征	32
女	许珂	7

户主或与户主关系	姓 名	年 龄
户 主	许龙	24
妻	冯艳芳	24
子	许森皓	3

户主或与户主关系	姓 名	年 龄
户 主	许建国	65
妻	任雪娥	62

户口在北京的 2 户

户主或与户主关系	姓 名	年 龄
户 主	李瑞田	65
妻	宋文梅	63

户主或与户主关系	姓 名	年 龄
户 主	李红平	32
妻	杜琳美	32
子	李豪	16
女	李娜	19

户口在四川成都的 2 户

户主或与户主关系	姓 名	年 龄
户 主	许东明	68
妻	陈志莲	65
子	许财财	37

户主或与户主关系	姓 名	年 龄
户 主	许毛毛	40
妻	三 妞	37

户口在霍县的 2 户

户主或与户主关系	姓 名	年 龄
户 主	李金平	41
妻	吴春风	39
子	李佳景	15

户主或与户主关系	姓 名	年 龄
户 主	李银平	39
妻	段艳霞	36
母	张芳娥	65
子	李家豪	13

户口在太原的 7 户

户主或与户主关系	姓 名	年 龄
户 主	许并生	60
妻	李月娥	58
子	许 洋	

户主或与户主关系	姓 名	年 龄
户 主	许玉生	58
妻	聂京华	52
子	许 柔	

户主或与户主关系	姓 名	年 龄
户 主	许记生	50
妻	李利萍	48
子	许 晶	

户主或与户主关系	姓 名	年 龄
户 主	李建军	39
妻	马路瑶	35
女	李清照	3

户主或与 户主关系	姓　名	年　龄
户　主	李建伟	33
妻	宋凤玲	31
子	李昱磊	4

户主或与 户主关系	姓　名	年　龄
户　主	李执祥	65
妻	李青梅	62

户主或与 户主关系	姓　名	年　龄
户　主	李建宏	35
妻	邢丽芳	35

户口在上海的 1 户

户主或与 户主关系	姓　名	年　龄
户　主	许乐	32
妻	丁一晋	27

户口在广州的 3 户

户主或与 户主关系	姓　名	年　龄
户　主	倪明娃	57
子	许超	31
儿媳	杨丽娜	29

户主或与 户主关系	姓　名	年　龄
户　主	许观桥	57
妻	郑锦辉	56

户主或与户主关系	姓　名	年　龄
户　主	许证明	58
妻	傅　晓	54

户口在临汾的 3 户

户主或与户主关系	姓　名	年　龄
户　主	李春红	43
妻	张　丽	43
子	李　晗	20

户主或与户主关系	姓　名	年　龄
户　主	许福生	57
妻	高小丽	53

户主或与户主关系	姓　名	年　龄
户　主	李福田	60
妻	许文梅	58
子	李军平	27

第二节　人口流动

白杜村的人口流动量比较大。解放前，在外就职和当兵的共有 22 人，其中，有 10 人是参加了共产党，或在共产党领导下，一直坚持抗日战争和解放战争。这 10 人中，除 2 人在抗美援朝战争结束后，退伍返回白杜，1 人一直在地方工作，最后逝世于广州外，其余 7 人都为革命献出了自己宝贵的生命。另外，有 5 人在国民党、阎锡山政权里就职。他们之中有 1 人在战乱中死亡，其余 4 人在解放后，1 人留在太原参加了工作，3 人返回白杜村。

1949 年以前，许凰堂、李连明、许光显等 3 人先后离开白杜村参加了工作，除许光显随西调干部到甘肃工作外，许凰堂、李连明一直在大宁工作。从五十年代开始，在县城、北桑峨小学念书的学生，差不多每年都有从学校到机关团体参加工作的。从 1952 年开始，先后有许新民、许芳有、李进宝、李玉田、李文生、许高明、许钧民、许汉民、李瑞田、李执祥、许建国、许建峰、许光明、李玉贵、李九保等三十多人参加工作，离开了白杜。到 2010 年，全村在外工作的干部职工共有 133 人，连同他们的家属子女共有 257 口人，分别在北京、上海、广州、太原、临汾、霍县、大宁城内等地落了户，占白杜村全村人口的 44%。进入九十年代以来，随着改革开放的不断深入发展，一方面白杜村的剩余劳力在逐年增多，一方面随着城市工业化步伐的加快，城市各行各业在快速发展，工业、服务行业的工作岗位缺额现象越来越大，在这种情况下，农村民工又开始向大中小城市进发，白杜村一些有志向有作为的热血青年，也开始向城市进军。到 2010 年，全村共有 116 人常年外出到城市打工。他们中间，有的连老婆孩子都带到自己打工的城市，长期居住，留在村里的人口，大多是年老体弱或家中拖累较大的缺劳力户。

附：白杜村外出务工人员表

白杜村外出务工人员表

姓　名	打工地点	外出人口	备　注
许国鹏	洪洞	3	
许学鹏	大同	1	
许对生	临汾	3	
许国正	大同	1	
许国红	大同	4	
许国勤	大同	3	
许国强	大同	1	
许国平	大同	2	
许国宁	大同	3	
许万平	大同	1	
许锁平	大同	2	
许贞宁	大同	1	
许鹏飞	临汾	3	
许鹏辉	太原	1	
许鹏斌	太原	1	
许恩平	太原	4	
许陆平	大宁	3	
贺贵生	临汾	4	
许宝蛋	太原	4	
许艳伟	太原	4	
许六平	太原	1	
许建平	太原	1	
许建宏	太原	1	
许建辉	北京	1	
许建新	北京	1	
许英杰	大同	1	

姓　名	打工地点	外出人口	备　注
许鹏伟	临汾	1	
许会龙	太原	4	自己开门市
许红勤	大同	2	
许红伟	大同	3	
许瑞林	临汾	1	
许瑞新	临汾	3	
许春红	大同	4	自己打工干活
许红宁	大同	3	
许连鹏	大宁	2	
许建伟	大同	2	
许海鹏	大同	1	
许记鹏	大同	1	
许秀生	大同	4	
贺逢生	交口	4	
许秀兵	大同	3	
许艳宁	上海	3	
许艳红	大同	3	
许小强	大同	1	
许取生	黑龙关	4	
李红平	大宁	4	
李红星	大宁	4	
李记平	大宁	3	
李喜平	大宁	3	
李彦平	太原	1	
李院生	大宁	4	
李玉虎	大宁	4	
李成伟	太原	1	
许涛涛	太原	1	
许对平	大同	3	

姓　名	打工地点	外出人口	备　注
许小平	太原	5	
李文祥	大宁	1	
李宁平	大宁	4	
许秋平	大同	4	自己包工
许宝平	太原	4	
许春平	大宁	4	
许艳鹏	太原	1	
许斌	太原	1	

第三节　人口结构

　　白杜村的两姓居民都是汉族。在性别结构方面，1949 年，全村 157 人，有男性 77 人，占 49%，女性 80 人，占 51%。男性略低于女性。1982 年人口普查时，男性为 143 人，女性为 164 人，女性人数仍高于男性。2010 年，全村共有在村和在外人口 584 人，其中男性 325 人，女性 259 人，男性比女性高出 66 人，男性占总人口的 56%，而女性只有 44%。在年龄结构方面，1947 年在全村 157 口人中，60 岁以上人口占 50.6%，51 岁到 60 岁的占 11.14%，36 岁到 50 岁的占总人口的 27.47%，19 到 35 岁的占总人口的 27.72%，8 岁到 18 岁的占总人口的 13%，1 至 7 岁的占总人口的 10.1%，不满周岁的只占 5.17%。1982 年人口普查时，14 岁以下人口占总人口的比重为 9.61%，15 岁到 50 岁的占总人口的 50.25%，51 岁到 60 岁的占总人口的 46%，60 岁到 70 岁的占总人口的 19%，没有八十岁以上的老人。而到 2010 年，全村有八十岁以上的老人 5 人，九十岁以上的老人 2 人，六十岁以上的老年人 58 人，占总人口的 9.9%，数字表明，白杜村已进入老年化社会。在文化结构方面，1948 年，在全村 157 人中，有小学文化程度的 5 人，中学文化程度的 2 人，约占全村人口的 4.5%，其余成年人都是文盲。而 2010 年，在全村 584 人中，只有 7 人是文盲，有小学、初中、高中文化程度的 412 人，大学文化程度的 36 人，约占全村总人口的 6%。

　　附：白杜村副处级以上人员表

白杜村副处级以上人员表

姓　名	任　何　职　务
许建业	县长、副专员、副厅长、中南局直属机关党总支书记（副省级）
许科堂	县长
李执祥	团长、省劳动厅纪检组长（副厅级）
李瑞田	北京市京西宾馆总经理（地市级）
李文生	大宁县委副书记（退休时享受正县级待遇）
李玉田	县政协副主席
李青梅	省八一大厦副处级干部
许光显	甘肃省白龙江林业局信访局主任（离休时享受正处级待遇）
许光成	吕梁县政协副主席（李立功证明为副处级）
许晋豫	广东省工艺品进出口公司副经理（正处级）
许凤堂	割麦公社副主任、副书记、国营苗圃主任、乡镇供销公司经理（副处级待遇）
李连明	任县委秘书、曲娥公社副主任、农修厂支书、外贸局书记兼局长，后调物资局任调研员、1994 年离休（副处级待遇）
许青和	2008 年任吉县供电支公司正处级督察员（正处级）

附：八十岁以上人员照片

张候梅老人 91 岁

杨志礼老人 89 岁

李志梅老人 82 岁

李连明老人 80 岁

贺翠萍老人 80 岁

许建荣老人 85 岁、张翠莲老人 81 岁

高娥英老人 80 岁

第二章 姓氏宗族

第一节 许氏宗族

　　图腾是古代氏族的族徽。许姓是炎帝族一支的族称。其图腾由："言"和"午"组成。"午"就是用来观察太阳位置，以确定历法的一种天文仪器——天干重仪。"言"代表天的使者所传达的天的规律，这个规律就是巫觋（音wūxí 古代称女巫为巫，男巫为觋）用天干重仪观察太阳在中午日高天的日影晷（音guǐ 测量太阳的影以便确定时刻的仪器）迹的变化所得来的。以这种发明和职司为特长的氏族称为"许"。

　　许姓的起源：许姓是我国最古老的姓氏之一。中华姓氏数以万计，主要分为三个族系，即黄帝族系、炎帝族系和东夷族系。根据有关史书记载，许姓起源于姜姓，相传炎帝是上古部落首领少典的儿子。由于炎帝居于姜水流域，故以姜为姓。传说炎帝即神农氏，他用木制作耒、耜，教民从事农业生产。他还遍尝百草，发现药材，教人治病。神农氏为社会的进步和生产的发展做出了很大的贡献。炎帝是中华民族引以为豪的祖先。炎帝的后裔孙文叔被封于许（今河南许昌东），世称许侯，是西周中原的诸侯之一。春秋时，许国不断遭到郑、楚等强大势力的进攻，许侯无力抵抗，只得忍辱负重、委曲求全，迁徙而避其锋芒。公元前576年许灵公时，被迫迁到今河南叶县西南，公元前524年，又迁到了容城，今河南鲁山。大约到了战国许元公在位时，便被楚国攻灭，许国宗亲四散逃走，他们虽散居异乡，仍然不忘故国，便以国为姓。许姓即源于此。许姓在全国100个大姓之中，名列第28位，许姓人口占全国总人口的比例为0.54%。1964年人口普查时，大宁全县100户以上的姓氏共18个，许姓在18个姓氏中排列第13位，共有165户，835人。2010年许姓在白杜村共有120户，384人。在许姓中，按宗族世系共分为十个支系。

附：许氏宗族传世支系图

白杜村许氏宗族传世支系图（一）

始祖		许文蔚	妻单氏　张氏
二世		长子许长庆	妻＊氏
		二子许长春	妻贺氏
		三子许长胜	妻白氏
三世	二世大门许长庆	子许林保	妻贺氏
	二世二门许长春	长子许乃仓	妻冯氏
		二子许乃库	妻芦氏
	二世三门许长胜	长子许乃谦	妻冯氏
		二子许乃让	妻马氏
四世	三世大门许乃仓	子许来生	妻马眉花 60 岁
	三世二门许乃库	子许致堂	妻贺志英
	三世大门许乃谦	长子许执奎	烈士
		二子许金奎	妻冯玉翠 71 岁
		三子许钧民 68 岁	妻张对梅 65 岁
	三世二门许乃让	长子许新民 75 岁	妻王慧卿 73 岁
		二子许高明 69 岁	妻房安俊 65 岁
		三子许汉民 60 岁	妻张青梅 58 岁
		四子许晋民 58 岁	妻刘蒲宁 58 岁
		五子许良民 53 岁	妻张留花 53 岁
		六子许元民 51 岁	妻李兰凤 46 岁
五世	四世许来生	长子许春平 40 岁	妻任艳梅 40 岁
		二子许对平 27 岁	妻小琴 25 岁
		长女许春莲 38 岁	嫁山头
		二女许对莲 27 岁	嫁临汾
		三女许改莲 24 岁	嫁割麦村
	四世许致堂	长子许福平	妻李春凤 45 岁
		二子许小平 40 岁	妻刘金娥 40 岁
		长女许秀风	嫁麦留
		二女许秀莲 55 岁	嫁城内
		三女许芳莲 50 岁	嫁太德
		四女许福莲 48 岁	嫁道教

五世	四世二门许金奎	长子许秋平 39 岁　　妻顾连芳 36 岁 二子许秋红 36 岁　　妻冯新红 36 岁 长女许春风 51 岁　　嫁山头 二女许梅风 42 岁　　嫁峪里汾
	四世三门许钧民	子许迎军 33 岁　　　妻郭艳萍 30 岁 长女许迎春 36 岁　　嫁小冯村 二女许迎辉 30 岁　　嫁临
	四世大门许新民	长子许继红 47 岁　　妻房改珍 42 岁 二子许建红 43 岁　　妻贺瑞芳 41 岁 三子许永红 40 岁　　妻李锦梅 40 岁 长女许淑萍 52 岁　　嫁秀岩 二女许淑荣 50 岁　　嫁曲沃
	四世二门许高明	子许秀峰 37 岁　　　妻李艳青 39 岁 长女许秀萍 47 岁　　嫁芍药 二女许秀琴 42 岁　　嫁古驿 三女许秀君 40 岁　　嫁城内
	四世三门许汉民	长子许晓路 33 岁　　妻李慧慧 30 岁 二子许晓强 30 岁
	四世四门许晋民	子许雁斌 30 岁　　妻赵艳丽 29 岁 女许雁玲 29 岁　　嫁忻州
	四世五门许良民	子许建伟 27 岁 女许建丽 24 岁
	四世六门许元民	长子许浩 19 岁 二子许杰 18 岁

六世	五民大门许春平	长子许涛涛 18 岁 二子许海荣 14 岁 三子许海文 11 岁
	五世大门许福平	子许艳伟 22 岁　妻 ＊＊ 岁 女许　艳 25 岁　嫁葛口村
	五世二门许小平	长子许艳龙 24 岁 二子许艳飞 21 岁 大女许小丽 13 岁 二女许艳珍 10 岁
	五世大门许秋平	子许晓桐 15 岁 女儿许晓霞 17 岁
	五世二门许秋红	子许紫迎 11 岁 女儿许紫璇 7 岁
	五世大门许继红	子许学海 22 岁 女儿许学娟 21 岁
	五世二门许建红	子许学博 12 岁 女儿许学丫 3 岁
	五世三门许永红	子许凯峰 19 岁 女儿许雅茜 7 岁
	五世许秀峰	女儿许轩佳 3 岁
	五世许晓路	女儿许佳佳 5 岁
	五世许雁斌	子许翔哲 4 岁

白杜村许氏宗族传世支系图（二）

始祖		许＊＊（实名无考）　　妻王氏
二世		许玉舒　　　　妻李氏 许玉兆　　　　妻马氏 许玉琴　　　　妻高氏
三世	二世大门许玉舒	长子许登堂　　妻曹氏　李氏 二子许科堂　　妻贺氏 三子许森堂　　妻李氏　马氏 四子许瑞堂　　妻李氏 女儿许灵翠　　嫁下麻束 二女许二女　　嫁楼底村
	二世二门许玉兆	长子许凤堂　　烈士 次子许凰堂　　妻贺翠萍 79 岁 三子许兴堂　　妻马氏 大女许翠娥　　嫁扶义 二女许金花　　嫁城内
	二世三门许玉琴	长子许益堂　　妻张氏 次子许生堂　　妻王氏
四世	三世大门许登堂	女儿许俊香 68 岁
	三世二门许科堂	长子许芳有 75 岁　　妻张凤仙 72 岁 次子许银有 72 岁　　妻冯芳英 68 岁 三子许东明 68 岁　　妻陈东莲 65 岁 女儿许志明 63 岁　　嫁山东省
	三世三门许森堂	长子许春明 60 岁　　妻李雪兰 60 岁 次子许春和 56 岁　　妻张桂兰 52 岁 三子许春平 53 岁　　妻冯玉珍 52 岁 女儿许春凤 62 岁　　嫁东房村
	三世四门许瑞堂	长子许兰生 60 岁　　妻贺俊花 58 岁 次子许福生 57 岁　　妻高小丽 53 岁 三子许东生 51 岁 四子许明生 47 岁　　妻曹香莲 44 岁 五子许俊生 36 岁 女儿许俊英 40 岁　　嫁山鸡圪果

四世	三世二门许凤堂	子许红宁 51 岁 女儿许三萍 46 岁	妻董玉花 51 岁 嫁文水县
	三世三门许兴堂	子许继成 50 岁 长女许俊梅 54 岁 二女许俊花 44 岁	妻李玉凤 48 岁 嫁支角 嫁白村
	三世大门许益堂	子许志珍 67 岁 女儿许兰凤	妻曹凤翠 65 岁 嫁榆次
	三世二门许生堂	子许志玉 58 岁	妻畅执英 56 岁
五世	四世大门许芳有	长子许建明 48 岁 二子许建新 40 岁 大女许爱宁 55 岁 二女许爱玲 49 岁 三女许爱英 42 岁	妻尉洁 46 岁 妻李云萍 40 岁 嫁城关 嫁曲峨 嫁三多
	四世二门许银有	子许宝平 43 岁 女儿许宝兰 45 岁 三女许宝玲 42 岁	妻李小丽 42 岁 嫁东房村 嫁安古村
	四世三门许东明	长子许毛毛 40 岁 次子许财财 37 岁	妻三姐 35 岁
	四世大门许春明	子许龙 23 岁女 大女许对玲 40 岁 二女许芳玲 38 岁 三女许秀玲 36 岁 四女许改玲 34 岁 五女许艳玲 33 岁	妻许小强 21 岁 嫁杜村 嫁平原 嫁道教 嫁北庄 嫁上房
	四世二门许春和	子许 凯 26 岁 女儿许华 30 岁	嫁蒲县
	四世三门许春平	子许雁斌 27 岁 大女许艳丽 28 岁 二女许艳楠 17 岁	
	四世大门许兰生	子许 乐 32 岁 大女许爱琴 37 岁 二女许芳琴 30 岁	妻丁一晋 27 岁 嫁道教 嫁白村
	四世二门许福生	长子许晶 31 岁 二子许亮 28 岁	妻陈郝荣 29 岁 妻张婷 28 岁

五世	四世三门许东生	子许艳鹏 26 岁 女儿许艳琴 28 岁	嫁古乡村
	四世四门许明生	子许 斌 19 岁 许涛 6 岁 女儿许文 9 岁	
	四世许红宁	长子许江 26 岁 二子许丙琰 23 岁	妻子刘形形
	四世许继成	子许建龙 29 岁 许建新 20 岁 女儿许玲玲 15 岁	妻叶银花 22 岁
	四世许志珍	长子许建伟 45 岁 二子许建中 42 岁 大女许新爱 38 岁 二女许建花 35 岁 三女许建芳 32 岁	妻子冯爱珍 42 岁 嫁玉里 嫁东庄 嫁白村
	四世许志玉	子许富生 35 岁	妻许红霞 35 岁
六世	五世许建明	长子许振鸿 25 岁 次子许振伟 23 岁	妻李青 24 岁
	五世许建新	子许哲 16 岁 女许佳 14 岁	
	五世许宝平	子许根斌 18 岁 长女许志花 25 岁 二女许淑琴 24 岁	嫁太原 嫁庄子村
	五世许 晶	女许青莱 1 岁	
	五世许建龙	女许桂丽 2 岁	
	五世大门许建伟	子许英杰 21 岁 女许永娟 20 岁	
	五世二门许建中	长女许玲美 17 岁 次女许小娟 13 岁	
	五世许富生	许宝蛋 14 岁	

白杜村许氏宗族传世支系图（三）

始祖		许＊＊	妻＊氏（姓名无）
二世		许毓麒	妻李氏
		许毓麟	妻＊氏
三世	二世大门许毓麒	子许锦堂	妻贺秀花
		长女许娥子	嫁古乡
		二女许苟子	嫁午城
	二世二门许毓麟	长子许福堂	妻＊氏
		二子许承堂	妻＊氏
		三子许原堂	妻贺氏
		四子许崇堂	妻马氏
四世	三世许锦堂	长子许光谟	妻张三女
		二子许光烈	妻李桂英
		三子许光成	妻杨志礼89岁
		长女许还翠	嫁古乡
		二女许翠子	嫁罗曲
	三世许福堂	子许尊书	妻＊氏
		长女许秀英	嫁茹古
		次女许爱英	嫁午城
	三世许承堂	长子许尊由	妻王志兰
		二子许尊云	妻＊氏
		三子许尊明	妻马氏
		女许玉梅	嫁罗曲村
	三世许厚堂	子许尊慎	妻贺氏
	三世许崇堂	长子许光显	妻张志荣
		次子许光明	妻王志清
		女许执娥	嫁道教村

五世	四世大门许光谟	子许建业	妻崔祖兰
		长女许九巧	嫁坡角
		二女许建英	嫁湖北武汉
	四世二门许光烈	长子许玉贵	妻郭玉兰
		二子许玉庭	妻马芳兰 58 岁
		长女许玉凤 68 岁	嫁午城
		二女许玉梅	嫁太原
	四世三门许光成	子许建新 55 岁	妻张俊莲 53 岁
		长女许　芳 66 岁	嫁午城
		二女许春芳	嫁乌落
		三女许晓芳 59 岁	嫁安古
		四女许春梅 57 岁	嫁临汾
	四世许尊书	子许　建	妻李志梅 82 岁
	四世大门许尊由	长子许建国 65 岁	妻任雪娥 62 岁
		次子许瑞林 54 岁	妻李芳凤 51 岁
		女许英英 49 岁	嫁西铁村
	四世二门许尊云	女许曹凤嫁许间	
	四世三门许尊明	长子许瑞祥 62 岁	
		次子许瑞庭 54 岁	妻关爱俊 54 岁
		三子许应庭 46 岁	妻张纪兰 43 岁
		长女许会凤 58 岁	嫁色迪
		次女许云凤 45 岁	嫁树堤
	四世许尊慎	子许瑞珍 61 岁	妻畅立芳 60 岁
	四世大门许光显	长子许晋生 54 岁	妻邢要莱 54 岁
		二子许晋义 50 岁	妻＊＊
		长女许武凤 58 岁	嫁兰州市
		二女许芳凤 56 岁	嫁罗曲
		三女许东凤 47 岁	嫁兰州市
	五世四世二门许光明	子许晋平 52 岁	妻白秀萍 52 岁
		长女许凤萍 45 岁	嫁吉婷
		次女许彩萍 44 岁	嫁永和
		三女许芳萍 38 岁	嫁＊＊

六世	五世许建业	长子许晋豫	妻倪明娃 57 岁
		二子许证明	妻傅晓 54 岁
		三子许观桥	妻郑锦辉 56 岁
		长女许开元 60 岁	嫁上海
		二女许小洪 53 岁	嫁河北
	五世大门许玉贵	子许会云 53 岁	妻张九英 52 岁
		长女许会珍 55 岁	嫁午城
		二女许会香 50 岁	嫁平原
	五世二门许玉廷	长子许会龙 39 岁	妻苏娇梅 38 岁
		次子许会诊 29 岁	
		长女许会宁 38 岁	嫁花崖
		二女许会 27 岁	嫁城内
		三女许会梅 26 岁	嫁＊＊
	五世许建新	子许晋红 26 岁	妻海英 26 岁
		女许丽娟 25 岁	嫁洪洞
	五世许建德	子许国伟 43 岁	妻贺兴玲 40 岁
		长女许凤莲	嫁牧岑
		二女许春莲 52 岁	嫁＊＊
		三女许雪莲 48 岁	嫁＊＊
	五世大门许建国	长子许华伟 32 岁	妻刘东红 32 岁
		二子许华鹏 30 岁	妻渠小莱 29 岁
		长女许花萍 43 岁	嫁同支村
		二女许长芳 37 岁	嫁太原市
	五世二门许瑞林	长子许华峰 29 岁	妻李国莉 28 岁
		次子许永峰 26 岁	妻郭惠英 25 岁
		三子许青峰 20 岁	
		女许花珍 23 岁	
	五世大门许瑞祥	子许华宁 32 岁	
	五世二门许瑞庭	子许华龙 26 岁	
		长女许华丽 24 岁	
		次女许花红 20 岁	

六世	五世许瑞珍	长子许永平 41 岁	妻张荣 40 岁
		二子许世平 39 岁	妻李海霞 38 岁
		长女许贵萍 37 岁	嫁＊＊
		二女许对萍 35 岁	嫁＊＊
		三女许丽萍 33 岁	嫁＊＊
	五世大门许晋生	女许燕燕 30 岁	嫁兰州市
	五世二门许晋义	长子许龙 24 岁	妻冯艳芳 24 岁
		二子许冰　　岁	
	五世许晋平	子许剑 23 岁	
		长女许倩 25 岁	
七世	六世二门许晋豫	子许超 31 岁	妻杨丽娜 29 岁
	六世二门许证明	女许小丽 25 岁	嫁广州市
	六世三门许观桥	女许芸芸 27 岁	
	六世许会云	子许鹏伟 24 岁	
		长女许　丽 29 岁	嫁临汾
		二女许淑鹏 25 岁	嫁交城
		三女许鹏梅 20 岁	
		四女许鹏玲 16 岁	
		五女许鹏娟 15 岁	
	六世许会龙	长女许鹤梅 8 岁	
		二女许晓梅 2 岁	
	六世许晋红	子许壑哲 2 岁	
	六世许国伟	子许渊飞 18 岁	
		女许渊洁 16 岁	
	六世许华伟	子许柯凡 7 岁	
	六世许华鹏	女许紫涵 2 岁	
	六世许华峰	子许馨尹 6 岁	
	六世许永峰	子许馨博 1 岁	
	六世许华龙	子许林洁 2 岁	
	六世许永平	子许博雯 11 岁	
		女许浦雯 13 岁	
	六世许世平	长子许宇杰 11 岁	
		二子许晓杰 9 岁	

白杜村许氏宗族传世支系图（四）

始祖		许＊＊	妻＊（实名无考）
二世		长子许在堂	妻曹氏
		次子许二寅	（东房招亲）
		三子许谦堂	妻李氏
		四子许寿堂	妻贺氏
		五子许益堂	妻冯氏
		长女许香香	嫁道教
		次女许儿	嫁道教
三世	二世大门许在堂	长子许光隆	妻房氏
		二子许德甫	妻贺氏
	二世三门许谦堂	子许福禄	妻＊氏
	二世四门许寿堂	子许九海 59 岁	妻冯氏
		大女许俊凤 69 岁	嫁而吉
		二女许芳英 67 岁	嫁圪塔村
		三女许芳凤 60 岁	嫁上乌落
	二世五门许益堂	长子许三锁 67 岁	妻张玉珍 67 岁
		二子许九锁 61 岁	妻马氏
		女儿许记凤 70 岁	嫁上麻束
四世	三世大门许光隆	子许宝生 55 岁	妻冯慧珍 52 岁
		女许梅 56 岁	嫁而吉村
	三世二门许德甫	长子许林生 65 岁	妻贺云梅 64 岁
		次子许并生 60 岁	妻李月娥 58 岁
		三子许玉生 58 岁	妻聂京华 52 岁
		四子许记生 50 岁	妻李利萍 48 岁
		大女许玉萍 56 岁	嫁太原
		二女许银萍　 岁	嫁太原
	三世许福禄	子许春生 55 岁	妻马珍凤 52 岁
		女许凤珍 52 岁	嫁太原

四世	三世许九海	长子许春红 38 岁	妻闫子 36 岁
		二子许红宁 31 岁	妻孔美 29 岁
		女儿许宁珍 36 岁	嫁城
	三世大门许三锁	长子许明生 45 岁	妻苏秀英 43 岁
		女儿许文珍 48 岁	嫁茹古村
	三世二门许九锁	子许秀生 36 岁	妻贺宁芳 36 岁
		大女许红珍 42 岁	嫁山庄村
		二女许秀珍 40 岁	嫁石城
五世	四世许宝生	长子许红星 24 岁	妻韩露 22 岁
		二子许红飞 22 岁	
		长女许红娟 28 岁	嫁太原
		二女许红丽 26 岁	嫁太原
	四世大门许林生	长子许永勤 44 岁	妻李文珍 42 岁
		二子许对勤 41 岁	妻冯育霞 40 岁
		三子许转勤 32 岁	妻付艳娜 27 岁
		女儿许秀勤 36 岁	嫁东堡村
	四世二门许并生	子许洋 岁	
	四世三门许玉生	子许柔 岁	
	四世四门许记生	子许晶 岁	
	四世许春生	子许瑞星 30 岁	妻杜小梅 28 岁
		长女许瑞丽 28 岁	嫁任堤
		二女许瑞芳 26 岁	嫁＊＊
		三女许瑞林 24 岁	
		四女许瑞华 22 岁	
	四世许春红	子许育飞 10 岁	
		女许育花 6 岁	
	四世许红宁	子许育超	
	四世许明生	长子许建鹏 28 岁	妻王淑芳 23 岁
		二子许建伟 23 岁	妻任秀芳 20 岁
		三子许海鹏 21 岁	
		四子许记鹏 19 岁	
	四世许秀生	长子许渊清 18 岁	
		二子许渊飞 13 岁	
		女儿许渊霞 16 岁	

六世	五世许红星	子许乐 4 岁
	五世许红飞	子许杰 2 岁
	五世大门许永勤	长子许馨阳 13 岁 二子许丽阳 6 岁
	五世二门许对勤	长子许馨海 15 岁 二子许博文 11 岁
	五世三门许转勤	子许博阳 6 岁
	五世许瑞星	子许智杰 5 岁
	五世许建鹏	子许博烨 1 岁

白杜村许氏宗族传世支系图（五）

始祖		许＊＊	妻＊氏（均无考）
二世		许德胜 许侯洋	妻张氏
三世	二世许德胜	许玉祥 许金山	烈士 妻贺氏
四世	三世许金山	长子许恩录 62 岁 二子许恩平 44 岁 三子许录平 40 岁	妻宋月爱 60 岁 妻马金凤 42 岁 妻崔宝林 39 岁
五世	四世大门许恩录	长子许锁平 30 岁 二子许锁宁 21 岁 长女许锁花 35 岁 三女许锁英 33 岁	妻贺伟萍 28 岁 嫁而吉 嫁山头
	四世二门许恩平	长女许彩虹 17 岁 二女许彩霞 13 岁	
	四世三门许录平	许龙瑞 9 岁 许龙祥 3 岁	

白杜村许氏宗族传世支系图（六）

始祖		许＊＊（名字无考） 妻张氏	
二世		许光业	妻张氏
三世		长子许广忠　烈士 次子许三元　抗日烈士 三子许天元　革命烈士 四子许建康　妻马玉英 女儿许侯娃　嫁而吉	
四世	许建康	长子许文德 66 岁　妻贺志莲 65 岁 次子许明德 61 岁　妻马生风 58 岁 大女许俊风 74 岁　嫁堡村 二女许鸣风 55 岁　嫁午城	
五世	许文德	子许逢生 32 岁　妻许育华 29 岁 长女许会萍 44 岁　嫁汾阳 二女许芳萍 35 岁　嫁临汾 三女许芳琴 32 岁　嫁侯马 五女许丽琴 27 岁　嫁 六女许丽芳 27 岁	
	许明德	长子许秀斌 36 岁　妻马晓宁 34 岁 次子许秀云 32 岁　妻赵淑琴 30 岁 三子许小云 16 岁 女儿许秀宁 39 岁　嫁太德村	
六世	许逢生	子许政辉 8 岁 女许政桥 6 岁	
	许秀斌	女许紫棋 3 岁	
	许秀云	子许友鹏 12 岁	

白杜村许氏宗族传世支系图（七）

始祖		许＊＊（名字无考）	妻张氏
二世		许义功	妻张爱梅 92 岁
三世		长子许建民	妻贺取英 71 岁
		次子许取生 52 岁	妻冯福英 49 岁
		长女许福翠	嫁而吉
		二女许翠兰 58 岁	嫁堡村
		三女许贝贝 54 岁	嫁上麻束
		四女许侯女 48 岁	嫁榆岭
四世	三世大门许建民	长子许执明 54 岁	妻冯对莲 50 岁
		二子许福明 50 岁	妻许文英 48 岁
		三子许录明 48 岁	妻贺志英 47 岁
		四子许录平 45 岁	妻张平珍 42 岁
	三世二门许取生	子许小辉 28 岁	
		女许小燕 27 岁	嫁襄汾
五世	四世大门许执明	长子许艳红 32 岁	妻贺清平 26 岁
		二子许艳宁 29 岁	妻河啊湘 29 岁
		三子许艳平 27 岁	
		四子许建平 24 岁	
		女儿许燕燕 25 岁	嫁洪洞
	四世二门许福明	子许兰宁 20 岁	
	四世二门许录明	子许晓强 21 岁	
		长女许晓琴 27 岁	嫁西房村
		二女许晓娟 24 岁	嫁上麻束
	四世四门许录平	子许记宏 21 岁	
		二子许晓宏 17 岁	
		女许宏丽 14 岁	
六世	五世大门许艳红	子许瑶彤　岁	
	五世二门许艳宁	女许艺花 2 岁	

白杜村许氏宗族传世支系图（八）

始祖		许＊＊（名字无考） 妻＊氏
二世		许玉胜 妻＊氏
三世		许德喜 妻＊氏 许根喜 妻＊氏 许三喜 当兵未归
四世	三世大门许得喜	子许记生 64 岁 妻张志梅 59 岁
	三世二门许根喜	长子贺贵生 58 岁 妻冯玉凤 56 岁 次子许宝蛋 50 岁 妻冯蛇凤 49 岁 长女许汝蛋 62 岁 嫁＊＊ 二女许女女 48 岁 嫁＊＊ 三女许毛毛 45 岁 嫁＊＊
五世	四世许记生	长子许文平 34 岁 次子许建平 25 岁 三子许建红 22 岁
	四世大门贺贵生	子贺兰平 21 岁 长女贺春兰 41 岁 嫁＊＊ 二女贺福兰 31 岁 嫁＊＊ 三女贺会兰 28 岁 嫁＊＊ 四女贺建兰 26 岁 嫁＊＊ 五女贺路兰 24 岁 嫁＊＊ 六女贺成兰 20 岁
	四世二门许宝蛋	长子许艳伟 35 岁 妻园园 31 岁 次子许建伟 33 岁 大女许雪花 29 岁 嫁安古 二女许艳花 27 岁 嫁太原
六世	五世许艳伟	许铭芹 2 岁

白杜村许氏宗族传世支系图（九）

始祖		许＊＊（名字无考）　　妻张氏	
二世		长子许富德	妻房氏
		二子许花德	妻马氏
		三子许贵德	妻单氏
三世	二世大门许富德	长子许兴祥	妻冯氏
	二世二门许花德	长子许＊祥	（移居坡角村）
		二子许＊祥	妻＊氏
		三子许致祥	妻马氏
		四子许会向	妻＊氏
	二世三门许贵德	长子许＊祥	妻＊氏
		次子许＊祥	妻＊氏
四世	三世许兴祥	长子许建荣 85 岁	妻张翠莲 81 岁
	三世二门许＊祥	长子许建功	妻＊氏
	三世三门许致祥	长子许建邦	妻马氏张氏
		女许丑女	嫁上麻束
	三世许＊祥	长子许喜＊	妻贺志英
		二子许则天	
五世	四世许建荣	长子许还生 46 岁	妻贺记风 44 岁
		二子许友生 43 岁	妻单成芳 37 岁
		三子许对生 30 岁	妻冯梅兰 29 岁
		长女许海风	嫁安古
		二女许还风 52 岁	嫁安古
		三女许云风 48 岁	嫁徐家垛
	四世许建功	子许三信 58 岁	妻王九娥 55 岁
		女许芳兰 60 岁	嫁安古
	四世许建邦	长子许生明 59 岁	妻安文翠 57 岁
		二子许建生 56 岁	妻贺兰英 55 岁
		三子许福生	妻马梅莲 50 岁
		四子许五生 52 岁	妻任惠莲 48 岁
		五子许陆生 50 岁	妻贺喜风 48 岁

五世	四世许连章	长子许高平 45 岁	妻冯会梅 44 岁
		二子许宏平 44 岁	妻贺新红 35 岁
		三子许三平 42 岁	妻刘玉莲 35 岁
		长女许秀君 29 岁	嫁堡村
		二女许　蓉 29 岁	嫁南庄
	四世许章	子马福生 57 岁	妻许小宁 58 岁
		女许兴华 57 岁	嫁北京
六世	五世大门许还生	长子许雪宁 25 岁	妻任巧萍 25 岁
		二子许雪鹏 17 岁	
		长女许雪英 22 岁	嫁白杜
		二女许喜玲 20 岁	
		三女许灵芳 15 岁	
	五世许三平	子许然平 31 岁	妻＊＊
	五世大门许生明	长子许国红 32 岁	妻张小丽 30 岁
		二子许国帅 24 岁	
		大女许秀红 35 岁	嫁麻束
		二女许青红 25 岁	
	五世二门许廷生	长子许国鹏 30 岁	妻曹华林 27 岁
		二子许国帅 24 岁	
		长女许卫萍 33 岁	妹吉县
		二女许林萍 31 岁	嫁隰县
		三女许燕萍 26 岁	
	五世三门许福生	长子许国民 24 岁	
		长女许艳芳 27 岁	
		二女许晋玲 21 岁	
		三女许晋荣 18 岁	
		四女许晋芳 17 岁	
	五世四门许五生	长子许国清 27 岁	妻张丽媛 24 岁
		二子许国平 24 岁	妻郭园玲 21 岁
		三子许国宁 22 岁	妻许晋英 22 岁
	五世五门许陆生	长子许鹏飞 26 岁	妻王金花 23 岁
		二子许鹏辉 20 岁	
		三子许鹏斌 18 岁	
		四子许鹏晶 15 岁	
	五世马福生	长子马利民　岁	

七世	六世许雪宁	长子许浩然 13 岁
		二子许国红　岁
		三子许赢 7 岁
		女许浩 6 岁
	六世许国鹏	长女许译云 5 岁
		二女许严云 3 岁
	六世许国清	子许浩扬 3 岁
	六世许国宁	子许静扬 2 岁
		许鹏飞
		女许圣楠 2 岁

第二节　李氏宗族

李姓是九黎民族之一的氏族的族称。皋（音 gāo）陶是李姓的始祖。李姓图腾由虎、木、子三部分组成：虎代表皋陶玄鸟族祖先白虎少昊；木代表皋陶玄鸟族的图腾；子是鸟卵，象征后代子孙。李姓图腾象征李姓子孙是白虎少昊的后代。

李姓起源：李姓属于东夷族系，形成于商朝末年，西周初年。系由理姓所改，而理姓源于皋陶的官职。传说皋陶是上古东夷族首领少昊氏的曾孙，生于曲阜（今山东曲阜），曾继任东夷族的首领，因为曲阜为偃地，所以被赐为偃姓。皋陶的子孙，世袭大理之职，到了商代便以官职命名本族姓氏，称为理氏。商朝末年，纣王暴虐无道，沉溺女色，使诸侯和百姓都很怨恨，皋陶后裔有个叫理征的人，出于一片忠心，劝纣王改正错误，结果被纣王杀害。理征的妻子契和氏听到消息后，便带着年幼的儿子利贞外出逃难。契和氏本是陈国（今河南淮阳）人，想逃回娘家，又怕连累娘家人，于是便往豫西逃去。当走到今河南伊河流域的"伊候之墟"时，母子二人饥饿难忍，尤其是小利贞饿得几乎奄奄一息。可是这一带荒无人烟，根本找不到食物，幸好契和氏发现附近的树上结有一些"木子"，于是她便采下来吃。就这样母子二人保住了性命，后来他们母子又来到豫东，在离淮阳不远的苦县安家落户（今河南鹿邑县东）安家落户。为了感激"木子"的保命之功，同时也为了躲过纣王的追击，又因理、李同音的缘故，小利贞便改理姓为李，这就是李姓的起源。

李姓在全国一百个大姓中，名列第一。据 1964 年第二次人口普查，李姓占全国总人口的 7.97%，接近一亿之多。在大宁全县 18 个 100 户以上的姓氏中，李姓占据冯、贺、张三姓之后，名列第四，共 851 户，4255 人。2010 年，李姓在白杜村共有 60 户，200 人。在李姓中，其宗族世系共分四个支系。

附：李氏宗族传世支系图

白杜村李氏宗族传世支系图（一）

始祖		李福明	妻子氏
二世		李万发	妻子氏
三世		长子李廷孝	妻子氏
		二子李廷义	妻子氏
		三子李廷奎	妻*氏
		四子李廷云	妻*氏
四世	三世大门李廷孝	长子李进祥	妻贺氏
		二子李进德	妻*氏
	三世二门李廷义	子李进宝	妻王志英
	三世三门李廷奎	长子李进仓	妻贺玉珍
		二子李进库	妻张梅女
	三世四门李廷云	女李芳莲	
五世	四世大门李进祥	长子李连明 79 岁	妻冯贺兰 74 岁
		次子李连文 69 岁	妻马花子 68 岁
		三子李连玉 65 岁	妻季文梅 60 岁
	四世二门李进德	长子李玉贵	妻张芳娥 65 岁
		二子李锁贵 65 岁	妻马侯女 63 岁
	四世李进宝	长子李兰贵 48 岁	
		二子李取贵 41 岁	妻冯红梅 44 岁
		三子李福贵 40 岁	妻贺新文 41 岁

五世	四世大门李进仓	长子李玉田 71 岁	妻曹执英
		二子李瑞田 65 岁	妻宋文梅 63 岁
		女儿李雪英 58 岁	
	四世二门李进库	长子李福田 60 岁	妻许文梅 58 岁
		次子李录田 50 岁	妻李红芳 50 岁
六世	五世大门李连明	长子李春雨 56 岁	妻李会玲 55 岁
		二子李春红 43 岁	妻张＊＊ 43 岁
		三子李春平 41 岁	妻苏婷莲 38 岁
		长女李桂玲 52 岁	嫁小冯
		次女李冬玲 48 岁	嫁＊＊
	五世二门李连文	长子李金虎 43 岁	妻冯建梅 41 岁
		次子李银虎 29 岁	
	五世三门李连玉	长子李红平 41 岁	妻李会珍 41 岁
		次子李红星 38 岁	妻马九芳 36 岁
	五世大门李玉贵	长子李金平 41 岁	妻吴春风 39 岁
		次子李银平 39 岁	妻段艳霞 36 岁
		长女李金花 43 岁	嫁＊＊
		二女李银花 ＊＊岁	嫁＊＊
	五世大门李兰贵	子李小贝 11 岁	
		女李小萍 15 岁	
	五世二门李取贵	女李晓敏 21 岁	
	五世三门李福贵	长子李飞 17 岁	
		二子李月 7 岁	
	五世大门李玉田	长子李春平 48 岁	妻郭文珍 48 岁
		次子李建平 42 岁	妻雷建珍 42 岁
		三子李建生 40 岁	妻王富英 39 岁
		女李彩萍 44 岁	嫁＊＊
	五世二门李瑞田	子李红平 32 岁	妻杜林美 32 岁
		女儿李青 ＊＊岁	嫁北京
	五世大门李福田	子李国平 30 岁	妻朱哲华 29 岁
		二子李年平 27 岁	
	五世二门李禄田	长子李春平 26 岁	妻许花红 26 岁
		二子李彦平 24 岁	
		三子李王平 17 岁	
		女儿李月平 21 岁	

七世	六世大门李春雨	长子李小龙 33 岁　　妻牛文宁 33 岁 二子李小虎 29 岁　　妻贺晓娟 28 岁
	六世二门李春红	子李晗 20 岁
	六世三门李春平	子李彪 12 岁 女李小凤 18 岁
	六世李金虎	子李勇 10 岁 二子李乐 8 岁
	六世大门李红平	长女李娜 19 岁 二女李豪 16 岁
	六世二门李红星	子李晋 12 岁
	六世大门李金平	女李佳锦 15 岁
	六世二门李银平	子李佳浩 13 岁
	六世大门李兴平	长子李军鹏 20 岁 二子李小鹏 18 岁 女李娟 15 岁
	六世二门李记平	长子李云鹏 20 岁 二子李二鹏 11 岁 三子李云龙 10 岁
	六世大门李春平	子李　力 28 岁　　妻苍艳伟 25 岁
	六世二门李建平	长子李强 22 岁 二子李勇 14 岁
	六世三门李建生	子李浩 17 岁 女李文 19 岁
	六世李红平	子李娜 19 岁 女李豪 16 岁
	六世大门李国平	子李致远 5 岁
	六世李春平	子李帅 * 岁
八世	七世李小虎	女李佳明 5 岁
	七世李　力	子李佳轩 2 岁

白杜村李氏宗族传世支系图（二）

始祖		李万信	妻＊氏
二世		长子李廷玉	妻＊氏
		次子李廷秀	妻＊氏
		三子李廷珠	妻＊氏
		四子李廷祯	妻＊氏
		五子李廷明	（迁楼底村）
		六子李廷珍	（迁楼底村）
三世	二世大门李廷玉	子李生平 53 岁	妻安对娥 52 岁
	二世二门李廷秀	子李进龙	妻曹玉英
	二世三门李廷珠	子李院生 54 岁	妻王爱英 53 岁
	二世四门李延祯	长子李福恩 62 岁	妻李秀英 60 岁
		次子李九保 56 岁	妻袁丽英 54 岁
		长女李侯梅	嫁龙吉
		二女李　芳	嫁上鸟落
四世	三世李生平	长子李海军 19 岁	
		二子李海建 15 岁	
	三世李进龙	子李瑞生 63 岁	妻曹生凤 62 岁
	三世李院生	子李金龙 24 岁	
		大女李娟 22 岁	
		二女李琴 20 岁	
	三世大门李福恩	长子李小宏 32 岁	妻高若云 30 岁
		次子李小云 27 岁	妻丁荣 27 岁
		女儿李小琴 24 岁	
	三世二门李九保	长子李国宏 29 岁	妻田小英 ＊＊岁
		女儿李　雯 27 岁	

五世	四世李瑞生	长子李叫平 38 岁　　妻冯红英 36 岁 二子李叫宁 30 岁　　妻白红英 31 岁 长女李翠萍 43 岁　　嫁＊＊ 二女李玉萍 35 岁　　嫁＊＊
	李国宏	女李美莹 3 岁
六世	五世大门李叫平	长子李伟 16 岁 二子李杰 12 岁 女李琴 14 岁
	五世二门李叫宁	子李之杰 11 岁 女李之琴 7 岁

白杜村李氏宗族传世支系图（三）

始祖		李＊＊	妻＊＊（实名无考）
二世		长子李执源	妻＊氏
		二子李记源	妻＊氏
		三子李德胜	
		四子李廷祥	妻马氏
三世	二世大门李执源	子李登云	妻高福翠 79 岁
	二世二门李记源	子李富有	妻马氏
	二世四门李廷祥	女儿李风兰	嫁白杜
四世	三世大门李登云	长子李全保 57 岁	妻贺俊莲 55 岁
		二子李玉虎 48 岁	妻冯新虹 42 岁
	三世二门李富有	长子李玉生	妻＊氏
		二子李连生	妻张桂云 64 岁
五世	四世大门李全保	子李亮亮 15 岁	
		女李兰芳 26 岁	
		李兰清 2 岁	
	四世二门李玉虎	长子李超 17 岁	
		二子李越 15 岁	
	四世二门李连生	长子李文平 46 岁	妻贺林萍 46 岁
		二子李方平 39 岁	妻红英 38 岁
六世	五世李文平	长子李鹏 24 岁	妻单红翠 20 岁
		二子李海 21 岁	
	五世李方平	子李继 13 岁	
	五世李鹏	李乐乐 2 岁	

白杜村李氏宗族传世支系图（四）

始祖		李福全	妻李氏
二世		李有根	妻贺氏
三世		长子李万清	妻曹氏
		二子李万元	妻任氏
四世	三世大门李万清	长子李廷温	妻贺氏
		二子李廷良	妻许氏
		三子李廷恭	妻子氏
		四子李廷俭	妻李氏
		五子李廷让	妻冯氏
	三世二门李万元	长子李廷忠	妻任根翠
		二子李廷杰	妻贺安梅
		三子李廷俊	妻贺琴琴 62 岁
五世	四世大门李廷温	大女李林娥	嫁 **
		二女李俊娥	嫁 **
	四世二门李廷良	子李文生 68 岁	妻冯芳莲 65 岁
	四世四门李廷俭	长子李文林 54 岁	妻冯爱芳 54 岁
		二子李文明 47 岁	妻张萍 46 岁
		女李文娥　 岁	嫁 **
	四世五门李廷让	女李女女	嫁 **
	四世大门李廷忠	长子李记祥 52 岁	妻高春风 51 岁
		女李俊爱　 岁	嫁 ** 村
	四世二门李廷杰	子李执祥 65 岁	妻李青梅 62 岁
		二子李清祥 53 岁	妻冯秀风 54 岁
		大女李玉珍 61 岁	嫁 ** 村
		二女李秀珍 56 岁	嫁 **
		三女李爱珍 48 岁	嫁 **
		四女李桂珍 44 岁	嫁 **
	四世三门李廷俊	子李文祥 37 岁	
		大女李万花 35 岁	嫁 **
		二女李俟花 33 岁	嫁 **

六世	五世李文生	子李青峰 32 岁	妻张晓霞 32 岁
		长女李青萍 42 岁	嫁＊＊
		二女李晋红 38 岁	嫁＊＊
		三女李晋芳 36 岁	嫁＊＊
	五世大门李文林	长子李俊杰 33 岁	妻张小琴 31 岁
		二子李小龙 22 岁	
		三子李俊鹏 20 岁	
		女儿李小琴 31 岁	嫁＊＊
	五世二门李文明	长子李春峰 23 岁	
		二子李国峰 17 岁	
		大女儿李春玲 21 岁	
		二女李秋玲 19 岁	
	五世李记祥	长子李成伟 23 岁	
		二子李成宁 12 岁	
		大女李成英 25 岁	
		二女李成芳 16 岁	
	五世大门李执祥	长子李建军 39 岁	妻马路瑶 35 岁
		二子李建宏 35 岁	妻邢丽芳 35 岁
		三子李建伟 33 岁	妻宋凤玲 31 岁
	五世二门李清祥	子李建鹏 39 岁	妻张娜 25 岁
		女李建英 25 岁	嫁＊＊
		二女李建芳 22 岁	嫁＊＊
七世	六世李青峰	子李存真 9 岁	
	六世李俊杰	子李彦星 4 岁	
	六世李建军	女李清照 3 岁	
	六世李建伟	子李昱磊 4 岁	
	六世李建鹏	子李霖儒 2 岁	

白杜村参加革命工作人员一览表

姓名	参加工作时间	单位、职务
许建业	1935 年	中南局党组织书记
许科堂	1938 年	大宁民主政府县长
许凰堂	1949 年	公社书记
李连明	1948 年	县外贸局长
李进宝	1951 年	县饮食业经理
许尊慎	1951 年	小学教师
许建康	1952 后	乡政府秘书
许凤堂	1938 年	县牺盟会
许执奎	1938 年	县牺盟会
许玉祥	1938 年	县牺盟会
许广忠	1947 年	炮团三连战士
许德甫	1947 年	太原小学教师
许新民	1952 年	县政府办主任、农工部长
李进仓	1958 年	乡政府半脱产干部
许建德	1960 年	乡信用社主任
王慧卿	1959 年	医护人员
李廷忠	1949 年	部队司务长
许光隆	1949 年	赴朝抗战
许乃让	1959 年	大宁农中、红专大学任教
许光成	1954 年	小学教师
杨志礼	1951 年	教师
许光显	1947 年	甘肃白龙江林管局
许钧民	1962 年	县政府办主任、科委主任
许兰生	1970 年	县工商银行科长
贺俊花	1971 年	县法院审判员
李福田	1970 年	临汾铸造厂副总经理
张留花	1975 年	县质检局
李文林	1975 年	粮局股站长
许福生	1976 年	粮站站长
李廷俊	1972 年	城关供销社

姓名	参加工作时间	单位、职务
高小丽	1989 年	大宁城关小学
李九保	1979 年	二轻局副局长
许晋生	1976 年	甘肃白龙江邮政局
许红宁	1976 年	县物资公司
李清祥	1976 年	县地税局
许建新	1976 年	县工商联
李福恩	1979 年	黄河公司
张俊莲	1979 年	供销社
冯贺兰	1979 年	大宁电视台
许晋民	1979 年	县广播局
刘莆宁	1979 年	县广播局
李春平	1980 年	县林业局
郭文珍	1980 年	县林业局
许文梅	1986 年	临汾动力厂
张　丽	1989 年	霍州煤矿
李春红	1989 年	临汾煤运公司
许永红	1987 年	大宁道路运输管理站
许继红	1982 年	人民法院党组副书记
许建红	1985 年	县政府办公室
贺瑞芳	1986 年	大宁县检察院
许国伟	1986 年	永和信用联社主任
李春平	1984 年	大宁检察院
苏婷莲	1988 年	大宁运管所
房改珍	1986 年	大宁移动公司会计
李锦梅	1989 年	大宁妇幼站副站长
许永勤	1988 年	中学教师
李文珍	1984 年	大宁农行职员
李建平	1984 年	县法院
雷建珍	1984 年	县交通局
李建生	1986 年	大宁中学职工
马富英	1986 年	县纪检委
袁丽英	1980 年	味精厂出纳
李福恩	1985 年	黄河公司
田小英	1989 年	太原农业评估公司

姓名	参加工作时间	单位、职务
冯彩红	1990 年	教师
李国庆	1990 年	太原房地产开发公司
李燕青	1997 年	县药检站副站长
李青峰	1996 年	县监察局副局长
张晓霞	1995 年	大宁党校
李兰风	1994 年	黄河公司
许迎军	1994 年	县审计局
许对勤	1990 年	大宁中学教师
冯春霞	1991 年	城关小学教师
许春生	1991 年	上麻束小学教师
许秀峰	1997 年	县电业局
许秋红	1994 年	大宁黄河公司
张小琴	1999 年	县交通局
李玉田	1961 年	县政协副主席
李瑞田	1962 年	京西宾馆总经理
宋文梅	1964 年	北京七建
许晋豫	1966 年	中国联社承建实业有限公司总经理
李文生	1962 年	县委副书记
张青梅	1969 年	隰县科委
房安俊	1966 年	教师
许芳有	1954 年	县劳动服务公司经理
许晋义	1960 年	大宁中学职工
张对梅	1964 年	大宁党校
李青梅	1964 年	山西八一大厦
李执祥	1965 年	省劳动厅纪检组长
许并生	1969 年	山西大学教授
许文德	1969 年	安古乡乡镇企业职工
许建国	1967 年	公社书记
许林生	1967 年	联区校长
许高明	1967 年	联合校长
李春雨	1970 年	县政法委副书记
许玉生	1971 年	中国保健营养杂志社副主任
李会玲	1974 年	县妇联主任
李月娥	1975 年	山西大学教授

姓名	参加工作时间	单位、职务
许良民	1975 年	县农机局纪检组长
聂京华	1976 年	太原保险公司
许汉民	1974 年	隰县检察院副院长
许光明	1971 年	大宁中学分校校长
任玉娥	1978 年	小学教师
冯芳莲	1971 年	县体委
李建军	2004 年	中国银监会信息中心处长
许 乐	2009 年	上海同济大学讲师
许学海	2009 年	大宁消防
许凯峰	2008 年	县运管站
许晓路	2002 年	隰县法院
李慧慧	2001 年	教师
许晓强	2002 年	太原电视台
郭艳萍	2000 年	县统计局
丁一晋	2009 年	上海同济大学
许 剑	2009 年	永和信用联社
李小虎	2001 年	县政府办副主任
贺晓丽	2000 年	大宁检察院
李 力	2002 年	临汾骨科医院
范艳伟	2007 年	大宁法院
许 江	2007 年	可口可乐公司
李小云	2008 年	大宁黄河公司
李俊杰	2001 年	粮站
李成伟	2007 年	阳泉煤矿
许记宏	2009 年	永和信用联社
李建鹏	2001 年	晋煤集团赵庄矿
张 娜	2004 年	晋煤集团赵庄矿
李银虎	2009 年	永和信用联社
许华鹏		
刘东征		
许华伟		昕水镇长
渠小荣	2009 年	永和信用联社
许华峰		
许秀峰		大宁电业局

姓名	参加工作时间	单位、职务
许永峰		信用社
李玉贵		霍州煤矿
马路瑶	2000 年	全国工商联法律部调研员
李建宏	1998 年	山西世资实业有限公司
李院生		大宁淀粉厂
李国平		临汾动力厂
李军平		临汾人保公司
黄文丽		临汾妇产医院
杜 琳		中国海关
李红平		三星电子公司工程师
王爱英	1978 年	太德教师
邢丽芳	2000 年	山西至正实业有限公司
李建伟	2001 年	山西移动公司
宋风琳	2001 年	山西人民医院
马爱芳	1980 年	城关粮站
李俊杰	1995 年	榆村粮站
张小琴	1994 年	交通局
李文明	1976 年	大宁果品
许建明	1979 年	公安局副局长
尉 洁	1985 年	劳动局
许健新	1981 年	劳动局
许振鸿	1991 年	公安局
李 青	2010 年	劳动局
许振伟	2011 年	广播局
许春明		食品公司
许春和		吉县电业局
李三萍	1986 年	畜牧局

第三编 民俗民风

第一章 民 性

　　白杜村民风淳朴，村民性格刚劲坚毅，勤劳正直，生活节俭，善良诚实，崇尚礼仪，尊老爱幼，热情好客，"蹶蹶然有陶唐蟋蟀之遗风焉"。村民相处为邻，历来都是团结友爱，和睦相处，不论是和平安稳年代，还是政治风暴急骤动荡和战事荒乱的年月，大家都是相互帮助、以诚相待，从来没有发生过尔虞我诈、钩心斗角的现象。村中有识之士，历来都把无谓的争斗当作小人之见，予以驳训和贬斥，邪恶之作在白杜历来难以抬头。白杜村民之间十分和谐，就是由于小事互相争吵的现象也极为少见。村民素有较为深厚的中华民族情感和炽热的爱国热情。邻里之间，有了困难互相帮，遇到难题众人解，公益善事共同办，利害相连同分享。全村左邻右舍和睦相处，许姓和李姓之间，也从来不为宗族而闹矛盾，不讲你近我远，互相之间情同手足。人和万事兴，和睦相处给白杜村各项事业的发展营造了良好的生活环境，奠定了优越的发展基础。

　　白杜人乡土观念比较浓厚，不管贫富历来都是安土守业，不离本乡，世世代代"男务农圃而不习工贾，女操织纴而弗事铅华"。视耕作农桑为正业，称务农种地为本分。村民世世代代，除过种地再没有干其他活路的，就是一般的木匠、铁匠、石匠、窑匠、工匠新中国成立前在村里也从来未有所见。这种闭关自守的守旧观念，严重地制约了村里生产的发展和村民生活的提高。新中国成立之后，经过数十年潜移默化的宣教感染，村民的优良传统得到继承和发展，封建糟粕被逐步摒弃，守旧观念逐步废除，闭塞风气日渐减少。改革开放以来，走出白杜小天地，外出到大城市打工或经商务工者日渐增多。把单一农业生产转向工业、商业等经济行业，经济转变的步伐越来越快，社会主义的优良风气也正日渐形成，团结一心、和睦共处的新风尚越来越深入人心，一个崇尚文明、互礼互让的白杜村展现在世人面前。

第二章 民 俗

第一节 村民生活习俗及变革

衣着服饰

清末民初，村内富有人家，像许锦堂家，男子穿偏襟大袄短衣，外套长袍加马褂，一般平民百姓上穿大襟短衣，下着大档宽筒子裤，下扎"绑腿带"。脚上一般穿圆口实帮直底布鞋，鞋子不分左右脚，可随便换穿。女装上衣襟宽，袖长到膝，有钱人加以绣花，镶边装饰。下身着大档宽腿裤，有的裤腿还绣着大花，像罗裙、衣服布料，一般都以土织粗布为主，富户尚有少量丝绸料面。民国初期，也还有长袍马褂在身的，以后改为制服，有点身价的人，头戴礼帽，一般人戴"圪桃壳帽"。1949年建国以前，白杜村人白天身上穿的，晚上睡觉铺的盖的，都靠妇女们用土纺车纺的线，土织布机织的土布来做。土布机织出的布，人们把它叫做"土布"，这种布幅度一般只有一尺七八，看起来不太美观。衣服、被子、鞋袜，全靠妇女没明没夜地用细针小线一针一线地缝制，缝一件衣服，少则三五天，多则得用十多天，人们穿破的衣服，缝上补丁还得继续穿，一件衣服一穿就是好几年，黑的穿成灰的，灰的穿成灰白的，人们常用"新三年，旧三年，缝缝补补又三年"来形容当时穿衣的节俭程度。大人穿破的衣服，裁剪之后，再缝成小衣服让小孩穿，大孩子的衣服小得不能穿了，再让小孩子穿。新中国建立后，随着国民经济的不断发展和人民生活水平的不断提高，人们的衣着穿戴发生了明显变化，白杜村的绝大多数村民，除了用自己纺织的土布缝制衣着外，一般还要添置一些洋布和海昌蓝等机织平面布料做衣服，铺的盖的也多用大花洋布宽幅布料作被面和褥子，做鞋用的鞋帮子，一般都用各色斜纹、灯芯绒来作面子，但是做衣服、鞋袜仍然是手工缝制，一双布鞋从备鞋底料到做成鞋，手脚快的也得半月二十天才能做成。到20世纪六七十年代，虽然国家实行了棉布统购统销政策，人们在市场上扯布要布票（一个人每年共发一丈二尺布票），但人们的穿戴基本跟上了时代步伐。一是很少有人自己纺花织布，应用久古的土纺车、织布机在这个年代大多数都被搁置了起来，村里人们穿用的布料一般都用哔叽、斜纹、的确良面料。二是有一部分家庭有了家用脚踏缝纫机，人们缝制衣服，实现了半机械化。三是人们开始在市场上购买部分成衣和鞋袜。在白杜村插队的知识青年，每年春节返京回家过年，村里的人都给他们捎上布票和钱，让他们在北京给自己往回代买衣服，捎回来的衣服，虽然价格比较贵，但其样式新颖、布料坚实、做工精细，色泽鲜艳。可以这样说，知识青年这支队伍，凭借家在京城的独特优势，也引导和加快了白杜村服饰改革的步伐。四是村里人穿绒衣、毛衣的人日渐增多，一个最明显的变化是在村里再也看不到穿打补丁衣服的人了。多数人冬天穿棉衣，内有衬衣，外有外套。但是人们的穿着还是比较单调，只有白、灰、兰、黑几种单调的颜色衣服，就连妇女儿童也很少穿艳丽多彩的服饰，形成了几个人站在一块穿着一色的服装的现象。全村人坐在一块开会时，大部分人都穿着清一色的衣服。1978 年，党的十一届三中全会确定的改革开放的重大战略决策，使我们的国家很快走上了日新月异、快速发展的康庄大道。三十年间，人们的衣着穿戴发生了翻天覆地的变化。白杜村不论大人、小孩，一年四季的衣服鞋袜全都是到市场上买成品。夏天穿着丝绸服，冬天多着毛、绒衣，春秋青年多为西服，老年人穿着多为中山服和夹克，妇女儿童一年四季全是色彩鲜艳的各式服装，同六七十年代千人同一色、万人同一调的单调色彩相比，人们的穿着真可谓是百色俱兴，千秋多变。在白杜村大人、小孩中，要找同一颜色、同一设计、同一做工的服装几乎没有。球鞋、皮鞋、运动鞋取代了过去祖祖辈辈沿袭多少代的粗布手工鞋。白杜人的穿着，同城市人相比，有些只是衣服档次上略低一些。人们床上用的被、褥，多是苏、杭二州出的丝绸面料，炕上、床上都铺有毛毯、大花床单。服饰的样式、色彩、质量都有淡雅新鲜、丰富多彩的特点。在首饰化妆方面也有明显变化，在清末民初，妇女身上所见的首饰，一般只有耳环手镯，富家小孩过生日时给佩戴"长命锁"，女人只是在出嫁时，拔去脸上和额头上的小黄毛，在脸上涂脂抹粉，平时很少有精心打扮的人。新中国成立到六七十年代，人们普遍都佩戴手表，妇女佩戴耳环、手镯。八十年代到二十世纪末期，佩戴金耳环、金项链已成为白杜村青年妇女的一大时尚，有的还戴上金手镯，特别在美容、化妆方面，更是同城市人处于同步发展的一个水平上。人们洗发用的都是各种类别、档次较高的精美洗发膏，洗脸用的各种香皂、脸上涂抹的各种护肤品都是名牌产品，不少青年妇女还天天画眉抹口红，人们从过去连普通香皂、肥皂都用不上，到大量使用各种化妆品，充分体现了村民的生活质量得到了极大的提高和改善。

饮食的变革

白杜村人的食粮，古久以来就是玉米、小麦、谷子为主，豆类、糜谷、荞麦为次。村民习惯了一日两餐，在旧社会，一般都是早上窝窝头，下午稀汤面。二十世纪五六十年代，村里常有工作组下乡，他们在县城每天都是三餐，村里人怕工作组吃不惯两餐饿肚子，所以派到谁家吃饭，谁家就改为三顿饭，久而久之，村里人便都把两顿饭改为一日三餐。

　　白杜村的饭食花样还是比较多的，同时也善于粗粮细做，不断翻新花样。干食主要有白面蒸的白面馍馍、玉米面窝窝头、花卷、菜卷、包子、饺子、黄煎、油饼子、油糕、油条、麻花、炒泡泡等；面食有炒面、卤面、稍子面、菜饭、抿角、合锅面等；米饭有大米饭、小米饭。平时待客，多是利其子、浇稍子，待客一般不能给吃撅片子，因为"撅"嫌有撅打人的意思。逢年过节，中午多吃面食。白杜人历来好饮酒，但多在年节或客人亲友来往时才摆宴设席、添置烟酒。桌上所摆的饭菜都体现了各个时期的饮食习惯和饮食内容，而白杜村民在各个时期的饮食状况，则有天壤之别。

　　光绪三年（1877），白杜村和全国各地一样，遭受百年不遇的大旱，时年全村只有150多人，因饥饿缺粮，饿死者甚多。到光绪四年（1878），全村只剩下六七十口人。解放前村里人一年四季过着"糠菜半年粮"的困难生活，人们一般都是农闲吃稀汤，农忙才吃稠的，不少人每逢歉收年，没有粮菜充饥，只得外出乞讨。但在那个年代，外出乞讨也很难填饱肚子，个别人一连几天吃不上饭被饿死在路上。土地改革后，人们的生活基本能维持温饱，一天两顿饭以窝头为主，很少能吃到白面。一年四季只有逢年过节，才能见到少得可怜的一点肉食。新中国成立初期，各家各户把土地耕作得较细、管理到位，庄稼长势良好，粮食丰收，生活渐渐好了起来，家家户户除了交的公粮，一般吃的喝的都有盈余。人们不但吃得饱、吃得好，而且家里都有了不少存粮。到了集体化的人民公社时期，由于人们的生产力受到压抑，农业生产长期徘徊不前，人们分的口粮很少，多数人过着半饥不饱的生活，特别是在1960年到1963年这三年困难时期，生产队在交了粮食征购任务之后，每年给社员发的口粮十分有限，根本不能满足人们的基本生活所需，最低时一口人一月只能分到十几斤原粮，每人每天只能吃到四五两粮食，人们过着忍饥挨饿的生活。由于长期营养不良，许多人得了浮肿病，严重影响到人们的身体健康。至今，一些老年人提起60年代饿肚子的情景还心有余悸。党的十一届三中全会以后，农村的改革步伐大大加快，白杜村在全面改革的浪潮中，很快实行了分田到户的联产承包责任制，农民种田的积极性空前高涨，人们起早贪黑，挥汗如雨，精耕细作，辛勤劳动，一年下来，只要交够国家的，留足集体的，其余全是自己的。只几年工夫，白杜村的粮食产量成几倍翻番，一改过去长年吃窝窝头的历史，不只一日三餐全是白面，而且就连平时也能吃到鸡鸭鱼肉，从吃饭只用点盐到五味调料俱全，家家户户的饭桌上都十分丰盛。解放初期人们过年只有几个三寸大小的盘子，里边装着胡萝卜鸡肉、白萝卜片加点猪肉或是豆芽粉条，人们叫作吃碟子，一般只摆四个碟子，里边放的东西也很难够一个人吃一顿。而改革开放后，人们把过去的小碟子换成大盘子，而且盘子里都是鸡鸭鱼火腿大肉，十分丰盛，孩子们平时能喝上饮料，吃到雪糕等小食品，人们高兴地说，这样的日子真是越过越甜蜜。

住房变化

白杜村民的住房历来以土窑为主，所住土窑都是土崖劈面，然后挖成窑洞，安上门窗，作为全家住宿的主要场所。也有人在平地用土坯作碹，建成泥脊窑洞，窑洞一般高3米左右，深十一二米，宽3米多，装碹口木制门窗，窗格花样繁多，但一般的多是天窗边窗为斜木格，天窗正窗和炕窗为正方格，门都为双扇，外安铁环门关，里安腰插木栓。土窑最大的优点是冬暖夏凉，建造成本较低；缺点是容易发生土块塌落，安全性比较差。白杜村人千百年来，祖祖辈辈都是分别住在东、西两个圪崂的土窑内，在东西圪崂，也有少量的砖窑，这些砖窑，有的是早在康熙年间就建造成的。康熙五十年（1711）以后正是人民安康、生活富裕的盛世年代，各地都大建佛寺庙堂。当时白杜村住着白、曹、许、李四姓，他们共同集资，大兴土木，在东圪崂背坡子东面，现在叫瓦窑的地方，烧制砖瓦，用了五六年时间修建了规模宏大的隆兴寺大庙和下寺单孔二层楼的寺庙。在此期间村人白曹二姓各有一家修了西圪崂坪里砖窑1孔，东圪崂西坪砖窑3孔。清光绪年间，村人许毓麒的父亲（实名无考）在东圪崂现在的旗杆院内修了七孔砖面套圈土窑。约在清咸丰年间，村里有人为了解决居住问题，在东西圪崂中间坪里，挖坑取土修了三处长方形的地窑院，院内打旱井来收集雨水，其中一院是许致祥的祖上挖修的，直到解放初期，许致祥一家还住在地窑院内。到二十一世纪初年，窑院坍塌后的坑型依然留存。解放后，村人为了办好学校，在东圪崂西南处的坪里的一座旧窑的基础上，重新圈了5孔砖窑作为学校院内的教学用房，1998年由县教育局投资在学校院内，修了三间砖混平房作为学校教室。东西圪崂的一些土窑洞因年久失修，早已破烂不堪，有的成了随时都可能倒塌的危窑，所以从二十世纪80年代中期开始，村里一些住土窑的户，就在自己祖业遗留下的小块土地上修建砖窑。最早在坪里修建砖窑的是许文德、许建德等户，从二十世纪80年代到二十一世纪初的二十多年的时间里，全村几乎家家户户都在坪里修建了宽敞明亮的砖窑，有的多达五六孔之多。2008年，为了解决村委会的办公地址，县上投资在隆兴寺遗址北面修建了3间平房，从此村委会有了专供办公的地方。截止到2010年，全村共新建砖窑183孔，90%以上的户都从原来的土窑洞中搬进了新砖窑，从此，原来的旧土窑洞都被废弃。这次大规模的砖窑修建，是白杜村居住史上从来没有的一大变化，美中不足的是这一次的大修建事前没有经过组织和规划，各家各户自由修建，导致住房分散，方向不一，也浪费了部分土地资源，但是不管怎样说，它的确是白杜村建窑史上的一次最大的变化，从根本上改善了人们的居住条件。

室内家具

解放前到解放初期，村人所用家具数量很少，特别是1937年日本鬼子大肆烧杀抢掠后，村里所有的老式板凳、老式板柜等全都被烧毁，全村大多数人家中器具奇缺，普通人家中只有一些简单的长条凳子、小凳子、单桌子，富裕人家有八仙桌、太师椅、炕桌、立柜。到二十世纪 60 年代，村里人有了大衣柜、写字台、椅子以及木扶手沙发等。到了 80 年代以后，大多数家户都配置了综合柜、书框、大包沙发、茶几等，特别是家用电器，如鼓风机、洗衣机、电视机、电热壶、电话机、手机等进入到平民百姓的家中，村民生活用品更加丰富多彩。

出行交通

白杜村地处山塬地区，出入交通不便。整个垣面只有白杜、上麻束、下麻束 3 个村子。同外县交往，进则必须爬山上坡，出门就得下坡翻沟，而且道路全是弯弯曲曲的羊肠小道，比较好点的路只有两条，一条是经上下麻束到城内的叫"官道"的道路，一条是西河坡的驮水担水坡道，从白杜村坡下到川底，再从屹崂塬东河坡上去就到了安古塬，可再直通永和县。村界内其他道路只是田间小道和山坡上的羊肠小道。以前，白杜人出行多为在山道上步行，妇女儿童和富户们则以骑驴、马代步。1965 年，县人民政府为了解决白杜村峪里沟知识青年出行困难的问题，用了一年的时间，投资修通了县城到白杜村东峪里沟知青居住点的简易公路。2009 年，国家交通工程建设项目投资 25 万元，把麻束沟到白杜和白杜到屹崂塬的简易公路铺成了水泥路面，使村民的出行条件得到了根本改善。现在，白杜人到县城不是骑摩托车，就是开三轮和拖拉机。过去走人行小道时，从白杜到县城，一般需要两三个小时，现在只需 20 来分钟就可到达。经过多次整修，全村有的田间小道也都变成了能走平车、拖拉机的广阔道路。过去田间运输，全靠驴驮人担，现在全部用牛、驴拉平车、拖拉机来运送，过去毛驴身上用的驮鞍、人肩挑用的扁担，早已全部退出了历史舞台。

第二节　节　日

白杜每年传统的节日，主要有春节、元宵节、二月龙抬头节、端午节、中秋节、重阳节、十月一日鬼节。

春　节

白杜人一般把春节叫做"过年"。古时候，我们的先辈把谷的生长周期称为"年"。年就是谷子熟了的意思。夏商时代产生了夏历，人们把一年的开始叫做年，年的名称是从周朝开始的一直延续到今天。但古时候把正月初一称为元旦，直到近代，辛亥革命后，南京临时政府为了顺应农时和便于统计，规定在民间使用夏历，在国家机关、团体实行了公历。新中国成立后，在全国政协第一届会议上，把公历的元月一日定为元旦，俗称阳历年。而且把农历（即夏历）正月初一定为春节，俗称阴历年。由于年的历史久远，所以人们过大年都十分隆重，孩子们盼过年，是为了吃好的、穿新的，还能得到一家又一家给的压岁钱。大人们辛勤劳累了一年，在完成喜悦的收获后，利用年节，痛痛快快地休息一些日子，也是一种享受和乐趣。白杜人对过年十分上心，准备得十分充分，进入腊月之后，就开始筹备为孩子和大人做新衣服用的布料，一针一线地为全家老少做过年穿的新衣服，从腊月二十三开始，送祭灶君爷，实际上就开始过年了。因此，白杜人把腊月二十三叫做"小年"，一直到正月十五，前后共二十多天都是春节的喜庆日，其中，除夕到初一就是年节的最高潮。

　　白杜人过春节，有不少传统方面的讲究。有句古语讲："宁穷一年，不穷一天。"意思就是家里再穷，过年这一天也要吃好的、穿新的。除了穿新衣服外，饮食、敬神祭祖、拜年更是过年的主要内容。节前从腊月二十三开始，村里人就会忙着杀猪、宰羊、磨米磨面做豆腐，在集市上"揭"（白杜土话买的意思）红纸，买鞭炮，购买油、盐、酱、醋、糖、酒、水果等"年货"，腊月二十三，中午人们吃饺子，晚上人们把宰杀的鸡和糖瓜子，敬献在灶君爷前，整鸡表示全家真心实意地敬献灶君，糖瓜子黏性很强，让甜甜蜜蜜的糖瓜子堵住灶君爷的口，并祝告他上天后尽言人间好事。就这还是不放心，又在灶君爷像旁贴上"上天言好事，回宫降吉祥"的对联，再三叮嘱他上天后在太上老君面前，为人们平安多建言献策。白杜人把年三十除夕叫做"月尽"。这天，男人们忙着担水扫院，张贴门神、对联、年画、窗花，使得全村各家各户人人喜气洋洋，面貌焕然一新，有的家户还在窗台前放上织布用的叫"蛇"的工具，上面挂一块红布和一头大蒜，以示避防邪气入户。中午饭是红烧猪肉熬稍子，浇利齐子（土语稍子面），这种面条细长坚硬，因此而取意福寿绵（面）长，而且要把生面条剩下一部分，到初二中午再煮着吃，以示全家连年有余。到天黑下来开始两种活动：一是祭各路神仙。家里有灶君爷（灶君爷是腊月二十三送上天，月尽夜晚接回来）、家神爷、门神，院内有天地爷、土地爷、圈神爷，大门内外也有门神爷。不论院内、房内的神像，其两侧都要贴上大小相称的对联，各位神仙的对联内容也都各有不同，如土地爷前贴的是"土能生万物，地可发千祥"；灶君爷前贴的是"上天言好事，回宫降吉祥"；家神爷前贴的是"送全家吉祥，保老少平安"等等。在树上贴"根深叶茂"；在石磨上贴"青龙大吉"；在院落墙上贴"满院生辉"；在窑内墙壁上贴"抬头见喜"。然后在各神灵前点瓜瓜（用面捏的一种小油灯）、烧香、磕头、放鞭炮，并在灶君爷、家神爷前摆放用面捏做的"枣衫"（一种类似人样的花花面糕）。二是敬三代祖宗，村里叫做"敬老家亲"。本家不出五服（即五代）的家族，选一个房子，挂上祖宗轴子，摆上各家端去的祭品，点上香、瓜瓜灯，燃纸焚香以奠思念。敬神、祭祖的事做完之后，合家在灯光下包"扁食"（饺子），包扁食也有讲究，扁食内要包数量不等的小铜钱（以后因没有了铜钱，就用人民币的硬分币）。捏好饺子要摆放成一串一串的，叫做钱串子，然后遮盖好，等大年初一早上煮的吃。过去是守夜，人们捏饺子、放花炮，直到深夜才入睡。二十世纪 80 年代以后，中央电视台年年都举办大型文艺节目——春节文艺晚会，人们更是要看完晚会才入睡，入睡前大人要给孩子压岁钱，村人就是在这样喜庆的气氛中辞旧迎新、欢度岁末，渡过一年又一年的春节。

过年吃饺子，在白杜村也有不少的说法。饺子内包有各种美味菜、肉馅，据说过年时吃饺子能延年益寿，光景也能过得和和美美。吃到饺子内包的铜钱，是有福的更能财运亨通，所以人们在新年春节的第一顿饭，便是吃饺子。除此之外，在年节前家家户户都蒸做花糕、花花，炸软面油糕。吃油糕意为年年升高。新年这一天，吃过饺子，就该完成过年的第二项主要任务拜年，先在家中小辈给长辈拜，后在村里给本族长者拜，各家都备有烟、酒、糖果、核桃、枣，给来拜年者品尝。到初二清晨，人们再到祖宗三代的牌位前跪拜，然后将纸做牌位烧掉，俗称"送老家亲"。对各路神仙的敬拜，一般要延续到正月初五，即村里人说的"破五"。正月初五这一天，仍然是以吃饺子为主。元宵节，既是一个单独的盛大节日，又是新春佳节的又一次喜庆高峰。在元宵节，人们历来有吃元宵、打火把、荡秋千的习俗。但近年来，白杜村打火把、荡秋千已再不多见，随着时代的发展，人们又增添了晚上看中央电视台元宵节文艺晚会的一大内容，正月十五过后，年味才会慢慢散去。

二月二

农历的二月初二日，白杜人把这一天叫做"二月二"，这一天是人们传说中龙抬头的日子。龙在传说中是天上的一种神灵，白杜隆兴寺内也有龙王庙。庙里供奉着龙王爷，龙王爷是主管布云降雨的神仙，龙王爷抬头，就会打雷下雨。所以当农作物生长期遇到天旱的时候，人们就在龙王庙里祈求龙王爷下雨解旱。冬天天寒地冻，老龙王处于休息状态，到二月二这天，大地开始转暖，龙王爷会抬起头来，行使响雷下雨的职能，天一下雨，人们就可以开始农田耕作了。为了庆贺龙抬头的日子，白杜人在这一天日头尚未露头的时候，在坪里十字街用炉灰撒一个大圆圈，里边再撒上一个十字，然后给牲口套上犁铧，在田字上走一圈，表示从今天起正式开始动农耕田了。

清明节

清明节前二日为寒食节。寒食节为祭祀已故先人的节日。寒食节前一天，人们把白面捏成比平时馒头大三四倍的"子钟"。"子钟"有两种：一种是大圆馍，馍内包有鸡蛋或红枣，上面盘着蛇条、虫鸟之类的面塑，专供家中男人食用；一种是一条大鱼，供女人食用。供老人吃的捏成"猪头"，供孩子们吃的捏成"老虎"。另外，还要捏许多只有拇指大小的各种飞禽走兽，瓜果虫鱼等面塑制品，叫作"面燕"，蒸好后挂在红头酸枣刺条上，摆放在灶君爷面前，作为敬神之物。到清明节早上，从刺条上摘下（俗称"打燕"），然后分给孩子们，作为玩耍的面食品。蒸熟的"子钟"，在寒食节那天，和用豆芽、豆腐、干菜、豆角、南瓜片熬成的菜合着吃。寒食节一大早，男人们带上用白纸剪好的挂纸（也叫"钱串"）、一瓶水和香、纸以及为上坟蒸好的"饱"（拇指头大小的小蒸馍）等祭品，到祖宗的坟地去扫墓上坟。上坟归来，人们都要拔一把艾草，回来后插在大门的门环上或者放在窗台上，据说艾草的芳香味也能逼掉邪气。清明这一天一般中午都吃饺子，这一天，也是妇女们上坟祭扫的日子，人们有"儿寒食，女清明"的说法。

端午节

阴历的五月初五为端午节。端午节这天，家家户户都用棕叶、软米和红枣包粽子。妇女们在初五前用红黄蓝绿橙五色线，搓成彩色线绳，叫逼索，然后在初四的晚上，系成圆圈，系在大人小孩的手腕和脚腕上，据说该"逼索"能逼掉邪气，保一家平安。另外还用五色绸布，缝制成各种形状的小荷包（俗称"圪芦芦"），里边装香料、艾草、朱砂，在五月端午这天给孩子们带在胸前，圪芦芦戴在孩子们的身上，据说也能逼掉来袭的邪气，同时也是一种美观的装饰品。端午除吃粽子外，中午一般还是捏些饺子，供全家人食用。

中秋节

农历的八月十五为中秋节，八月十五前，家家户户要用白糖、核桃仁、芝麻、青红丝子打月饼，也有在市场上买高档月饼的。不管自己打的还是市场买的，除自食外，还用来作为探亲访友、看望长辈的节日特殊礼品。中秋节这天中午，全村人家家都吃羊肉饺子，吃饭前在锅里捞出几个饺子，饭后作为上坟祭奠的食品。中秋节的一件大事是"望月"，八月十五正是一年秋季的中分点，是全年月亮最圆的一夜，中秋节晚上村里不少人都会将桌子摆在当院，上面摆上月饼、西瓜、苹果、红果等食品，也有的略备几种小菜和白酒，边吃边喝，仰天望月，观赏中秋之夜一轮明月高悬在空中的美景。

重阳节

农历九月九日为重阳节，重阳节亦称老年节。白杜人念书识字的较多，重阳节登高远望，是读书人的一种普遍爱好。许乃让老先生在他的"重九登高"一诗中写到"重阳秋景分外爽，偕友提壶上巅峰。俯视落叶满石径，仰望浮云映日明。近听疾风呼声啸，远眺山漳雾气腾，酬兴文乐忘倦云，咏诗赋词心胸广"，充分表达了一个知识分子心胸开阔、欣赏自然美景的喜悦心情。

下元节

农历十月一日古称下元节，村里人把这一节日叫作"鬼节"，也是上坟祭祖的日子。这一天祭祀主要是给故去的先辈送寒衣。因为时至十月，天气寒冷，为仙逝的故人，送上御寒的衣服，表达对已故长辈的一份孝心。送寒衣就是把五色纸剪成裤子和衫的形状，然后到坟前点烧，以表示对已故亲人的防寒送衣的心意。

除传统节日外，还有不少新兴节日，如元旦节、三八妇女节、三月十二日植树节、五一劳动节、五四青年节、六一儿童节、十月一日国庆节以及父亲节、母亲节等等。在众多的节日中，只有儿童节是村里人最上心的节日。在学校没有统一制作校服以前，每年的六一以前，家长都要给念书上学的孩子做一身白衬衣、蓝裤子的新衣服，以备孩子们在庆祝六一时穿戴。这一天家家都要给孩子做上一顿最好的饭菜，让他们高高兴兴地到学校欢度节日。除此以外，就是在近年以来，村里人也过上了元旦节，元旦这天也要做一顿饺子吃，以示祝贺。

第三节　婚　嫁

订　婚

男大当婚，女大当嫁，男女成婚是每个人一生中最为重要的一大喜事。在解放前，男婚女嫁全由"父母之命"和"媒妁之言"来确定，成婚的男女双方往往没有一点自主权。联姻过程分为提婚、订婚、送彩礼，最后才可嫁娶完婚。男孩子到十四五岁时，父母就会托人到有女孩子的家提婚。当然，到谁家去提婚，事先必须考虑门当户对、家景相合、年龄得当等，然后请媒人初步说合，双方都有了成婚意向，就约定换柬的日子。所谓"换柬"就是男女双方将各自的生辰八字写在一张红纸上，男方家长协同媒人将柬帖用红纸一包，各色线一折、宫粉两盒、时兴衣料一身、白馍 10 个和适当彩礼（钱）带上去女子家里，女子家里要设酒宴招待，并事先备好笔纸书本，帽子一顶、衣服一件、白馍十个，双方在饭后把礼品随柬帖一块交媒人互换收纳，这就表示双方正式订婚。两家都要信守不渝，一般再不能反悔。民国初年，男女双方家长还要到县府领取"龙凤庚帖"，庚帖上要贴上印花（实际上是缴纳婚税），过后，男方如想结婚，首先请择字先生根据结婚人的生辰八字择定良时吉日，然后由介绍人和男方的一个当事人提一只黄母鸡，在母鸡的腿上扎上红布条，带上足够的彩礼（银子或货币）到女方家去通日子、送彩礼。在结婚前三天，男方还要到女方家去送"炕窗"，送"炕窗"时，要拿三尺红绸布。

婚日嫁娶

婚日嫁娶仪式，是男女双方在联婚过程中最为重要和隆重的一个程序，其礼仪十分繁杂。结婚这天，男女双方都要设酒宴，款待亲朋好友。村里人把结婚的日子叫做"正事"。正事头一天，新郎、新娘都不在自己家里住，要到亲朋好友家里住一宿，名曰"处外家"。这一天，大部分主要亲朋就分头来双方家里，从上午开始，聘请来的厨师和各位执事总管就开始各行其是，厨师预制席场用的七碟八碗菜肴。到下午还要做三件事：一是祭风雨，为了使第二天的正事日能有一个风和日丽的好天气，事主要备好祭碟和小饱（即小馍馍），在吹鼓手的陪同下，祭祀人端着盘子，一路走到村子最高的打麦场里，点香叩拜；二是祭先祖，由主家带上祭品到祖坟上祭奠先祖；三是婚男婚女都到别处去"住外家"。这天中午，由厨师们做一大锅菜饭，即和子饭，再笼上一些蒸馍，备上一些酸菜，所有来客和村客都在席棚内吃菜饭。晚上，再准备碟子、菜肴和酒，预先宴请第二天在各个环节执事的宾客，然后由总管将执事名单张贴出来。

婚日正事这天，吃过早饭，男方要把"住外家"的新婚男子接回家中，整理穿戴，即头戴礼帽，两面插着两支金花，身穿绸袍马褂，身披红绸子（叫"扎披红"）胸戴两朵大红花（到女方迎新娘时，分给新娘子一朵）。当迎亲队伍到达新娘家时，丈人家首先把"住外家"的新娘接回家中，然后给新娘头戴凤冠，身披扇肩，给穿好缎面大红袄。家庭较为富裕的用两乘花轿，一乘由新郎乘坐，一乘由新娘乘坐，条件稍差的只有一乘花轿，由新娘乘坐，新郎骑马或驴。迎亲礼客要带上装饰有龙凤花鸟的两扇大花糕、一只大红公鸡，出发前，燃放一大串鞭炮，继而由吹鼓手开道，即走上去女方家的迎亲路。迎亲的队伍到了女方村里，丈人家在大门外摆上一张桌子，上面摆上四碟菜肴、三杯烧酒，由岳父（或叔伯）在桌前迎接，然后由女方执事人员将男方带的花糕、铺盖等接到家中，再把迎亲队伍迎到接待的地方。中午盛宴款待，席间岳父必须到席场给新女婿倒一杯热酒，饭后即举行拜披红的仪式，新郎由迎新的伴郎引领，到岳父门前给岳父行礼作揖，岳父给新郎再披上一块大红披红，并给新郎赠送红筷子一双、酒盅一个。在新娘上轿前先要拜辞父母，以毛毡铺地，在两个送亲妇女搀扶下上轿，另外还有 14 个男子陪同，称作"送汝的"。女方陪送的物品比较简单，一般只有一套被褥、一个脸盆，再就是新娘用的简单洗漱用品，另外还要带"干粮"和喜糖，准备到男方家后，散发给一些亲友的孩子们。婚礼队伍在沿途所到之处，一见到石碾、石磨即用一个床单盖上，不让新人看见。据说石碾、石磨是白虎、青龙，新人在这一天看到不太吉利。迎亲队伍返回到男方家后，先由专接媳妇的两个女人把新娘接下轿，踏过毛毡铺设的路面，到婆家院内设置的花堂前举行"拜天地"仪式。在仪式上由司仪人主持，一拜天地，二拜高堂，最后夫妻对拜，拜完后随即伴随着喜庆悦耳的鼓乐声把新娘接入洞房，此时礼炮齐响。新娘进入洞房后，入炕坐定，新郎上来为新娘掀去红盖头，然后夫妇俩共同在事先由新郎父亲装好的麦秸枕头里"揣核桃"，揣完核桃，夫妻两人合喝"儿女拌汤"。接着就是举行喝喜酒的仪式。喝喜酒的席位依次是父母、叔、伯、姑、舅、姨等，有上辈的坐在新郎父母旁边，先由新郎和迎亲的，再按辈分大小依次倒酒。唱完喜酒，一些同学就开始闹洞房。闹洞房一般可延伸到深夜。从第二天起，新娘开始坐炕圪栳。三天内，一般不能随便下炕。正事这天中午，男女双方两家都要备比较丰盛的酒席，设宴待客。平常人的宴席一般是八碟八碗，亦称二八席。少数富裕户也有上三八席件的，即在二八席的基础上，再加上八个盘子。宾客坐定席位后由事主给宾客敬酒，所有来的亲友宾客，一是坐席吃饭，二是在收礼摊上写贺送礼钱。一般是"外家"的礼最高（即舅舅家），亲戚以远近、朋友以厚薄定礼的高低，越亲厚的礼数越高。晚上仍然是酒席招待。

正事第二天早晨，举行见大小仪式。所谓见大小，就是让新娘认识长辈亲戚，由主持仪式的一一指认，说这是舅舅、这是伯伯、婶子……依此而过，介绍一位，由新郎新媳妇跪地磕头，受头的长辈则按自己的身份，往桌子上放一定数目的钱，叫做给"磕头钱"。早上包括送亲的在内的亲友仍然以酒席招待。席间，公公要亲手给儿媳妇倒一杯酒，吃过早饭，送亲的一走，亲戚朋友大部分也走了，只留亲近的姑姑、姨姨等少数客人，事主家再做一顿饺子，"大事小事扁食了事"，一吃饺子，一场婚事就算基本告一个段落。男女结婚后的第三天，女方父母随同新娘姑姑、舅舅、哥哥、姐姐等人要到男方家去为女儿"圆饭"。"圆饭"时要带一些吃的东西，并在新女婿家住一宿，男方家也要用酒席招待，到第七天新媳妇就要回娘家，叫做"对九"，由娘家人把女儿从婆家接回来，住8天时间，再由女方家人将女儿送回婆家，婚后婆家住上7天，再返回娘家住8天，叫七对八，人们称"七对八都吉利，婆家娘家两头发"。

新中国成立后，随着婚姻自主和时代的不断发展，男女婚姻程序有了很大的改变，首先是男女双方的婚姻不一定受父母之命、媒妁之言的限制，自由恋爱、新式结婚成了男女青年的时尚。青年男女或因互相接触，或由他人事先介绍产生了爱情，基本约定订婚后，再找个介绍人在双方说合有关结婚的一些事情，但是绝大多数仍然没有摆脱了买卖婚姻这个框架。而且随着人们生活水平的不断提高，彩礼和结婚时的用品价位越来越高。二十世纪六十年代彩礼一般只有几百元，七十年代上升到了上千元，八十年代一订婚，就得出彩礼三四千元，以后就飞涨到几万元。有的女方家还向男方家要拖拉机、摩托车，而且要男方给女子成家买的东西价位越来越高，六七十年代时，要男方事先备置车子、手表、缝纫机，到了八九十年代，要"三金"：金耳环、金项链、金戒指。由于说媳妇的花费越来越大，所以导致结婚后大部分男方家就出现了债台高筑的现象，直接影响着新婚家庭的生产生活。今后，随着男女比例的严重失调，结婚的成本可能会越来越高，成为制约农村经济发展的一大难题。

在结婚礼仪上，随着时代的发展，也有了很大的改进，同过去相比，去掉一些烦琐的、迷信的程序，增加了许多喜庆的气氛。婚礼的档次也有所提高，一般户除八大盘、八大碗，还要加一条鱼或一只鸡或一个猪肘子，随着宴席质量的提高，亲朋宾客"随礼"的数目也越来越高。2009 年，亲朋好友的礼钱 30 元的寥寥无几，50 元的也已少见，近几年，已上升到上百元。结婚时，也不再用花轿迎亲，先是把自行车作为迎亲的交通工具，到了八九十年代，一般都用小汽车代替了自行车，迎亲用车的越来越多。有的人为了显示自己的身价，迎亲时，用十多辆豪华车，专门在县城街道鸣炮奏乐，缓缓而过，吸引不少市民驻足观看。入洞房时新娘坐炕角、走毛毡道的风俗习惯等早已不再。在婚庆的时刻，普遍兴起了结婚前夫妇两个外出到临汾、太原、北京等地旅游买衣服、拍婚纱照等。新媳妇上婚车从家里到外面，由新郎背着或抱着上车，同学们一路戏耍逗乐，增加了不少欢乐喜庆的气氛。

第四节　丧事葬礼

自古以来，人类对生老病死无法抗拒。长期以来，人们对长者逝世，都要进行一定规格的丧葬活动。当长辈到古稀之年时，儿女们就要给准备仙逝之后装棺入殓用的棺材（俗称"寿木"）。棺材都是用木板打造，质地是以柏木、楸木和柳木为主，近年来也有用松木的，棺材以柏木的为最上品，其次是楸木，比较差的是柳木和松木，其他木料一般不用作打造棺木。棺材的品级最高的是"八仙板"，即底盖、边板都是两块。十二个头、十六个头、十八个头和块数更多的叫做杣板的棺材，一般是二五板（即板厚二寸五分）、二寸、寸半板。厚度越薄，其品质越差。长者寿木修好后，子女们要为其"交木"，"交木"的内容主要有两项：一是为木工准备一块被面、几盒香烟、10 个蒸馍和事先约定的工钱，交给木工，儿女们还得磕个头；二是准备一顿较好的酒菜饭食，儿女们连同工人们一块吃一顿饭。

当长者病逝后，要为死者净身。并为其穿好事先准备好的寿衣，寿衣一般还是沿用明清时流传下来的衣服，男的是长袍短褂，女的偏襟大袄。一般要穿上五、下三，即上身穿五件，下身穿三件，死者口内含一枚小银元或银钱（叫"口含钱"），然后将遗体头朝后、脚朝前放在炕上。死者穿的寿衣，一般都还是明朝、清朝时的服饰，一代传一代，至今大多数没有改变。人死了后不能穿皮衣、皮鞋，不能穿戴有人造纤维的布料，不能用塑料制品。这些东西明、清时根本没有，正因为死者是按明清习俗来穿戴，所以皮的、塑料的也就用不上。进入二十一世纪，时代在发展，社会在进步，原来的旧规矩也着实应该改一改了。近几年白杜村的一些具有新思想、新观念的人，也有给仙逝老人穿中山服等现代服装的"老衣"，既方便又时尚，为村人所称赞。

棺木准备就绪后，趁太阳没有落山的时分，开始装尸入殓。入殓后，儿女们和帮助入殓的亲友要一起跪在棺木前烧纸、磕头（叫做"烧回头纸"），然后，大伙在一块吃一顿汤面条，从入殓这天起到入土安葬这段日子，每天吃饭时，都要由儿媳、女儿们给死者送饭，送饭时要把一双筷子插在碗内，放在棺盖上。孝子们开始轮流坐草守灵。打墓的一般是4个人，每天三顿正餐以酒宴招待外，孝子还必须再往墓地里送三次饭，送饭时只送酒送饭不送水。

按照阴阳先生测定的埋葬日子来确定举行葬礼的时间，葬礼的时间共为三天。第一天，厨窑的厨工准备正事用的酒宴席品，亲戚朋友搭灵棚（近几年有专门出租的灵堂）。灵堂要摆放童男童女，白鹤寿鸟，纸扎院子（如果两个老人，第一个逝世的，老人堂前的院子为半院，第二个老人逝世后，堂前才摆放全院子）。近年来，有的还用纸扎编制小汽车、电视机、手机等摆放在灵堂前。灵堂的祭品有点心、饼干、瓜果，有的还敬献整鸡、整猪、整羊，灵堂正面的顶端插挂几幅花圈，两边的柱子上插满柏枝，有的还要有祭文，张贴在一块木板上，安放在灵堂旁边。灵堂布置停当后，要在鼓乐队的引领下，先开吊，后祭风雨，再安祖，最后即举行开吊仪式。在开吊仪式上，孝子要穿全孝服，戴上纸扎马褂，手执麻棍，开始在灵前烧纸、磕头。开吊仪式的当天中午，所有宾客亲友的饭食都是菜饭（即"和子饭"）。晚上有酒宴招待亲友、宾客，由总管规定执事人名单，然后张贴在醒目处。第二天是正式祭灵的日子，人们叫"正事"。这一天，亲戚朋友都到灵前来祭奠。来者都头戴孝帽，烧纸叩头，有的还送上花圈挽幛，祭奠的高峰是"接娘家"。所谓娘家，就是儿女母亲的娘家人，即舅舅家。娘家人来到时，全体孝子跪在路边去迎接。娘家人到了院里，孝子和娘家来的人都到灵堂内哭灵，吹鼓手吹奏哀调，气氛十分哀婉、悲凉。中午大开宴席，酒桌上一般是八盘八碗，也有再添加鱼、鸡或猪肘子的。执事人把亲友送来的花圈和帐子摆放在灵堂左右，举办简短的追悼仪式。晚上，吃过晚饭就开始烧阳幡。第三天是出殡埋葬的日子，清晨一大早，即进行出殡仪式，叫做"出灵"。过去一般由打墓的四个人和孝子抬棺材，由长孙高擎"引魂幡"向墓地走去。近几年，多数用汽车或拖拉机拉灵车，孝子们趴在车上护灵，到了坟地，按阴阳先生的安排下葬，一般要在日出前掩埋完毕。人们常说，丧葬程序实际上是可简可繁，仪式亦可大可小。有句传言是："过白事是有钱人埋钱，没钱人埋人。"下面记述的是1929年，东圪崂旗杆院许光谟的爷爷许毓麒去世后，许光谟的父亲许锦堂为表示孝心，决定大办丧事，请阴阳先生择定丧葬的时辰后，就着手操办准备，在村内就请了12个有名望的人当总管。光小麦就磨了10石（合3000斤白面），杀了3头大猪、2只羊，从蒲县请来一大班和尚道士，襄汾请来了乐队和戏班子，从隰县交口请了唢呐队，还有下吉亭的腰鼓队。正事那天，宾客很多，旗杆院内根本放不下，整个东圪崂人山人海。大宁县县长郭思义亲自登门吊唁，并亲笔点主。除过专来吊唁、祭祀的人外，还有一大部分是专从上下麻束、刘家、房村、安古、堡村、太德、茹古等地赶来看热闹的。这么多的人饿了没处吃、渴了没处喝，许锦堂当即决定，今天来白杜的人，全部以礼客招待，一律不上礼，坐桌子吃酒席，就这样，从上午一直吃到晚上。在许锦堂家的葬礼上，对来人如此款待，礼仪如此隆重，多少年来，在全县一直被人们传为佳话。

第五节　喜庆佳事

白杜村人在生儿育女、老人过寿、修棺材、交木、乔迁、升官等欢庆吉事的时候，一般都进行不同程度的庆贺活动，其时都有一定的习俗。

生儿育女

妇女生育，人们把他叫作坐月子。妇女们生下小孩，门上都要挂一块红布，忌生人入内，这主要怕人出入门太多，凉气侵入，伤害婴儿。也有人就是为避邪气。谁家生了小孩，一般都有送半月、过满月的习惯。其实送半月和过满月是一回事，只有一次，一般是在孩子满月时，定个良辰吉日，亲戚朋友，特别是丈人家，到时来庆贺一番。事主家准备比较丰盛的酒席宴，供食客食用，叫作"吃喜"。来庆贺的人都要赠送一定数量的礼品或钱币。新生儿婆婆家是重礼客，一般有衣服、被褥、婴儿斗篷、银质长命锁以及干烙（一般用白面调料芝麻在鏊子上烙制的干食品）等。进入新世纪之后，一般人为了省事，过满月、送半月的宴席，都要到城里的食堂里，摆一场酒席，饭后所有宾客都各自散去。

乔迁新居

多数人是在迁往新居之后，自家人吃一顿好饭，以示庆贺，表达欢乐。但也有些亲朋好友主动前来庆贺乔迁之喜，这种活动叫做"暖房"。暖房的人数一般较少，亲友来时由主家设宴款待一番，来人亦给迁入新居者赠送钱礼。

老人寿辰

家中父母年岁老了之后（一般在60岁）儿女们都要为其过寿（即过生日）。这一天老人身着新衣，儿女子孙都聚集在一起，家里准备比较丰盛的宴席，并蒸有白面寿桃、备有生日蛋糕，一家人欢欢乐乐，连吃带喝，庆贺一番。近年来，亦有一部分社会交往过多的人，在自己老人过寿时，好朋友们前来一块共同赴宴欢庆，但一般的只有三五十人。

赏　新

赏新一般在大部分小麦未能收割上场之前，人们先在小麦地里，挑基本成熟好的小麦，收割回一小部分，搓下麦粒，磨好面后蒸成馍头，上面点缀上红色花点，先端上几个馍头烧香叩头敬献神灵，然后全家开始吃馍头，叫作"赏新"。赏新是人们对新到的丰收果实的一种庆贺和祝福，届时，在全家人的欢声笑语中，再加上满屋子飘散着的一股股新到的麦香味，大人小孩都会喜上眉梢，共同享受着喜庆丰收的喜悦，品赏新麦面馍的香味。为了让左邻右舍也能提前享受新麦的滋味，主家会把蒸好的馒头送给邻家，让大家共同分享赏新的欢乐。

第六节　信　仰

白杜村历来多信奉佛教。村内原有的隆兴寺大雄宝殿，就是以供奉佛神为主的。庙内原有的和尚，也都是佛家虔诚弟子。村民较多信佛教，但一般是只信神佛，不去念经，久而久之，村人所信仰和尊敬的神佛，不单是佛爷，基本上是见神就去拜敬，如土地神、山神、五道神、家神、天地神以及孔子、关公等等，都一视同仁，无不拜谒。村民多是祈求神灵年年风调雨顺、田禾丰盈的好天年，保佑全家吉祥平安、无灾无难。

进入二十世纪九十年代以后，村民中有一少部分妇女加入了基督教。他们信奉耶稣都是为了减灾灭病，使自己身患的疾病早日得以安康。在他们之中，真正五体投地信服耶稣的为数不多，甚至连星期日在一起礼拜、祷告的也并不多见，有的甚至是脚踏几支船，既信仰基督耶稣，也信念神鬼佛事。总的还是千百年留传下来的烧香磕头、信神拜佛者占大多数。

第四编　地方语言

第一章　方言土语

第一节　语言特点

　　一个地区的地方语言和语音，往往都不尽相同。就是在一个县境内，语言和语音也有一定差异。大宁的地方语言和语音基本上以县城为界，分为上川（即东川）和下川（即西川）两大区域。这两个区域的方言就不尽相同，如东川人把草帽叫做"凉帽"，西川人叫"帽圈"；小孩子东川人叫"孩"，西川人则叫"西"。县与县之间语言和语音就有明显差异，如隰县的上胡城同大宁的下胡城，基本上是村挨村，而上胡城人说的全是隰县话，下胡城人则说的完全是大宁话；而在隰县的午城南面上道坡就是蒲县、隰县、大宁三县的交界处，而隰县的午城、蒲县的太岑、大宁的太仙，三个村就各说的是各县的话。白杜人在语言表达上，完全是地地道道的大宁话。大宁话同普通话相比，有些是字音发音的不同，有些是叫法和说法的不同。大宁话肯用"儿"作尾词表达语义，如马儿、鸡儿、猪娃儿、枣儿、树儿、羊儿、梨儿、桃儿，对小辈或近亲称为珍儿、莲儿、小雪儿、小梅儿，对一些小动物或物件称为蜂儿、虫虫儿、本本儿、锁锁儿。另外大宁话在形容事物方面，有着非常多的重叠词，对细小的物件用重叠语来表达，如瓶瓶、灌灌、碗碗、盅盅、本本、凳凳、虫虫、鸟鸟、宿宿等，为加深事物的原貌和表现，用重叠词表达，如黑洞洞的、白敦敦的、明朗朗的、绿作作的、红艳艳的、细流流的、嫩白白的、酸溜溜的、碎站站的、甜忍忍的、泥泯泯的、匀旦旦的、新崭崭的、茂堂堂的、圪念念的、文央央的、圪通通的、方铮铮的、圆当当的、斜留留的、照端端的、圪直直的、尖溜溜的、弯溜溜的、长闪闪的等，这一类的叠加语，在大宁话中非常之多，特别是在中年妇女中用这种重叠词语表现语气的更多一些。

第二节　近亲称谓

对生养自己的老人叫爸、妈。

对一母同胞比自己大的男性叫哥哥，哥哥娶来的媳妇叫嫂嫂；比自己小的男性称弟弟，对弟弟娶来的媳妇称作弟媳妇；比自己大的女性叫姐姐，叫姐姐的丈夫叫做姐夫；比自己小的女性称妹妹，妹妹的丈夫称为妹夫。

对父亲的生身父母，叫爷、娘娘。对父亲的叔伯、婶母、伯母，也叫爷和娘娘。

对父亲的一母同胞，比父亲大的男性叫做伯伯，伯伯配偶叫大大；比父亲年龄小的叫叔叔，叔叔的配偶叫婶子；不论比父亲年龄大和小的女性都叫姑姑，姑姑的丈夫叫姑夫。

对父亲的叔伯弟兄，年龄大的男性叫伯伯，其配偶叫大大；年龄小的叫叔叔，其配偶叫婶子；对父亲的叔伯姐妹叫姑姑，姑姑的配偶叫姑夫；对伯伯叔叔的儿子、儿媳妇、女儿，比自己大的同样称作哥哥、嫂子、姐姐、姐夫。

兄弟们的媳妇之间互称"相婚"，弟媳妇称兄长为大伯子，也叫哥哥，但大宁人过去弟媳妇十分忌叫大伯子为哥哥，近年来多数家庭亦有改变。弟媳妇对大伯子的媳妇，也叫嫂嫂。对已婚妇女称叫秀子，中年妇女称作婆姨，年老者称作婆婆。

夫妻之间，过去以子女名代称，现在除年龄较大的外，一般都是直呼其名。

对自己母亲的生身父母，叫称外爷、婆婆。

对自己母亲的叔伯父母，亦叫外爷、婆婆。

对母亲的一母同胞和叔伯姊妹，男性一律叫舅舅，女性一律叫姨姨，舅舅的配偶叫妗子，姨姨的配偶叫姨夫，舅舅家儿子女儿，都称作姑表兄弟姐妹，姨姨家的儿子女儿都称作为两姨兄弟姐妹。

对自己媳妇的父母，如媳妇的父亲比自身父亲年龄大的叫伯伯，对媳妇母亲也就叫大大了；对比父亲年龄小的叫叔叔，对其母亲当然也就叫婶婶了；对媳妇的平辈，也就随着叫哥哥、嫂嫂了；对自己媳妇的伯叔本家、姑姑姨姨，也和媳妇对他们一样是同一称呼。

夫妻二人，对双方父母的姑父母、姨父母、舅父母称叫老姑夫、老姑母、老姨夫、老姨母、老舅舅、老妗子。

邻里之间，亦以伯叔、大大、婶子、哥嫂相称。

在社会上，同志之间除称职务外，一般在姓前加个老字，称老许、老李等等。

对一个村、一个县甚至一个省的称老乡，全国人都互称为同胞。

旧时对各种工匠称为师父,对说书的、算卦看风水的、教师、医生统称作先生。近年来人们称教师为老师,工匠为师傅,对生意人称掌柜的,企业主称老板,称吹喇叭的为鼓手,唱戏的为戏子,解放后把唱戏的叫做演员。吹鼓手和演员的社会政治地位也越来越高。

第三节 称谓方言

方言土语	普通话
娘娘	祖母
呀	祖父
为呀	外祖父
婆婆	外祖母
老呀	曾祖父
老婆婆	曾祖母
大伯子	丈夫的哥哥
小叔子	丈夫的弟弟
小姑子	丈夫的妹妹
妻哥	媳妇的哥哥
小舅子	媳妇的弟弟
小姨子	媳妇的妹妹
小子孩	男孩
汝子孩	女孩
吆喝人	叫人
相婚	妯娌
孩西家	孩子们
住舍人	妇女
老汉子	老年男人
婆婆子	老年妇女
大大	伯母
伯伯	伯父
急克子	结巴
婆姨	媳妇

两姨	姨表兄弟姐妹
姑舅	姑表兄弟姐妹

第四节　气候时间方言

方言土语	普通话
吼雷	打雷
打闪	闪电
圪星里	小雨
簌雨	大雨
芥啦	出彩霞了
少啦	早霞晚霞
且啦	天晴了
月牙	月亮
日头	太阳
谢休	星星
凉雨	冰雹
热天	夏天
冬里	冬天
秋里	秋天
春起	春天
呀里	昨天
前儿	前天
喷么	今天
后儿	后天
见天么	每天
年时	去年
己年	今年
不明里	天未亮
前响	上午
后响	下午
烧喔	中午

黑老	晚上
半呀里	半夜
不早啦	迟了
别影	白天

第五节 动物方面方言

方言土语	普通话
狗娃子	小狗
猫娃子	小猫
鸡娃子	小鸡
牛娃子	小牛
驴驹子	小驴
猪娃子	小猪
老婆猪	母猪
结猪子	公猪
叫驴	公驴
操驴	母驴
健牛	公牛
谢牛	母牛
操鸡	母鸡
牲令	家禽家畜
圪低	公羊
图骨	牲口
猡	狼
鸦条子	喜鹊
雕留留哇	老雕
粪爬牛	屎壳郎
宿子	麻雀

第六节　日常生活方言

方言土语	普通话
孩西家	孩子们
你西	你们
他西	他们
我西	我们
咱西	咱们
嗨哈了么	懂得了没有
紧程些	快点
麻利点	利索些
西和的	可怜的
粪圪陀	粪堆
射坡	上坡
哈坡	下坡
寒碜的	很可怜的
哈猪娃	生猪娃
圪蹴下	蹲下
推位	用旧石磨磨面
推碾子	用石碾碾米
街地	耕地
扯、扯母	老丈人、丈母娘
求不弹	没能力
二不楞	二半调子
行拉么	好了么
嘻不哈	听不懂
那根哈	什么地方
霍蛇的	幸福的
韬黍	高粱
玉韬黍	玉米
山蔓芥	山药蛋

洋柿子	西红柿
取树	椿树
杆扯	杆面杖
扒起啦	起来了
坐哈啦	坐下了
别菜	白菜

第二章 谚 语

谚语在人们生活中，传播和应用得十分广泛，自古以来，在白杜人中间流行的各种谚语很多，而且集中表现在农业和人们的生活方面。

属于农业、气象方面的谚语有：

南雨过了河，推塌大腰河。

高山戴帽，懒汉睡觉。

东虹圪芦西虹雨，南虹河里发大水。

春发东风连夜雨，夏刮东风当日晴。

伏里东风刮干，夏日西风雨连连。

黑云接落日，半夜有大雨。

东哈西暗，雨点等不到吃饭。

明冬暗年黑十五，今年必有好收成。

早烧不出门，晚烧晒死人。

小雪流凌，大雪磕河。

霜降杀百草，立冬地不消。

云往西淋死鸡，云往南下雨难。

北来风，雨灾多。

枣枣红圈圈，两手板扇肩。

节令不等人，年龄不饶人。

惊蛰十日没硬地。

谷雨后安瓜种豆。

西北龙王发了怒，大风冰雹准来临。

棉花锄七遍，圪塔像蒜辫。

头伏耕地一碗油，末伏耕地不上油。

椿圪都园种执棉。

糜黄种麦，麦黄种糜。

过了四月八，有蔓没圪塔。

麦子收到犁沟里，秋田收到锄沟里。

伏里划破皮，顶住入秋犁几犁。

玉荽立秋不出头，赶快割的喂了牛。

秋旱如刀刮。

有钱难买五月旱，六月连阴吃饱饭。

头伏不落雨，有糠不见米。

家有一片树，不愁吃穿住。

人勤地生宝，人懒地长草。

小麦下种跳坨坨，来年一定吃馍馍。

人要对缘法，地要对茬法。

遇墒抢着种，没墒不等雨。

蚕老一时，麦熟一晌。

新麦上场，圪桃半仁谷子低了头，米往囤里流。栽柏树没巧，带熟土饱浇。

槐栽圪都柳栽梢，椿树栽好用水浇。

属于生活方面的谚语有：

花有红的不红的，人有能的不能的。

赌博堆里出贼汉，奸情窝里出命案。

曹操诸葛亮，脾气不一样。

让人一步自己宽，退后一步出路多。

财钱没等尽，情义价千金。

人要活脸，树要活皮，人不要脸，不如老驴。

遇事不要多急躁，反复思考办法多。

若要公道，打个颠倒。

心急不耐老，头发白得早。

儿女不孝敬，难免人耻笑。

儿女不养老父母，法理老天都难容。

娘不嫌儿丑，老子只盼儿有。

早吃稠的晚喝汤，家里常有米和面。

为人不做亏心事，不怕夜晚鬼叫门。

菇古坪里刮东风，白杜塬上下大雨。

麦收八十三场雨，秋养伏里勤下雨。

学生不交学杂费，种地的免除农业税。

农民种地享补贴，生活越过越美气。

有困难的领定补，难生活的吃低保，村民人人有医保，农民生活大提高。

秀才不怕穿得破，就怕肚里没有货。

害人之心不能有，防人之心不可无。

一颗圪怒，坏一锅粥。

能穿朋友衣，不欺朋友妻。

吃不穷，穿不穷，计划不到一世穷。

穷衣吃饭量家当，出门办事看行情。

大事化小，小事化了。

拉起菠萝斗动弹。

不当家难知柴米贵。

远亲不如近邻。

隔山不算远，隔河路难行。

针大窟窿斗大的风，很小的事情惹大祸。

酒坏君子，水坏路。

没有三分真功夫，哪敢在外面闯江湖。

东西是新的好，人总是旧的亲。

能叫足死牛，不能退了车。

人心换人心，八两换半斤。

吃亏人常在。

好汉不吃眼前亏。

第三章　歇后语

歇后语，是人们表达意思带有艺术的语言，它简单明了，一语中的，常常给人以深刻而难忘的够印象。

肉包子打狗——有去无回

狗咬耗子——多管闲事

狗急跳墙——着了慌了

狗撵鸭子——呱呱叫

狗吃粽子——解不开绳子

狗看星宿——不识稠稀

狗眼看人——不知高低

老鼠跌到麦翁里啦——两头受气

老鼠钻到风箱里啦——两头受气

老鼠掉到水缸里——能喝不能吃，时间不会长

野地里打火——前边热后面凉

瞎子打灯笼——不顶事

胸膛子挂爪篱——操的心太多了

大姑娘上轿——没经过

往圪垛里撩得石——有声无音

泊池里饮牛——回回喝的是泥汤汤

拿上棍子叫狗哩——越叫越远

鞋帮子做了帽檐——高升了

高山上点灯——四处有明（名）

圪洞里抬木头——直出直入

抱着元宝跳崖哩——要财不要命

抬上空棺材出灵哩——木（目）中无人

电线杆上插鸡毛——好大的胆（掸）子

打破砂锅——纹（问）到底

高山上唱曲——调子太高

三两棉花弹了一大堆——虚过火了

骑驴看唱本——走着瞧

月娃子说牙痛——没有的事

水瓮里捉鳖——没跑

饼子上的芝麻——点点太多

先穿鞋子后穿袜——乱了套了

磨道里数驴蹄印——尽找岔子

八月十五贴门神——贴了快一年啦

井里长大的圪蟆——从来没见过大天

门缝里瞧人哩——把人看扁了

在老虎头上挖痒哩——不想活了

尿泡打人哩——虽然不疼可臊味难闻

瞌睡给了枕头枕——正好

墙上挂了个门兼子——实际没门

用枣核解板——没头下线

鸡蛋里找骨头——专门找碴哩

针尖对麦芒——尖对尖

豆腐跌到灰堆啦——提不起了

贼走了耍枪哩——早不顶事啦

张飞的豆腐担子——人硬货不硬

背上儿媳妇过河哩——出力不怕人笑话

喝凉水拿筷子——只是个招架，没用处

裁缝丢了剪子啦——光剩下吃（尺）啦

瓮圪塄上跑马哩——尽闹玄事哩

瞎子坐在戏院里——光听不能看

聋子打开电视机啦——光能看不能听

跛子走道——不能怨道不平

跛腿子立在戏院里——不说自己站不正，老说台子搭得歪

第五编 农 业

第一章 体制变化

第一节 土地占有

农民赖以生存和生活的基本生产资料就是土地，人们把土地形容为农民的"命根子"、聚财的"刮金板"，历来有"能让寸金、不让寸土"的说法。解放前，一直沿袭着封建土地所有制，人们耕作的土地多为地主阶级所垄断，有钱人不断通过买卖典当等形式兼并土地。白杜村有近三分之二的土地都集中在少数富户手中，贫苦农民占的人口比例较大，但占有土地却很少，有的根本没有土地，全靠给人扛长工或高租金租种别人的土地过日子，生活难以维持。光绪三年、民国十八年等几次重大灾年，因没有粮食充饥家破人亡、流离失所的全都是缺乏土地的贫困农民。

从封建社会到民国时期，土地的流动速度比较快。其形式一是土地买卖，一些贫苦农民因生活生计所迫，毫无办法，只得出卖仅有的几亩土地，而买者多为有权有势的富户。在民国年间，一亩平地只能卖到二十来块银元；二是土地典当，贫困农民因生活所迫需要货币时，就用典当的方法把自己仅有的土地典当给别人，典当的土地价格一般比较低。典当有一定的期限，在一定的期限内，土地所有权仍属出典人，而土地使用权归典入人。典当期满前，如果出典人按期原价赎回，即地归原主，逾期不赎，典出的土地就永远成为典入人的产业了。事实上，凡是典出的土地，虽然价格比买卖土地还便宜，但出典人一般都很难筹集到资金赎回自己的土地，这就使原来仍抱一线希望、打算收回土地的人，更吃了大亏。出卖或典当土地的农民，无地可种，只得在地多的富户手中租种土地。租种土地的地租，一般以粮食为主，其办法是按土地面积确定租额。但大多数都是出租户按分成制得地租，即租地中所打的粮食，出租者得七成，佃农得三成。庄稼一收到场里，经过碾打，即就地分粮，这样一遇旱年灾年，佃户从场里背回家中的粮食，可以说是少得可怜，难以维持生活。

1948 年白杜村进行了土地改革。土改中对全村土地进行了统一丈量，把平地坡地都分为一、二、三等，按等定产，统一按人分配。白杜村当时有一百五十七口人，每人平均分得近八亩耕地。县人民政府给分到土地的人们都发了土地所有证。土地改革运动，彻底消灭了几千年来的封建土地私有制度，使本来就属于农民的自然土地资源变成了农民自己的土地，真正实现了耕者有其田，农民都有了属于自己的土地。土地所有制的根本变革，极大地提高了人们的劳动生产积极性，贫苦农民第一次过上了安稳向上的好日子。

1955 年到 1956 年，初级社转为高级农业生产合作社。实行高级社后，所有土地全部入到社里集体耕种。分到土地的农民，只自由自主地耕种了六七年，就又把土地所有权和使用权交给了集体。从高级社到人民公社又经历了二十五年的时间，到 1981 年，实行联产承包责任制后，才又把属于人民公社集体所有的土地按户分给了联产承包经营的农民。继土改之后，白杜村所有农民又一次得到了自由种植土地的权力，又一次解放了生产力，调动了人们的劳动生产积极性。

在人民公社化时期，土地权属也有过一些大的变化，在全县，有一部分生产大队把各队之间的土地做了一次调整。当时实行的是大队统一核算。白杜大队东西生产队和上下两个麻束生产队为一个大队。这四个生产队不管各自种多少地、打多少粮食、收到多少现金，都作为全大队参加劳动的工分来平均分配。白杜村的人均耕地大大多于上、下麻束，为了平衡劳动力所负担的土地，于 1958 年就把白杜村从前坪到上麻束村边的二百多亩耕地全部划拨给上麻束村。实现联产承包责任制后，这二百多亩耕地，根据当时的有关规定，再也没有收回到白杜村，使白杜村祖祖辈辈原有的一万二千多亩耕地，只剩下九千多亩了。

第二节　经营形式

个体经营：

土改前和土改后五六年间，实行的都是个体经营，然而两者的经营内涵却有着根本不同的性质。

土改前，地主、富农和一些富裕户在白杜村占有大量的土地、牲畜和农具等基本的生产资料，广大贫困农民只有少量的土地，甚至有的连立锥之地也没有。村里一部分人靠出卖劳力维持生计，有的没地的农民要种地，就要靠租富户的地来种，或采取半种地分成种地等形式来取得种地权，从而受到少数富裕户的剥削。租种的形式一般有三种：

死租地：就是由中证人作保，言明租额和交租品种时间，不管年景丰歉、收打多少，地租不变。期限一般二至五年不等。民国初期，要租一亩平地，一年得交二元银元的租金，折合秋粮二斗左右。

半种地：一年一租，按收获量对半分成，田赋由佃户负担。

分成种地：就是由地主人出土地、牲畜，佃户出劳力，收获的粮食按地七劳三或地六劳四分成，田赋由地主人负担。

在上述带有剥削性的根本制度下，贫苦农民的日子，只有在水深火热中艰难度过。

土改后，废除了封建土地的剥削制度，实行了耕者有其田，广大农民普遍开始实行个体自主经营。

互助合作经营：在土地改革后，部分贫下中农和农户出现了劳力、蓄力和农具不足的问题。为此，政府号召在自愿互利的基础上，组织起常年性变工组，白杜村参加变工组的有十几户。1950年，在政府的引导下，变工组发展成为互助合作组。1952年小组拼大组，李进仓担任互助组长。同年，白杜村在互助组的基础上，组织起一个有二十户、九十三口人参加的初级农业生产合作社，入社土地九百二十亩。当时，白杜村李进仓领导的初级社同上吉亭村付连义、秋卜坪白寅生领导的初级社由于办得好、质量高、收入多，闻名全县，成为全县合作社中的三面红旗，曾受到省、地、县的表扬奖励。

集体经营：

1955年冬，白杜村的初级社转为高级农业生产合作社，村党支部书记由许建德担任，并兼任高级社社长。社员土改中分得的土地归集体所有，牲畜、羊群和农具等生产资料也都作价入社。所作价费款，一律作为股份基金，不付现款。入社农民，一律实行按劳分配、多劳多得的分配原则。1958年，实行了人民公社化制度。人民公社实行政、社合一，白杜、上、下麻束为一个管理区，白杜村东西圪崂为两个生产队。公社化初期，实行人民公社统一核算，废除高级社时期行之有效的经营管理制度。县、社两级可以大量地无偿调用生产队劳力和财物，并不切合实际地实行所谓军事化管理，搞大跃进和大兵团协同作战的集体劳动形式。各地各村都大办"集体公共食堂"，形成劳动不计报酬，吃饭也不收钱的"共产风"。1961年，中共中央提出了"调整、巩固、充实、提高"的方针，将全县三个公社分划为十个公社，开始实行"三级所有，队为基础"的管理体制，停办了农村集体食堂，恢复了劳动定额管理和三包（包工、包产、包投资）、一奖（超产奖励）、四固定（牲畜、土地、农具、劳力固定为生产队所有）的管理形式。但是由于大跃进使集体经济受到严重损伤，共产风使人们对集体经营丧失了信心，人们的生产积极性受到很大压抑，再加上"文化大革命"中，大力推行大寨式劳动管理制度，造成生产上的"大呼隆"、分配上的"大锅饭"，又进一步挫伤了社员的生产积极性，所以在以后的十几年中，集体经营生产，一直难以走出困境，农业生产发展十分缓慢，人们劳动一年，所赚的劳动工分，一个工仅能分到两三角钱，有时连一角钱也分不到。

联产承包责任制：

"大跃进"、"大呼隆"、"共产风"、"大锅饭"再加上"文化大革命"中"学大寨"的大折腾，把一个本来就违背生产力发展的集体经济，推向了快要崩溃的边沿。正在这个历史发展的关键时刻，一代伟人邓小平站在时代发展的潮头，拨乱反正，拨正了中华民族正确向前发展的航向。1978年中共十一届三中全会以后，农村开始实行各种形式的生产责任制。白杜村很快就实现了联产承包、分户经营的责任制，责任田分到户，牛驴农具等主要生产资料又重新归户，羊群也包干到人，农村出现了一切如故的良好景象。村民心花怒放，载歌载舞，欢乐的心情如同解放土改时一样，人们的脸上一扫集体经营时的愁苦惨相，人人心情振奋地踏上了奔向小康的康庄大道。分到农民手中的责任田，当年的收成就见了特效。1980年，全村的粮食产量就比集体经济时翻了一番还多，全村粮食产量达到了三十多万斤。人们不仅吃得饱、有存粮，还把大部分粮食拿到市场上去卖。就连骨瘦如柴的牛、驴，归户后，很快就变得膘肥体壮、滚瓜流油。集体时在前坪的一片苹果园，多年来只见开花，没有收入。1980年承包给许乃让后，当年就收入了三千多元。

富有强大生命力的农业生产分户生产责任制，给农村、农业、农民带来了生机，给白杜人致富铺平了道路。

农业，本身就是人们赖以生存的最基本的重要产业，没有农业，人们就没有饭吃，也就难以生存和发展。自从有了农业，我们的祖先才结束了游离生活，过上了安居乐业、能吃饱穿暖的人类文明生活。就是现代文明社会，归根到底，也是建立在农业生产这个可靠基础之上的，各行各业都离不开农村这块坚实的土地，离不开农业这个基本的产业，离不开农民辛勤劳动而得来的丰厚果实。中华民族勤劳耕作的先民，一代又一代地传承着，为自己、为社会提供"民以食为天"所需粮食的光荣职责，谱写着促进社会不断向前发展的光辉历史。然而，历史发展的种种踪迹向人们展示了这样一个重要启示：在农业生产上，经营形式决定着生产发展的快慢和好坏。二十多年的集体经营，给人们留下了不少深刻的教训，党中央高瞻远瞩，拨乱反正，引领农业实行分户包干责任制，真正顺应了历史发展的潮流。改革开放以来，党中央连续多年，年年签发关于农村农业生产和支持农民的中央一号文件，充分体现了党和国家对农业的重视、对农民的关心和支持，也标志着农业生产有着无限光明的发展前途。

第二章　种　植　业

第一节　耕地劳力

耕地：

白杜村地处白杜塬的北尽头，整个塬面坐北向南，日光照射时间充足，耕地总体都是面向南面的向阳地，适宜农作物生长。白杜村的耕地面积，随着历代社会和平、战乱而有所增减。有史记载的有：明清末年，战乱迭起，全村人口逃亡过半，田地大量荒芜，当年村中耕种的面积，不到原耕地面积的三分之一。清光绪三年的旱灾，人口伤亡过半，致使全村耕地荒芜面积达百分之五十之多。直到光绪八年，耕地面积才逐步达到光绪三年前的亩数，但光绪十三年又因灾荒，人口外流，耕地面积又有些减少。1933 年（民国 22 年）全村耕地面积达到一千二百二十亩。阎锡山实行"兵农合一"后，人口大量外逃，村中劳力骤减，致使大量耕地被荒弃，就连村中麻地坪最好的平地也有半数以上长了黄蒿杂草。1947 年解放后，白杜耕地增加到历史最高水平，耕地面积达到一千二百五十亩。1958 年拨给上麻束二百二十多亩平地，耕地面积不足一千亩。以后，由于修乡村公路占用、村民修建房窑以及山坡地退耕，全村耕地面积为九百二十亩。

白杜村农业用地，大多是塬平地，可分为三个等级：一等地主要在麻地、柏木沟和村南坪一带；二等地主要在前坪、于子坪、北村坪、北坪、安沟坪等地；其余为三等坪地。另外，还有坡地，主要在腰上坡和几个山垣末端。

劳力：

劳力随着人口的增减而变动。在新中国成立前，妇女基本不参加田间劳动，只是在家里做一些照看小孩、洗锅做饭、喂鸡喂猪的家庭杂事，不算作劳力。解放后，特别是人民公社化后，妇女和男人一样参加田间劳动，实行同工同酬，从单一家务劳动中被解放出来。

1949 年，全村共有劳动力 45 人，每个劳力负担耕地二十七亩多，到 1965 年，随着人口的增加，全村劳力增加到 169 人，其中男劳力 98 人。90 年代到进入二十一世纪，全村劳力大量的增加，使农村剩余劳力的问题越来越突出，所以外出到一些城市打工和农闲时到附近干杂活赚钱的人也越来越多，绝大多数都长年外出打工。

第二节　农作物栽培

粮食作物：

白杜村的粮食作物主要有小麦、玉米、谷子、糜子、绿豆、黄豆、小豆、大豆子、荞麦、高粱、黑豆以及山药蛋、红薯等。

在粮食作物中，小麦、玉米和谷子所占比例比较大，其次是糜子、绿豆。山药蛋、红薯栽种面积不很大，但各家各户年年都有种植。高粱、黑豆过去为牛、驴、骡、马的饲料，近年来很少种植。至于荞麦一般在回茬地内种植，但因其产量较低，其茬口对来年种植其他作物又很不利，近年来很少有人种植。

小麦：小麦播种在"白露"节前后，有"白露前十天不执，白露后十天不迟"之说。解放前后，不论垣平地坡地，大都采用穴播方式；解放后平地采用两条腿木楼条播，一般下籽十五斤左右；六十年代后，用三条腿机械楼进行播种。小麦是一种胎里富的作物，因此，种小麦必须要下足化肥，越是雨墒大的时候，播种的小麦苗越好。有农谚说，种麦时在地里跳坨坨，明年一定吃馍馍。小麦播种面积在二十世纪九十年代以前，种植面积较大，但近年来，由于小麦种植投资大，且产量又没有秋田作物高，再加上市场价格等因素，全村种植面积越来越小。解放初期到九十年代，一般每年都有百分之四十以上的耕地种植小麦，一般年种植在五百亩左右，而到二十一世纪以来，全村种植面积一般不到二百亩，有时连一百亩也没有，白杜坪基本见不到大片小麦地。

新中国成立后，主要种植的小麦品种只有大黄麦和小黄麦两个品种，由于长期种植，麦种退化严重，造成小麦产量很低。在一等平地里，正常年景一般一亩最高可收三斗（合九十斤），一般田只有二斗左右（合六十斤左右），小麦平均亩产一般在五六十斤左右。从五十年代开始，白杜村逐步改变传统的耕作方法，采用新品种，加大播种密度，增施化肥和农家肥，小麦产量逐步提高。1956年村里引进碧玛一号，到六十年代小麦平均亩产提高到一百斤，进入六十年代以后，科学家为农民培育出越来越多的小麦优良品种，如北京五号、农大一八三等，到1967年，白杜村基本上普及了小麦优良品种。七十年代之后有旱选二号等品种，平均亩产达到一百二十斤，进入八十年代，小麦播种更加大了科学技术含量。一是机耕深翻面积增大；二是更加适宜本村土地生长的太原633、晋农三号的普遍推广；三是增大播量，缩小行距；四是增施化肥，广用农药，消除病虫害，亩产小麦逐步提高到三百斤左右。

玉米：玉米在粮食作物中所占比例近年来越来越高，已成为农业生产中播种面积最大、收获产量最高、经济收入最大的主要作物，其播期一般在谷雨前后。

解放前后，玉米品种主要是大黄、半秋子和六十日早熟等古老品种，种植采取稀植方法，人们有"玉米地里卧下牛，还嫌种得稠"的说法。一亩地一般不上一千株，正常年景亩产也只有百十斤左右。五十年代之后，引进"金皇后"新品种，同时也开始适当密植，"金皇后"在农业生产中的功效十分明显，亩产一下从九十斤提高到二百斤以上。六十年代后期，开始推广双交种品种，再加上采取挖坑种植、一窝蜂集中施肥的坑种法，一坑种植三株玉米，亩植株数达到二千株以上，这种方法，虽然费时费力，但增产效果也比较明显，使产量比"金皇后"时期又提高了百分之二十以上。七十年代品种以单交种晋单六号、忻黄单二十号取代了双交种，亩产又有了显著提高，达到了将近四百斤。八十年代，以中单二号为主，种植密度更为加大，肥料更为充足，亩产达到八百斤，少数户出现了亩产千斤的高产地块。九十年代到二十一世纪，又普遍采用了丰乐、路玉7号等更新品种，最高亩产飞速达到一千五百多斤，使玉米成了人们种植的良好品种，全村百分之六七十的耕地都种成了玉米。

谷子：民国时期，谷子种植面积一般都大于玉米和其他作物，一般是春天播种。到解放初期，常见的品种有毛穗谷、绳子谷、猪粪圪节谷和小黄谷。小黄谷一般用于麦田回茬。谷子的种植技术也很落后，人们有"谷子地里窝下鸡还嫌稀"的说法。这就是说谷子株距一般都在八九寸左右，其亩产量一般只有一百二十斤左右。六十年代开始，大量引进新品种，如长农一号、晋谷三号等，正常年景平均亩产达到二百斤左右。八十年代以后，由于家畜大量减少，需要饲草不多，再加上谷子只供人们喝米汤用，种植面积也大大减少。整个村里的种植面积不到耕地面积的百分之十，但是品种越来越好，其产量和品质也越来越高。

绿豆：绿豆种植面积过去一般比谷子少，但近年来随着绿豆市场价格的不断攀升，种植面积也大大超过谷子。

黑豆：主要用作牲口饲料，近年已不多见种。其他豆类种植面积一般都比较小。

高粱：过去也是用作牲口饲料，少数用来换酒。但近年来已基本上无人种植。山药蛋、红薯是粮菜兼用作物：山药蛋是本地古有作物，但在过去因品种陈旧，亩产一般只有三百斤左右，随着品种的更新，亩产量上升到两千多斤。红薯是六十年代后引进来的一个薯类新品种，因其品位好、产量高、易保管，深受人们的喜爱，一般家家户户都有种植，亩产一般都在两千斤左右。红薯、山药蛋除自食外，有的户还在市场上出售一部分，但因本县缺乏加工行业，种植形不成规模。

经济作物：

本村种植的经济作物主要有棉花、西瓜、大麻子、芝麻、花生等。

棉花：白杜村解放前种植的棉花，品种俗称笨花。整个大宁县所产的棉花，自清代末年起，由于色白、绒长、质好，就形成了很强的商品优势。1921 年（民国十年），大宁的棉花被河东道品评为三十五县之冠.民国初期到抗日战争之前，由于大宁棉花质量上乘，所产之棉除花民自用外，全县百分之八九十的棉花都被上海、天津等地的纱厂收走。1956 年，在山西棉纺厂的棉花质量样品展示中，大宁棉花以色白、绒长、棉丝好三大特点，位居全省第一。所以，大宁棉花在全省市场上，同等棉花总要比其他地方的棉花多卖一个等级的钱。白杜村地处北塬，塬面向阳南，日照充足，更适宜棉花生长，所产棉花自然也在高等货之列。1925 年，县农业局引进美国棉、朝鲜棉，旧棉品种逐渐被淘汰。1949 年解放初，白杜村共种植棉花三百多亩，亩产三十多斤，棉花收入是当时人们的主要经济来源。一直到五十年代，白杜坪里一直是夏天小麦一片黄，秋天棉花一片白的景象（指种的麦棉多）。但到六十年代以后，由于注重吃饱肚子，再加上市场因素和人造纤维的发展，棉花种植面积越来越少。到二十一世纪，在白杜村的耕地上，几乎见不到种植棉花的踪迹。

西瓜：白杜村种植西瓜的历史比较悠久，西瓜也是白杜村的名优特产之一。整个大宁县有白天气温高、昼夜温差大的特点，土质也很适宜西瓜生长。白杜村的西瓜产量高、个儿大、皮薄、瓤厚、沙甜味美，整个大宁西瓜不仅享誉三晋大地，而且在北京、西安、郑州和与大宁黄河相隔的陕西一带名声很大。每年一到瓜园开市，外地来收购贩卖西瓜的车辆络绎不绝。在临汾、候马、延安等地，插有"大宁西瓜"牌子的水果摊随处可见。

由于白杜村西瓜以产量和质量见长，种植历史较长，一代又一代的瓜农们在实践中积累了一整套独特的栽培管理经验。早在一百多年前，人们为了使西瓜早上市，就用"铺沙"、"扣碗"法种植，这些方法要比一般种植法早成熟近一个月时间，不仅人们吃得新鲜，而且价格也很高。其品种有很多种，如三白瓜、核桃皮等。在种瓜能手的地里，一棵西瓜可以长到三四十斤重，有的还可到五六十斤。八十年代以后，引进不少新品种。新品种一般含糖高、甜度大，但是不仅没有老品种个儿大，而且西瓜特有的醇香味也不及老品种。可惜的是老品种在近年来早已断种绝迹，实在是西瓜种植史上的一大憾事。

近年来，白杜村的西瓜种植户一直是有增无减，一般一亩西瓜可收入两三千元，好的还可收入四五千元，大大高于其他作物的经济价值，人们有"一亩棉、十亩田、一亩瓜、十亩花"的说法，白杜村的西瓜种植前景十分看好。

大麻子、葵花：大麻子在没有通电的二十世纪六十年代以前，村里人家家户户都要种植一部分。采收后压成油，供晚上照明点灯所用。通电以后，改油灯为电灯，但大麻油在工业上有独特用途，市场价格一直看好，人们至今还没有停止种植。葵花是解放后引进的一个油料品种。近几十年来，成了人们食用油的重要原料。

花生：花生是从二十世纪八十年代开始在白杜村种植的。近年来，随着品种的更新，产量也越来越高，一般亩产可达二三百斤。花生除炒食外，也是人们食用油的良好原料。

在种植业上，人们还在房前屋后的小片地上种植一些蔬菜作物。如芥菜、韭菜、大小葱、南瓜、西红柿、辣椒、茄子、西葫芦、豆角、菜瓜、金瓜子、冬瓜、红萝卜、白萝卜、白菜、曼芥等。其中，西红柿是1919年由外国传教士引进的，茄子是在解放后引进的。白杜人种的蔬菜一般只供自己食用，很少有上市出卖的。

第三节　耕作管理

耕作管理是农业生产的一项主要工作，也是决定收成好坏的一个重要环节。解放前，祖祖辈辈一直沿用着粗放陈旧的耕作和管理方法。劳动生产工具简单陈旧，耕地用的是小木犁，不仅耕得慢，而且耕得浅，一般只能耕两三寸深。粮食种子多代不变，从不更新，肥料也只有圈土肥。小麦一直坚持穴种，除麦秋倒茬田外，一年一块地只收一季庄稼，所以农业产量很低，一亩好平地只能收百八十斤粮食。

解放后，随着农业科学技术的发展和生产条件的不断改善，农田耕作管理水平也不断提高，大大促进了农业生产的发展。

一、深耕深翻。二十世纪五十年代前，使用木制带铧犁，犁地的深度只有七八厘米，有了山地犁后，也只能耕十厘米左右。二十世纪六十年代，村里有了一台三十马力的拖拉机，耕作层加深到二十到二十五厘米，以后随着小四轮、小手扶和大型拖拉机的发展，所有耕地基本上都用机耕，天长日久，使大多数源平地的活土层都由原来十厘米提高到三十多厘米，大大改善了耕作层的理化结构。那些过去常年生长在地里的宿根草，被深翻的拖拉机犁连根拔掉，给农作物的生长创造了极为有利的基本条件。

二、不断推陈出新，选用优良品种。解放前，农作物品种一般都是一个品种几百年一贯到底。如大黄麦、小黄麦，究竟种了多少代，谁也讲不清，但是同它们打交道绝不是十代、八代人的事。品种陈旧老化，严重制约着粮食产量的提高。解放后，党和政府十分重视改良和选用优良品种，"好种即苗壮、苗壮夺高产"，各种农作物一代一代的品种更换，使得农业产量也不断攀升。以玉米为例，解放前的大黄玉米品种，亩产百十斤左右，五十年代引进"金皇后"产量一路跃升到二百斤，翻了一番还多。七十年代选用晋单六号等品种后，玉米亩产在四百斤的基础上攀升到八百斤，个别地块闯进了千斤大关。九十年代到二十一世纪，又普遍采用了大量新的优良品种，又使玉米生产迅速达到了一千五百多斤，而且基本上保持了稳产高产。

三、化肥加密植。解放前，人们种地上粪，单靠蓄圈肥和土杂肥，不仅数量有限，而且效力也差。解放后，政府引导人们用秸秆杂草沤肥，特别是不断提高农作物使用化肥的数量，到二十世纪八十年代中期，塬平地每亩施用化肥量达到了一百斤以上。肥料量加大了，再加上适当密植，有力地促进了粮食大幅度的增产。还是以玉米为例，解放前，在"玉米地里卧下牛"的思想指导下，一亩地只种八九百株玉米，而九十年代后，一般都种植到了三千多株。

四、地膜覆盖、病害防治。地膜覆盖是保墒抗旱的一项有效措施。从二十世纪九十年代开始，人们对玉米、棉花、花生等品种，一般都采用地膜覆盖的方法，从而保证了春天无墒能出苗，遇到旱年不减产。随着防治措施的不断加强，也有效地减少了农作物病虫灾害。六十年代一般多用毒性较大的"三九一一"、"一六零五"和敌敌畏等。七十年代以来，引进了氧化乐果、锌硫磷、速心杀丁、呋喃丹等高效低毒农药，大大减少了粮食中残存的有害成分对人体的危害。农药的有效作用，使小麦锈病、玉米的黑粉病、棉花的枯萎病以及麦蚜、红蜘蛛、灰虱、玉米螟等虫害大为减少，通过防治，因病虫害造成的损失，由解放初的百分之二十多下降到百分之五以下。

近几年来，在农田管理上还有一个大的突破，就是在田间普遍用上了除草剂，特别是在玉米地里，效果更为明显。玉米下种以后，即往地里喷打除草剂，打上除草剂玉米苗仍能正常出土，但是各种杂草基本上再长不出地面了。这种方法，再加上拖拉机耕得深，使大部分宿根草、如菅草、蒌子草、黄蒿等被拖拉机将深根割断，无法再能长出地面，失去了再生的机会，大大有利于玉米的生长。

第三章 树 木

第一节 树 种

白杜村古有的本土树种主要有榆、椿、槐、柏、柳、楸、桑、核桃、杏、梨、红果、小果子、李子、花椒等二十多种。一九五八年引进加拿大杨，此后先后引进了刺槐、苹果、桐树、东北榆、小苏梨等十余种。

白杜村的榆树，因生长快、木质坚硬而闻名左右。近年来引进树种刺槐的发展速度较快。其次是苹果树的栽种面积逐步增加，本地红果树和小果子在七十年代后早已绝迹，今已无树可见。另外，原来的桃、杏、梨等旧品种，也全被逐年引进的优良品种所取代。

第二节 古树追忆

白杜村有三株非常粗壮高大的古树。在东、西塬凡是能看到白杜村的地方，这三棵树都会首先映入人们的眼帘。这三棵树中，一棵是许家老坟坟地内的古大槐树，这棵树身高三十多米，树干周径粗六七米，五个大人手拉手都抱不住它。树冠可遮盖二亩多地，在县境域内，也是数一数二的一棵奇特大树；一棵是许记生家场边的大叶杨树，其身高在三十米以上，树身粗四米左右，笔直高大，十分壮观；另一棵是东圪崂小泊池边的一棵椿树，树高二十米左右，树身周长三米多。这三棵树的种植年代虽已无法考究，但根据其生长情况，过去曾经有人推测，槐树至少有四五百年，杨树、椿树也都在二百年左右。可惜的是，在阎锡山统治的最后几年，兵荒马乱，常有军队住进县城，左尔禹政府为了给住县的中央军解决烧火做饭用柴问题，把城周围的树木砍了个精光。村里姓许的人怕左尔禹政府将老坟里的大槐树白白砍走，所以大伙一商议，就将那棵参天奇树砍倒分去烧了火。据说砍这棵树时，可下了大工夫，周围四五把斧子砍了四五天，砍开的斧口就有二米来高。这棵树的树根多平铺在地表之下，长度都有二十多米，各条树根根径粗都有二米左右。大槐树砍倒之后，又将大杨树、大椿树也砍倒，大料分解成板材，小料枝梢都当柴烧了。就这样，白杜村的三棵高大古树，在人们怕大树难保的恐慌心情中被毁掉了，给人们留下了极大的遗憾，使人们对三棵古树只能用惋惜的心情去怀念和追忆它们。

大约 100 多年的古槐树

第三节 树木积存状况

多少年来，村人都有在村旁、路边和大小泊池边沿栽种树木的习惯，村子以内和村子四周的各种树木积存，以户平均，一般都在三四十株以上。近年来，随着居住的分散，人们的房前屋后，面积都比过去大为增大，四旁植树的数量也较过去大为增加，四旁树木果树相加，总数已超过两三万株。

白杜村除四旁有见绿成林的树木外，只有许乃让家土改时分得的北坪地头一个二十余亩的洋树洼子，生长有数百株难以成材的红心杨，其余地方只有很少的零星树木。由于人们年年在山坡上砍烧柴，所以，山坡陡洼的自生树木长不很大就被砍掉。荒山野岭，也没有长大树的地方。再加上二十世纪九十年代以前，管理不善，牛羊牲畜牧养量大，不但山坡荒沟的自生林长不起，就连集体每年所栽的小片树木也都被放牧的牛羊啃掉，形成年年植树不见树的不正常现象。九十年代之后，政府实施禁牧政策，禁止牛羊入坡放牧，特别是由于交通便利，村里人做饭多用煤炭和秸秆，很少有人砍柴，所以野外自生树木逐年增多，荒坡植被也大大好于过去。如果就此下去，不久的将来，荒山沟坡将会绿树成荫。

2009 年，本村境内的两条主道都铺成了水泥路，2010 年，由县林业局出资，把在白杜村境内近五里的水泥路两旁都栽上了柏树，此举成了白杜村的一大亮点。

第四节　采种育苗

从二十世纪六十年代开始，白杜村兴起采集树木种子，主要品种有刺槐、柏树、酸枣、山桃、山杏、椿树、榆树等树子。但是采来的种子，绝大多数都卖给了林业部门。从八十年代开始，根据市场情况，有少数户在承包地里育有刺槐、杏树等。树苗也多是卖给林业部门。

第五节　果　园

解放初，村里只有许登堂家有四五亩大果子果园。二十世纪八十年代后期，许三锁、许明德、许惠云等在房前大片山坡上栽植苹果。九十年代开始，人们开始在承包地里栽植苹果树，截止到 1993 年，全村苹果树存量达到一百多亩，但因只重视栽植，不妥善管理，修剪、除虫等技术难以到位，果树生长很差，致使多数果户很难见到效益。很多成林果树，由于枝条疯长、腐烂病严重被砍伐一空，存园面积只剩下三十多亩。2009 年，政府规划白杜村栽种桃树，全村栽种了二百多亩，但成活率较差。若要受益，摆在农民面前最大的问题，一是技术管理问题，二是产品销路问题，如果这两个问题解决不好，就有重蹈苹果树之路的可能，要收到好的效益，也是有一定困难的。

苹果丰收

第四章　农业机具

第一节　农　具

　　解放前，人们田间耕作管理用的农具，都是手工制作的简单器件，如犁是用木制的，入地部分安上一个生铁铸就的犁铧，耱是用在山里砍的对角木粗条和三根耱杆在文火中烤煨后，编制而成的。锄地的锄，割麦谷的镰，砍柴开地用的镢头，打场用的木锨、杈以及铁锨，牛驴在沟里驮水用的水架、驮桶以及担子、担扯等都是买来铁器部分，自己安上木质把子或木质部分。这些农事用的农具，都是古旧传统的，起码在数百年之内没有变化和改进。人们往地里运肥、往回运庄稼，全是靠人担驴驮，人的劳动强度非常大。运输工具除担子箩筐外，还有一种木制独轮车，这种车只能用作掏土窑取土时，往出运土和其他短距离的运送，距离稍长人们推着它掌握不好平衡，就会使车子跌倒，将车上推的东西撒落在地上。解放后，随着工业化步伐的不断加快，新式农具不断出现，1954 年引进七寸步犁。1956 年，有了打药用的单管喷雾器。1958 年开始用小平车，小平车出现后，用作短途运输时一般用人拉，稍微长一点的距离，就套上牛或驴去拉。人们把牛拉平车戏称为牛吉普，驴拉平车戏称为驴吉普。平车的出现，使在田间往返运送肥料、在地里往回收庄稼，再也不用人担肩挑了，大大减轻了人们的劳动强度，有效地解放了生产力。1964 年，引进新式山地犁后，完全取代了古旧的老木犁，山地犁从六十年代一直使用至今。

第二节　农　机

　　1967 年，白杜大队用贷款购回一台跃进——二十型拖拉机（全县当时只有五台）。八十年代，引进了可以播种几种作物的新式小麦播种机。实行生产责任制后，特别是国家实行村民购买农机给补助的政策后，购买小型农机的越来越多，到 2009 年底，全村共有小四轮拖拉机五台，小三轮十五台，小手扶七台，30 型和 50 型拖拉机各一台，农用汽车一台。

第五章 养 殖 业

第一节 大牲畜饲养

自古以来，牛、驴、骡、马等大牲畜作为农业生产的重要生产要素，就得到农民的重视。二十世纪五十年代前，大牲畜都是各户自养，一般家庭每户至少有一头牛或一头驴，也有两三头的，主要用来耕地、驮水、推磨、出门骑乘。高级社之后，大牲畜都由生产队统一集中饲养，队里确定几个饲养员，专门饲养牲畜。在农闲时，全村牛群确定专人在野外放牧。大牲畜的饲草、饲料，由生产队统一分发，饲草主要是谷草、麦草、玉米秆；饲料主要是黑豆、高粱、麦麸子等。但集体留用的饲草，往往不够大牲畜食用，队里在春初，就派社员到山坡上刮白草作饲草，集体化时期，大牲畜喂养状况十分不好，所以牲畜的发展十分缓慢。分户承包后，大牲畜又归各户自己饲养。但到了九十年代以后，随着小型拖拉机数量的增加，机耕面积的不断扩大，再加上一般不再用牛、驴推磨驮水，所以人们饲养大牲畜的数量越来越少，到2010年，全村只有牛、驴二十来头。

第二节 羊群放养

高级社前，白杜村许在堂家有一群羊，一般年存栏为五十到六十只，少数几户有山羊五六十只。高级社后，羊群全部归队，由集体确定专人分群放牧，给放羊人记工分，参加分红。实行责任制后，集体的羊群又分到户。1980年，全村共有山羊五群400只。政府实行封山禁牧政策，号召圈养，全村羊只减少到200来只。截至2010年，全村只有许春平、许计生等四五户，共养羊300只左右。

第三节 鸡猪喂养

肉猪历来都是家庭养殖，1956年前，猪的品种全都是历代留传下来的大耳朵黑猪，其特点是腹重腰弯、产仔多、繁殖量大，而且耐粗饲料喂养。其体格很小，生长缓慢，一头猪养一年，最多能杀七八十斤肉，一般的只是四五十斤。解放后到高级农业社之前，村里人养猪都只供自食，全村养猪户可达百分之八十，到腊月间宰杀后，大部分准备过年自食，少部分卖给没有养猪的户。人民公社化后，逐渐引进优种猪，如约克夏、巴克夏、太原花猪，这些猪种的特点是个头大、长得快、出肉率高，一般一头猪可以出成肉二百斤左右。从公社化到改革开放前这一时期，由于粮食缺乏，村里饲养猪的户很少，而且养下的猪都售给了国家，为了启发人们养猪的积极性，每卖给国家一头猪，给发奖励布票一丈左右，一般不见有自养自宰自食的情况。包产到户后，随着粮食产量的不断增加，各家各户又开始喂养生猪，但因猪个头太大、出肉率高，一般到年终腊月，即由多户分杀一头猪，其余肉猪全部通过市场渠道加以销售。

鸡也是家庭养殖，二十世纪六十年代之前，村里人养的全是老旧品种鸡，老品种的特点是体格紧凑、抗病性好、觅食能力强，色以黄、黑、白为主。母鸡一年产蛋在百颗左右，一般是春季开始，到夏季中期结束产蛋。集体化时期，村里人只有养鸡一项不受政策限制，但人们喂养几只鸡一年所产的蛋，舍不得吃，全部卖成钱，作为零花之用。七十年代初，村里引进了来亨鸡，以后又有北京白星杂、罗斯鸡等，这些鸡一般都是个儿大、产蛋多，但病害较多。到二十一世纪后，品种更新速度更快，其产蛋率也有很大提高，一般一只鸡一年可产蛋三百个。2009 年，村民李录田办了一个养鸡场，全用配合饲料饲养，科学管理，产蛋母鸡一年更新一次，再加上养大的公鸡，养鸡场的利润是靠卖鸡蛋和肉鸡两项收入，一年可收入近万元。实行责任制后，各家各户养鸡数量较过去有所增加，一般都在十五到二十只之间，为改善生活，多数户养鸡所产之蛋，基本上都以自食为主。

第六章　集体收益分配

第一节　劳动计酬

互助组时期一般都是以工换工。初级社和高级社时期实行评工记分和定额劳动记分的办法。制定劳动定额时是根据土地、耕畜、农具和各项农活等条件，以一个中等劳力劳动一天能够完成的劳动量确定计酬指标，完成指标可记十分工，评工记分的形式有"按件计分"、"死分活评"。人民公社化后，实行基本劳动日制，超额完成劳动者奖励，缺勤者要罚。"文化大革命"时开始实行自报公议、死分活评等计酬办法。

第二节　粮食分配

1. 初级社时期。全年收的粮食，除交公粮留饲料外，剩下的就是社员分配粮食。社员分配实行以劳为主、兼顾土地的原则，其比例为劳力百分之七十、土地百分之三十。提留粮一般用于照顾多子女困难户、五保户和优待军烈。

2. 高级社。取消了土地分配部分，按人口和劳力多少进行分配，其基本比例为2:1，即人口分配占三分之二，劳力为三分之一，劳力的粮食是按劳力分配的三分之一部分，用全队全体社员总工数除开，然后再分户按全队每个劳力应得粮食数乘以各户做的工数，就是各个劳力应分的粮数。一般一个劳力一个工可分1—1.5斤粮食，人口口粮一般在250—300斤左右。

3. 公社化时期。初期和高级化时期基本相同，1960年，基本口粮实行"分等划成、按成吃粮"的办法，即不论男女，强劳力为13成，普通为10成，12岁以下从7成累减到3成。老年人为8成，一成该吃多少粮食，其计算办法是，首先把全队所有人口的成数加起，再除以全队应分粮总斤数，即是本人应分的粮食斤数。一般年景每人平均可分250多斤粮食，强劳力则可分350—400斤。

第三节　现金分配

集体化时期，现金一般都是由每个人的实际劳动工分参加分配，即全队经济收入总数，除过队里的税务、投资费用等开支，留下的总金额数用全队的总工分除开，然后乘以各家总工分，就是各户的实际收入。人民公社化初期，有一段时间实行供给制，即干活不计工、吃饭不掏钱，社员在公共食堂领取饭菜。公社化时期，每个工一直停留在0.4元左右，人均收入也只有30－50元。劳力稍少的户，一年下来，不仅分不到钱，而且还都成为欠粮户。

第六编 教育 卫生 文化

第一章 教 育

第一节 私塾 私学

清光绪年间，白杜村村民合资兴办私塾，略似早期社学，选聘本村老先生许毓麒为首席教师。学生初入私塾，学念《三字经》、《百家姓》、《名贤集》、《孝经》、《千字文》、《弟子规》等，主要目的是教学生认识生字，教师重点教读字音，不做详细问题解读和讲解，让学生死背硬记原文，实行输入式教育，此外，也让学生演练珠算，练写契约，编写对联，撰写文章等。只有少数富家高才学生，为应对科举考试，攻读《四书》、《五经》。私塾不规定入学年龄，不设定修业年限，各种学杂费用、教师薪酬，全由学生负担。

在东圪崂旗杆院东南处，有个坐北向南的土坯圈的窑洞，村人叫书房院，这书房院就是清末到民国初年，白杜村兴办私学的场所。私学大体如同于私塾，也接近于后来的民办学校，教师薪酬、学校费用全由学生负担，无固定学科，也不设定修业年限。

第二节 小学教育

清光绪三十年（1904），白杜村由许毓麒牵头，全村集资，在下寺院内修建了一座坐东向西的三间瓦房作为村里的私立小学，聘请教师一人，先由许毓麒执教。1930 年，由合格村刘在海执教，学生分 4 个年级，共 19 名学生。1931 年由下南庄张安信在校执教。学校一直办到 1937 年，日本鬼子入侵白杜后在全村大肆烧杀抢掠，连同三间校舍、下寺神庙一并烧成灰烬。随后白杜村虽然失去了固定的校址，但贯以精心办学的村民，仍然临时借用民房，设法创造条件，继续办小学。

1946 年下半年，因解放全国的战事紧迫，国民党左尔禹县政权自顾不暇，全县处于一片荒乱状态，白杜村小学亦被迫停办。

1947 年 5 月，大宁第二次解放之后，白杜村外出避乱逃荒的村民，逐渐回归故里，社会状况也逐步趋向稳定。1950 年 2 月白杜村不失时机的开始筹划恢复学校的工作。没有校舍，就借用东圪崂李廷良家的一孔土窑作为教室，并聘请本村许光成之妻杨志礼任解放后的第一任教师。由于李万元、许瑞堂、李廷良积极参与并以实际行动支持筹办白杜小学的工作，被村民公推为"学董"，由他们负责解决办学中需要解决的问题。1952 年学校从李廷良院挪至东圪崂坪里西南处的一处旧砖窑院内。

1953 年白杜小学迎来了史无前例的一次大改变。这年年初，县民主政府为了减轻群众负担，决定把全县的 84 所村级初级小学全部由民办转为公办，教师工资和办学经费全部由国家按月拨付，学生只缴书本费和一定数额的学杂费，白杜初小也由此而改为公办小学。改革后的第一年，学校教师工资由原来民办时每月 45 斤小麦、45 斤小米，改为 22 万元（旧人民币）工资。当时一斤小麦合旧人民币 1000 元，一斤小米合旧人民币 800 元，两项相加，也只有 81000 元旧人民币。两者对比，教师的工资待遇比过去提高近三倍之多，极大地调动了教师的教学积极性。本年度白杜小学共有学生 24 名。

1956 年，在白杜下乡的本村干部李连明的精心组织下，利用过去积存的青砖，将村里两孔破旧砖窑改建成 5 孔新砖窑，并圈了院墙，使学校成了一所宽敞明亮、美观大方的好书院。1987 年在国家的支持下，白杜村小学又在 5 孔窑的前面建起了 3 间明亮的砖混结构的小平房作为教室，学生用的桌凳等基础设施也进行了更换。1968 年学校在校学生 38 名，为历史以来学校入学学生最多的一年，学校教师也增加为 2 人。

解放以来，从 1950 年兴办学校起，白杜村小学改为初小四年制，课程设置为语文、数学、美术、音乐、体育、政治等科目，1961 年在校学生 37 人，1964 年为 52 人，是学校学生最多的一年。1968 年改为五年一贯制，春季开始使用新编教材。1978 年改为秋季始业，课程在原来的基础上增设思想品德和劳动常识等。

进入新世纪以来，国家给白杜学校配备了电脑和远程教育教学设备。但由于外出打工和移居县城人员的逐年增加，他们将妻子儿女也搬迁到异地居住，村里学龄儿童所剩无几。到 2009 年，白杜村在校学生只剩下 7 名。在这种情况下，也还有一些家长为了追逐名校、名师，宁愿掏高额学费，将他们的子女送到临汾、襄汾等地学校住宿就学。到 2010 年留在白杜村上学的学生只有 4 名儿童了，加上入托的幼儿，全校实际上也只有 6 个学生了。白杜村初级小学，同全县绝大多数村级小学一样，由于生源不足，面临着能不能办下去、如何办下去的一个大难题。

白杜村历来注重教育事业。自古以来，村民们办学热情十分高涨。古人云，学校是培养人才之所也。有了学校，人们才能在其中学得知识，有了知识，更能增加人们的聪明才智，有了学校，才能为社会培养出更多有用的人才，才能把国家建设得更好。

白杜村历代有识之士，正是认识到办好学校是强国富民的根本道路，所以，从清末到民国初期，从来没有离开过办学育人这条路子。绝大多数村民，在经济状况十分拮据的情况下，也要让自己的子女入学读书。从民国初年到1949年中华人民共和国成立时，全村就有高级小学以上毕业生12名，平均每三户就有一个"秀才"，这在当时的历史情况下，的确是难能可贵的。正由于此，白杜村成了全县小有名气的"秀才村"，白杜人着力办学，确确实实为社会、为国家培养了一批又一批有抱负、有知识的人才。如许建业从小在家乡白杜村就读，1932年考入太原友人中学，参加了中国共产党，成为我县第一个参加共产党的革命青年。许科堂参加革命后，荣任中国共产党领导下的第一任大宁县民主政府县长。抗日战争时期，1937年山西成立了抗日救国组织——山西牺牲救国同盟会（简称牺盟会），牺盟会在大宁很快发展壮大，白杜村的进步青年许科堂、许玉祥、许凤堂、许执奎等人积极参加了牺盟会，开展抗日救亡革命工作。由于阎锡山同日本人暗中勾结，把矛头对准了抗日民主组织牺盟会，大肆镇压、逮捕共产党人和牺盟会员，引发了惨无人道的"晋西事变"。在白色恐怖的急风暴雨中，许科堂、许执奎等白杜村4名青年，随牺盟会撤离大宁，从此他们跟着共产党，奋战在抗日战争和解放战争的革命战斗中，直至献出了自己宝贵的生命。白杜村先后有10人参加过抗日战争、解放战争和抗美援朝战争。有8人壮烈殉国，白杜村是全县革命烈士最多的村庄。解放以后，白杜村先后有170多人参加了革命，在中央、省、地、县各级行政事业和企业单位工作，他们中间，有身负重任的厅局级领导，有地（市）、县各级领导干部，有21名局科级中层干部。截至2010年，全村先后共有离退休干部职工36人之多。解放后，全村先后有32人担任过各级学校的教师，有45名包括成人教育在内的本、专科毕业学生。翔实的资料表明，白杜村不只是参加革命工作的人数在全县各村中名列第一，而且局级以上领导干部也是全县最多的一个村子，担任过学校教师的人数，也在全县名列榜首。可以想象，如果没有坚持办学育人这个先决条件，白杜村是不可能涌现出这么多的人才的。

附1：

白杜村具有高等学历人员名录

姓　名	性别	年龄	何时何地在何校毕业	学　位
李瑞田	男	63	成人自学本科	
李执祥	男	64	成人自学本科	
李建军	男	39	吉林工业大学毕业	硕士
李建宏	男	36	大学毕业	
李建伟	男	30	大学毕业	
李宏平	男	40	大学毕业	硕士
杜琳美	女		大学毕业	硕士
许　乐	男		北京大学毕业	博士
丁一晋	女		北京化工大学	硕士
许国伟	男	42	山西财经大学金融系函授本科毕业	
许继红	男	46	成人函授教育本科毕业	
许建红	男	42	中央党校经济管理本科函授班毕业	
许永红	男	39	中央党校经济管理本科函授班毕业	
房改珍	女	41	中央党校经济管理本科函授班毕业	
贺瑞芳	女	40	电大函授班本科毕业	
许林生	男	65	1984年山西教育学院高师中文专科函授毕业	
李福田	男	61	华北工大企业管理学院毕业	
许建伟	男	27	中北大学本科毕业	
许建丽	女	24	山西商业学院专科毕业	
许晓路	男	30	大学毕业	
许大路	男	33	大学专科毕业	
李兰凤	女	46	成都中医学院本科结业	
许并生	男	60	本科毕业	博士
李月娥	女	58	本科毕业	
许玉生	男	57	专科毕业	
聂京华	女	55	本科毕业	
许永勤	男	44	成人函授专科毕业	
许对勤	男	40	成人函授本科毕业	
冯春霞	女	39	成人函授本科毕业	
李福田	男	51	华北建业干部学院本科毕业	

姓 名	性别	年龄	何时何地在何校毕业	学 位
许晋平	男	52	自学成人大学专科	
许 剑	男		太原土木工程学院	
李 力	男		大学专科	
范艳伟	女		大学专科	
许秀峰	男		自学大学专科	
李艳青	女		大学	
许建明	男		自学大学专科	
许振鸿	男		山西政法学院专科	
许 江	男		大学专科	
许 琰	男		大专	
李青峰	男		成人自学北京外经贸学院自修本科	
张晓霞	女		本科	
许 倩	女		太原理工大	硕士
许迎军	男		省委党校本科毕业	
郭艳萍	女		临汾市委党校专科毕业	

附2：

白杜村担任过各级学校教师名录

姓 名	性别	在 何 校 任 教
许毓麟	男	本村私塾、小学
许光烈	男	本县实验小学、县高小校长、午城小学教导主任
许乃让	男	三多中心小学校长、芍药、上菇古、秀岩小学教师
许尊由	男	三多中心小学教师
许尊慎	男	曲峨小学教师
许建康	男	割麦等小学三多、菇古、城关高小任教
许德甫	男	太原市新道街小学任教
许光成	男	城关小学、东关小学、道教小学校长
杨志礼	男	白杜、上吉亭、下麻束、小学教师
许新民	男	白杜、下麻束、曲峨小学教师
王惠卿	男	洞儿河小学教师
李文生	男	城关小学教师

姓　名	性别	在　何　校　任　教
许钧民	男	菇古小学教师、县教委主任
许高明	男	菇古、罗曲小学校长
房安俊	男	芎支小学、城关小学
李惠惠	女	隰县、大宁城关小学教师
许建伟	男	山西商业学院教师
许林生	男	白杜、东房、上麻束、古乡中学学校教师
许建国	男	白杜、东房小学教师
任雪娥	女	在楼底、县幼儿园等校任教
李玉田	男	城关小学
贺志清	女	在秀岩等校任教
许光明	男	白杜、东房、城关小学任教
李青梅	女	东房小学任教
许晋平	男	葛口、石城、罗曲、大宁一中任教
许永勤	男	大宁职业中学教师
许对勤	男	大宁职业中学教师
冯春霞	女	大宁城关小学教师
许乐	男	上海同济大学副教授
许并生	男	山西大学教授
李月娥	女	山西大学教授
李文林	男	白杜村小学
王爱英	女	太德小学
张晓霞	女	大宁党校讲师

附3：

白杜村小学历任教师花名单

姓　名	性别	籍　贯	任　教　时　间
许毓麟	男	白杜村	1891－1901
刘在海	男	合格村	1901－1909
冯友权	男	堡　村	1910－1914
郭秀春	男	牧　岑	1915－1919
张安培	男	下南庄	1920－1930

姓　名	性　别	籍　贯	任　教　时　间
冯培范	男	白　杜	1931 – 1934
马云喜	男	上麻束	1935 – 1941
冯春有	男	秀　岩	1942
张凤仪	男	东房村	1943
冯世明	男	黑　城	1944
李兴业	男	芍　药	1945 – 1946
单光奇	男	麦　留	1947
杨志礼	女	白　杜	1948 – 1951
许新民	男	白　杜	1952 – 1953
蔺与廉	男	蒲　县	1954
吴治国	男	隰　县	1955
尚忠奎	男	小　冯	1956 – 1958
郭林生	男	小　冯	1959 – 1960
李云山	男	麦　留	1961 – 1975
许凤莲	女	白　杜	1966 – 1975
冯希歧	男	堡　村	1976 – 2003
马对叶	女	圪崂垣	1973
许廷生	男	白杜村	1976 – 1978
许林生	男	白　杜	1977 – 1984
许春生	男	白　杜	1985 – 1990
贺文生	男	东　庄	1991 – 1993
马文珍	男	而　吉	1994 – 1998
冯彩虹	女	白　杜	1999 – 2003
冯连生	男	曹家庄	2003 – 2007
贺文生	男	东　庄	2004 – 2008
许春莲	女	东　庄	2004 – 2010

第三节　幼儿教育

白杜村的幼儿教育，萌发于农业生产集体化时期。1958 年人民公社成立之后，对在育龄期有劳动能力的妇女，都规定了比较严格的出工天数的劳动任务。但是一些有小孩的妇女，因孩子无人照管，不能上地劳动，为了解决这个问题，生产队开始创办以照管孩子为主的托儿所。实际上就是指定一名妇女，在有幼儿的妇女上地之后，把孩子领在自己家里照管。后来发展到选择有一定文化的妇女教孩子们跳舞、唱歌、认字，人们习惯把这种托儿所称作幼儿园，从此这种原始于照管形式的托管组织又增添了一层教学、唱歌、跳舞、看图、识字的任务。七十年代之后，村里的小学又增添了一名教师，学校也增添了幼儿班，从此，幼儿入学率一般都能保持到百分之八十五以上，幼儿教育亦步入了比较正规的时代。

到了九十年代，随着改革开放的不断深入，白杜村外出打工的青壮年越来越多，外出打工的人拖儿带女到大城市居住，使村里的幼儿日渐减少，到 2010 年全村入园的幼儿只剩下两三个了。幼儿教育像小学教育一样，基本上到了难以为继的地步。

第四节　业余教育

1949 年 10 月 1 日建国后，白杜村根据县民主政府的指示，即于本年 12 月农事活动基本结束后，办起了冬学。冬学的兴办，给全村男女青年开启了一个很好的活动场所，人们争先恐后报名入学。1951 年 2 月，白杜村冬学转设为以识字为主的常年农民业余学校，学校设立义务教师一人，由李廷玉担任。1952 年，农民业余学校开始推广祁建华创造的速成式教学法。当时县教育局把与白杜相邻的上麻束村作为全县的速成识字试点村，这对白杜村速成识字法的开展起到了一定的促进作用。在推进速成识字法的过程中，全村家家户户，从院内到室内，所有墙壁上、用具上、树木上、石磨上等凡是能张贴的地方，几乎都贴有带有拼音字母的各种汉字，如树木上贴一个带有拼音字母的"树"字，碾子上贴一个"碾"字，门上贴"门"字，板柜上贴"板柜"二字等等。青年人上地都带着拼音识字课本，地头休息时大家都用柴草棒在地上练习写字，一个人一天要新认多少字，都有一定的任务。在当时，由于推广速成识字法，在白杜确实收到了一定的效果，不仅青年人，就是在部分中老年人中，也都形成了看书识字的良好氛围。1953 年由于教育局在各学校联区设立了扫盲校长，白杜村仍由李廷玉担任扫盲义务教员。全村扫盲识字有农闲时期的随班上课、人对人的包教、包学和相互之间的送字上门等多种形式。通过扫盲运动，到 1955 年白杜村原有的青年文盲大部分都基本脱盲，如许建德、李廷杰、许金奎、许七旺、许建邦、许金山、许还英、许曹风、许俊风等人大都会认 1000 至 1500 个汉字，基本上能读书念报，提笔写字。像李进仓、许登堂等年龄较大的一些党员干部，一般也都达到了初小文化水平，看书读报、念信看条遇到的"拦路虎"也越来越少。扫盲识字教育，大大改变了白杜村人民的知识结构，为白杜村培养了一大批扎根农村、为全村社会主义建设事业精心服务的好干部、好党员。

1958 年以后，以民办学校为基础的各种名目的红专学校，在"大跃进"的年代，此起彼伏，但实际收效甚微，没有明显效果。文化大革命初，村里的业余民校停办。随着白杜小学的年复一年的向前发展，全村基本上没有失学儿童，随着儿童入学率的提高，新文盲不再产生，据七八十年代的情况统计，全村纯文盲人数仅占成人总数的百分之二，而他们之中大多数又都是六七十岁以上的老年人群。

许乐为大宁县白杜村第一位北京大学学子

第二章　卫　生

第一节　卫生习惯

　　白杜村村民历来都比较重视整体个人容貌，讲究村里环境整洁，家家注意卫生工作，所以，长期以来都养成了良好的卫生习惯，十分重视家庭环境和个人卫生。各家各户常年四季早晨一起来，首先是对房舍和院落里里外外进行整理打扫，接着大人小孩洗脸洗手，之后男人上地干活，女人淘米做饭，儿女们踏着晨曦上学读书。白杜村虽然位于干旱缺水的塬面，用水十分困难，但由于村里有两个收存雨水的泊池，正常年景，两个泊池都能长久存水，不只可供牛羊牲畜饮用，而且还可供人们洗衣服，孩子们嬉水玩耍。久而久之，人们也养成了勤洗衣服，讲究卫生的良好习惯。1952 年以来，白杜村全体村民积极响应政府号召，开展了爱国卫生运动，家家户户遵守爱国卫生公约，从此白杜村的卫生工作由历来的自发行为过渡有组织、有规划、有安排的新阶段。全村上下，不分男女老少，人人都投入到消灭蚊子、蝇子、臭虫、虱子、老鼠的行列，基本上做到厕所加盖、鸡畜有圈，彻底改变了过去存在的"脏"、"乱"、"差"的现象，基本上形成了人人讲卫生、家家好环境的和谐自然的良好风尚。人们高兴地说，"家家讲卫生，人人保健康"、"扫帚响、粪推长、生产卫生两相当"、"地里庄稼长得旺，人人健康少生病，咱们的生活真美好"。

第二节　医疗组织　疾病医治

　　1949 年以前，村里人有了疾病，很少能找到行医看病的医生，在那个时代，只有县城有一两家中药铺，根本没有西医西药，中医医生在全县也是寥寥无几。人们有了病，求医无门、求药缺钱，因此，只得靠求神拜佛、求巫送鬼的迷信手段来对付自身的病疾，小病顶着过，慢性病熬着过，重病等着阎王叫。解放后，西医西药逐步发展而盛行于县城和乡村，中医加西医，大大方便了人们对疾病的防治，从而保障了人们的身体健康。

　　民国年间到解放初期，白杜村同县内各地一样，出现了传染性极强的天花、麻疹、伤寒、结核、感冒等流行性疾病，直接威胁着人们的生命安全。尤其是 1948 年至 1949

年大宁流行小儿痢疾。白杜村也有不少小儿身患严重痢疾，先是拉肚子，有的继而屙脓屙血。由于少医缺药，人们只得眼巴巴看着不断加重病情的患儿，苦苦煎熬，束手无策，眼看着病魔无情地夺去了一个个可爱的小生命。这一次全村就有八九个儿童夭折。另外，就是普通的感冒发热，由于没有药物防治，也就有可能引发成伤寒重疾，继而夺去人们的性命。1949 年，人民政府在全县实行全民免费接种各种疫苗的政策。1952 年，开展鼠疫四联疫苗接种活动，以后逐渐对各种传染病采取了防治措施，使人们的发病率大为减少。1949 年以前，由于婴幼儿死亡率较高，再加上成年人因病死亡的较多，据统计，白杜村人的平均年龄只有 35 岁。2009 年人们的平均年龄已上升至 71 岁。

随着整个社会医疗保健事业的发展，1959 年，白杜村建立了保健站，1969 年改为合作医疗站，医疗工作人员有上麻束马取兰、下麻束马恩子、白杜村王慧卿等 3 人，从此人们有了头疼脑热等小毛病，都可以在村里的小诊所打针、输液，这种合作医疗组织，中间虽有起伏，人员也有更替，但一直延续到八十年代初，由于管理不善，才停止经办。

第三节 医疗保险

改革开放以来，随着全社会医疗事业的迅速发展，新的医疗技术层出不穷，各种新型医疗设备和高效能药物不断涌现，医疗防病治病的能力大为增强。但是，在农村，由于经济增长速度缓慢，看病难、看病贵的问题普遍存在，因病致贫的现象尤为突出。2009 年以来，党和政府为了解决这个问题，开始在农村实行新型农村合作医疗政策，一个农村人口，每年只缴纳 30 元的医疗保险费，如果有了病，就可在指定的医院就诊，享受报销百分之六十医疗费用的待遇。白杜村 220 名农户村民，当年都参加了新农合，开始享受医保待遇。由马珍风负责，开办了一个能打针输液并有不少常用药品的合作医疗站，负责实施村民医疗保险事业。村里人都高兴地说，过去看病没钱治，现在看病享医保，再不用像过去那样有病治不起而受熬煎了。

第四节 药材资源 药材种植

白杜村野生药材资源十分丰富，历史上人们就有采集野生草药用于防治疾病的习惯，如用婆婆叶消肿止疼，用甘草水败火消毒，用大黄消除内火等等。进入二十世纪七十年代，国家对中药材的需求量与日俱增，村民们利用农业休闲时间，在山坡上大量采挖野生药材，成了不少农户的一大经济收入来源。白杜村的野生药材主要有：柴胡、马草、百合、车前子、酸枣、天麻、知母、甘草、大黄、婆婆叶、黄芩、艾草、木根根、桑梓、茵陈子等40多种。多年来由于过量挖采，有不少品种早已绝迹，为了适应中医中药的发展需要，近年来，白杜村已开始在田间种植，常见的有柴胡、生地等药材品种，其经济效益都甚为可观。

第五节　妇幼保健

解放以前，妇女生育普遍实行的是传统的接生方法。妇女生小孩时，将炕席卷起，土炕上撒上炉灰，产妇就坐在灰堆里生孩子，一直到两三天之后，才能扫去灰堆，再铺好席子。这种接生办法，导致多数产妇难产或产褥感染，造成产妇、婴儿死亡的现象时有发生。因此，过去人说，妇女生儿育女，犹如过"鬼门关"，所以，产后常见的后遗症和多发病普遍困扰着育龄妇女。过去女人一生下小孩，六七天以内，每天只能喝少量的清水米汤，其他食物一律不能食用，这样就导致大多数妇女和婴儿严重营养不良，产后长时间体质难以恢复，给母子健康带来很大隐患。长期的旧法接生，不是造成婴儿死亡，就是产妇丧命，或者是母子同尽，使生儿育女成了人生的一大不幸。

解放后，从五十年代初开始，人民政府大力推行新法接生技术，从此新生儿破伤风发病率逐渐下降，妇女病患者越来越少。为了保证母子健康，1958年后村里集体组织对妇女经期、孕期、产期、哺乳期在农活分配上实行了"月经期调干不调湿"、"怀孕期调轻不调重"、"哺乳期调近不调远"的劳动保护制度。1975年以后县妇幼站多次开展对妇女儿童常见病普查和诊治活动，大大提高了妇女儿童的健康水平。此后，产妇婴儿的发病率大为降低，死亡现象更是极为少见，妇女儿童的健康有了充分保障。

第三章　文　化

第一节　古庙建筑

白杜村的古庙建筑比较多，全村共有 5 处，其中最大的一处是位于村西南庙圪塔上的隆兴寺（隆兴寺也称上寺），这是一处拥有 20 多间殿宇、厢房、戏台的大型建筑群。据大宁县志记载白杜隆兴寺始建于明朝中叶，清康熙盛世年间重建，至今已有 500 多年历史，整个庙宇占地七八亩之多，大的建筑有塑造着佛神的大雄宝殿，村里人把它称为正殿。正殿坐南向北，起脊飞檐斗拱悬装，门楣上悬挂的一块匾牌上书写着"为民造福"四个苍劲有力的大字，整个大殿宽 5 大间，进深 3 大间，暗间中为神台，神台上塑有 3 尊大佛像，殿内两墙上均有彩色壁画，壁画色彩鲜艳，人物栩栩如生，画面清晰壮观。大殿东西两侧，各有厢房两间，专供住庙和尚住宿生活之用。除大殿外尚有龙王庙、关帝庙。龙王庙在大殿东侧，坐东向西，面宽 3 间，正中神台上塑有龙公塑像 1 尊，旁列站神 4 尊。神台前两根明柱上，都塑有金色盘龙，其神态威严庄重，形象十分逼真。神台前摆放有抽签、打卦的签筒和卦锤，信徒们常常跪在神灵前焚香叩头，抽签打卦，占卜吉凶。庙内还有供 4 人抬的小轿一顶，轿内有泥塑小龙王，在遇到干旱时，人们将小龙王抬出庙堂，在村里敲锣打鼓周游一圈，祈求龙王快点下雨。关帝庙在大殿西侧，坐西向东，同龙王庙十分相称，庙台上塑着关帝爷坐像，台下有周仓手执大刀的泥塑站像。龙王庙和关帝庙的厢壁上，都绘有十分精美的彩色壁画。关帝庙门楣上悬挂着一块金色大匾，上书"忠义千秋"4 个大字，明柱上刻着一副对联：义扶汉室三分鼎，志在春秋一部书。正殿北有坐北向南的戏台一座，戏台两边有专供戏班子演员居住的 8 间瓦房，在清末民国初年之前，村里每年都邀请戏班子来村里唱两台大戏，一次在前半年的阴历二月二十，一次在下半年的阴历九月初三，戏期一般都是 3 天，届时上、下麻束，东、西两塬十里八乡的人，都来白杜看戏、拜神。唱大戏所需的费用，靠住寺和尚平时化缘所得和唱戏期间人们在神庙施舍布施的钱来支付。由于隆兴寺多年来香火旺盛，庙内开支尚有结余。此外，每年五月十三日，是关老爷磨刀的日子，村里人要杀一只羊，祭奠关帝爷。民国以来，隆兴寺逐渐走向衰落，庙内和尚大都远走他乡，据说有的在五台山继续为僧，社戏也不再演出。民国初年，庙内留下一个老和尚，还是依靠耕种大庙以东路边的二亩多地为生。更为不幸的是，1947 年国民党县长左尔禹，为给驻地中央军解决炊用烧柴问题，派人将隆兴寺的大庙、戏台全部拆毁，拆下来的檩、柱、条等木料，全部运往城里，供中央军烧用。如今 60 多年之后，曾经兴盛一时的隆兴寺业已片瓦无存，一片荒凉景象。对拆毁隆兴寺之举，白杜村民们大为不满。解放后的 1949 年 11 月 2 日，国民党政府县长左尔禹因残杀人民，罪大恶极，被政府处以死刑，白杜村一些老年人说，这是神灵对左尔禹的报应。

同隆兴寺相对的是，在大泊池东隅有一座神庙叫下寺。同上寺相比，下寺规模要小得多，只有一间进深六七米的砖窑，窑顶上盖有神庙一间，檩、橼封顶，通瓦封盖，整个建筑小巧玲珑，十分神奇。底层砖窑内是孔子庙，内供奉塑像一座，门楣上挂着一块书有“至圣先师”4 个大字的牌匾，二楼房内一进门，四面周边都用木板分层隔为长方形格子，共上下五层，每层里面都摆放着用木、石、铜、铁等质料打造的小巧玲珑的各路神像，塑像个个活灵活现，十分精美，共有上百尊之多。令人惋惜的是，在日寇侵犯白杜时，一把火把整个庙楼烧成了一堆灰烬，庙中一切也荡然无存。

在大泊池北，有一座五道庙。这个五道庙更为奇特，说它奇特，是因为在大宁县不少村庄，虽然都供奉有五道庙神，但是别处的五道庙，都是塔建在一个不到一米见方的小平台上，只是个小楼小庙，里边只供奉着一尊很小的五道爷塑像。白杜村的五道庙同别处的相比则大不相同。白杜村的五道庙，是一座面宽三大间、进深两间的大神庙，前檐作廊，暗间正中为神台，神台上尾坐着三尊比人的真身还大的泥塑大神仙，神台两边分别站立着两尊手执武仗、威风凛凛的武士神像。白杜村五道庙虽然躲过了近代几次战乱，但却没有逃过和平年代的人为破坏。在史无前例的“文化大革命”运动中，一些人疯狂至极，喊着大破四旧的口号，把五道庙的神像、塑像搬倒砸毁。“文化大革命”后，神庙也成了一片废墟。

关于五道庙，在白杜村还有这样一个传说。白杜村没有土地庙，是因为土地神同其他各路神灵相比，职小权微，白杜村庙多神全，根本没有土地神立锥之地，五道爷虽然在天之位也不算太高，但他是一村之主，所以白杜人对五道爷就特别重视，把五道庙修得特别大，五道爷得此厚爱，对白杜村万般关照，从此白杜村更加人丁兴旺，人才辈出，成了一块更加宜人居住的风水宝地。

在通往前坪和房村坡的三角处，有一座小巧玲珑、只有一丈多见方的小庙——花娘娘庙。花娘娘庙是白杜唯一供奉女神的小庙宇。据说，花娘娘神是专管人们生儿育女的一位神仙，由于事关人们传宗接代的大事，所以花娘娘庙前的香火长年不断，包括方圆各村的人们也都常有到此烧香许愿、祈求儿女的。据说白杜村的花娘娘神十分灵验，凡缺儿少女者、前来敬香祈儿求女者，只要心诚，都能如愿以偿。久而久之，方圆十里八乡的乡亲，也都纷至沓来，跪拜烧香。该庙因为在大路边，亦被来犯的日军烧毁。

花娘娘神在白杜村也有一个古老的传说：花娘娘神在当初被接迎到白杜村时，带着一棵灵芝仙草，顺手就把它栽植在神庙旁的圪筒里。人们之后就把这个圪筒叫做花娘娘圪筒，村里的牛、羊、驴、马只要路过花娘娘庙圪筒，一闻到灵芝草味，就可避免邪气。从此，白杜村的牛羊，再没有受到瘟疫的侵害，也没有发生过群体性的传染病。好一个奇妙的传言，花娘娘不仅掌握着人们生养儿女的大权，而且还担负着保护家禽家畜不生灾害病的重任。白杜村从未发生过牛羊的群体传染病确实是事实，但是个中缘由究竟在哪里？细心的人把这归于村里人畜吃用的井子里的水质好，这种说法也没有定论。不管怎样，花娘娘在白杜村人的心目中，是一个深受人们敬重的神灵。

在村西北角的一处三条道路围圈的一个小三角中间，有一座山神庙。山神庙建修在一个人工修筑的高台子上，台子高约2米左右、呈四米见方形状，山神庙是个四角挑檐的小方殿，庙约2米见方，庙宇虽然不大，但做工却十分精细。四根明柱，四角斗拱悬空，边角上挂有四个金色铜铃铛，徐风吹来，清脆的响声飘至四方。据说山神庙供奉的山神爷是专管野禽猛兽的，所以人们对山神庙还是十分敬重的。该庙被来犯的日军一把火烧了个精光，如今人们能见到的只剩下一个残败的土台子。

白杜村古庙群外貌

隆兴寺

五道庙

花娘娘庙、山神庙

关帝庙

龙王、使雨神、雷震子

孔　庙

三清天尊、如来佛、太上老君

第二节　古　墓　葬

白杜村过去没有有关古墓葬的记载和传说，也没有发现过古墓葬的遗址，但是随着村民在村子周边不断新修砖窑，曾经挖出一些无名古墓和葬品，但从来未经调查鉴定。一些出土器物早已失散无存。二十世纪中期，村民许执明在北村坪建房时，雇佣他人拖拉机推地基时，推土机曾推出一些铜器和陶器，据说有些类似春秋战国时期使用的刀式钱币，也有一些说不清的金属制品（均已丧失无存）。1979年村民许三锁在挖地基时，挖出一个较大的古墓穴，墓内随葬品只有一些灰色陶罐，未发现留存有尸骨。其墓穴呈大圆形，墓穴三面砌有三个窑形小墓穴，四壁都绘有色彩鲜明的彩画，墓穴后墙小窑内放有一枚大方砖，上面雕刻着一盘十分精美的龙形图案。其墓顶最后用一块大方砖作盖，该墓室后壁至今还在外裸露。1999年，村民许春平在自己的窑西果树园内打旱井时，曾挖出两枚大小不一的铜质扁形小铃铛和两块铜碎片，铜铃铛上面只有花纹，没有文字，在此地还发现古代葬人用过的石板棺板。所有这些，虽然没有经过科学鉴定确定其准确年代，但初步推测，有些可能是千年以上的遗物，因无史料记述，尚难确定。但是从上述发现来看，白杜村的人居历史一定是很久远的，而且可能曾经有过一定身价的尊贵人士，村里也曾经历过盛世时代。

第三节　宣传工作

白杜村的宣传工作，始于1936年的红军东征时期。1936年9月，由林彪、聂荣臻率领的红军第一军团第二师挥师进驻大宁，此间一部分红军将士在房村、而吉和白杜一带驻扎数日。红军战士一到白杜，即在墙壁上书写比较工整的标语口号，如："打倒日本帝国主义"、"停止内战、一致抗日"、"打倒土豪劣绅"、"打土豪，分土地，实行二八成租，分半成息"、"打倒日本帝国主义，打倒汉奸卖国贼"等等，村里人看到一条又一条的标语，十分好奇，对红军主张抗日的积极态度，深表赞同，人们都说，红军为穷人办好事、为祖国前途担忧，是一支咱老百姓自己的部队，村里不少人主动给红军送衣服、送米面，军民之间建起了深厚的鱼水之情。

解放后，白杜村在政府的倡导下，在宣传工作上，突出地抓了两件事。一件是县里给白杜村发了一支用铁皮卷成的喇叭筒，叫做广播宣传筒，村里确定了宣传员，由宣传员定期在村头高处，用广播筒向人们宣传国家大事和国内外重大消息，有时也用广播筒表扬村里的一些好人好事。广播筒传送的声音比较大，发送的距离也比较远，一个人站在高处念文件读报纸，整个圪崂的人都能听见，村里有了广播喇叭后，广播筒多用作叫人开会之用。另一件是办黑板报。所谓黑板报，就是用石灰沙浆在土墙上泥一层方块平面黑板，然后用烟筒里的烟煤灰涂黑，由宣传员用白粉笔定期或不定期在上面书写县、乡发的宣传材料。当时在黑板上书写的多是短小精悍的小快板，在《山西日报》黑板报栏目上，差不多天天都有登载，村里人对此也都十分喜爱，新内容一登出来，就会有不少人驻足观看。有时学校的小学生还会把黑板上登的小快板抄下来，念会记熟后，唱给人们听。一块小小黑板，虽然不大，但在当时起到了一定的宣传作用，人们从中不仅了解了很多国家大事，而且对党和政府的一些号召也都能及时通晓。

二十世纪60年代中期，白杜村有了广播喇叭。县广播站借用邮电局电话线路，在晚间七八点向各公社传送广播信号。因在广播时间就得停止邮电通话，所以，这种广播时期，一般只是在晚间进行一两个小时。进入70年代，县广播站自制简易水泥杆，向各公社拉了专用广播线路，安古人民公社用电话线路向各村传输广播宣传信号。到1975年，全村共安装有40多支有线广播喇叭播放电台播出的各种节目，白杜村人基本上能按时听到中央和省广播电台播出的各种节目。男女老少高兴地说，不出家里门，便能了解天下事，人们的文化生活内容比过去大为丰富多彩。进入八十年代，特别是1985年之后，由于县广播站安装了电视信号塔，市场上也有了卫星发射收视器和黑白电视机，白杜村一些富裕户开始有了电视机，人们在劳动之余，都自动地聚集到有电视机的家户，收听收看全省各地的电视节目，比起收听广播来，人们的兴趣更浓了。到了九十年代，不但村里的黑白电视机普及到80%的户，而且有相当一部分换成了彩色电视机，进入二十一世纪以来，彩色电视机在白杜基本上得到普及。电视机的发展普及，极大地丰富了白杜村民的文化生活和政治生活内容。人们不仅可以在电视上看丰富多彩的文艺节目和体育节目，学到农业生产的最新技术，了解到很多生活常识，而且可以更加及时地了解国内外发生的大事以及党和国家的政治决定、新出台的富民政策等。方便快捷的电视新闻信息传播，拓宽了人们的视野，丰富了人们的精神文化生活，成为人们生活中最重要的组成部分。

第四节　文学创作

白杜村虽然古有"秀才村"之美称，但历来著书立说者从来未有所见。村民许乃让老先生生前前半生在小学任教十多年，解放后基本上一直从事农业生六，当他进入垂暮之年后，在病榻上仍然写出了150多篇古体诗文。在他仙逝16年之后，其长子许新民对他的作品进行了整理编辑，在他的所有作品中，整理出100篇古体诗词，15篇古体文章，编辑成《桑榆诗文集》于2009年底出版刊印，成为白杜乃至大宁县有史以来第一本出版印刷的古体诗文作品。这部作品脱稿后，受到了各级领导的重视和支持，省林业厅原厅长、中国林业书画家协会副主席、山西省书画研究会副会长、省著名画家李里为本书撰写了书名，并为本书题了词，热情赞扬许乃让老先生的诗文诠释了一个高尚的人生观、爱憎观、道德观和人格精神，很值得我们学习；临汾市政协副主席、原大宁县委书记杨玉龙、大宁县政府县长孙京民、大宁县人大主任贺寅生、大宁县政协主席姚如意和大宁县书画家协会主席李承阴等都为《桑榆诗文集》题了词，他们在题词中高度赞扬许乃让老先生的作品情真意切、文品高雅，其诗篇激励后人、千古流芳；中国散文家协会会员、中国作协山西分会会员、临汾市作协顾问、大宁作协主席李玉山在为《桑榆诗文集》写的序言中赞颂许乃让先生的诗文内涵丰富、天高地阔。盘古开天、历代忠奸他品评；近代英雄、革命领袖他颂扬；"文化大革命"他鞭挞；改革开放他讴歌。他旗帜鲜明、爱憎分明，在弘扬中华民族的优良传统中，在热爱祖国、热爱党、热爱革命领袖的一片真挚深情中，体现着他高尚的人格精神和厚重的思想情怀。中共大宁县委原副书记、本村人李文生在为该书写的"跋"中也高度赞扬说，许老先生为后人留下一笔十分宝贵的精神财富。李文生的诗作《我也赞北京奥运会》曾在2008年9月9日重阳节在临汾市老年文学作品评比会上获一等奖。许新民在为其父整理出《桑榆诗文集》之后，又收集和整理出自己多年来创作的一百多首诗词文稿，编辑为《雅贤居小集》并已印制成册。白杜村杰出的年青文化人才、博士生许乐，在北京大学从学士、硕士一直攻读到博士学位。取得博士学位之后，许乐在他多年的一系列论文基础上，改写成电影文学评论著作《香港电影》一书，由中国电影出版社出版、在全国新华书店发行。这一朵朵盛开的文艺之花，将成为白杜村一笔流传千古的丰厚精神财富。

第五节　书　法

书法作为一门学科，历来备受人们关注，涉足其间者，奋力学习者，比比皆是。但作为一种艺术，能够开启其神秘门户，有所成就的，只是少数。而享有名气的，则更不多见。白杜村人称"秀才村"，书法爱好者也不乏其人，而且在书法艺术上小有名气的也屡见不鲜。许德甫老先生在解放后一直在太原任教，他一生热爱书法，从来没有离开过笔、墨、纸、砚文房四宝。他的书法作品，多次入选太原市书画展，并多次获奖，有不少门店还请他为门店题写店名。许光成老先生解放后任教30多年，他的书法作品功底深厚，多次在全县书画展中获奖，可惜在他67岁那一年，身患半身不遂，右手失去了书写能力。在这种情况下，许光成没有放弃书法，他用左手继续苦练毛笔字，经过十多年的艰苦练习，终于获得成功，他用左手写出的书法作品，不仅在大宁县举办的书画展中屡屡获奖，而且在临汾市老年书画展中被评为优秀奖，并载入《临汾市老年书画作品》一书中。2005年，他写的毛主席长征诗和为纪念抗日战争胜利六十周年而作的"弘歌怀国难，发奋振家邦"条幅等两幅书法作品，被纪念抗战胜利六十周年巡回书画展评为特等奖，并载入该书画展刊印的书画集中。同年10月17日，许光成应邀参加在北京举办的联谊活动，并荣获书法展特等奖荣誉证书和纪念章一枚，被授予"中华爱国艺术家"的光荣称号。许汉民的书法作品在隰县、蒲县等地参加了书法展，并多次获隰县书法展奖。书法爱好者李文生、许高明、许钧民等人的书法在社会上也有一定的影响。

　　附：许德甫、许光成、许汉民等人书法作品

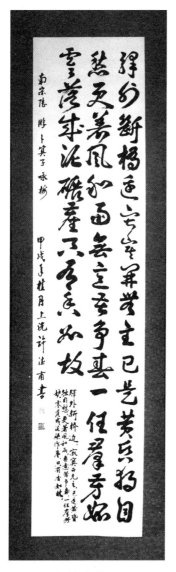

许德甫作品　　　　　　　　　　　　　　许光成作品

秦時明月漢時關萬里長征
人未還但使龍城飛在將不
教胡馬度陰山
王昌齡七絕書感
庚寅年春月許漢民

许汉民作品

春華秋寶

李文生

李文生作品

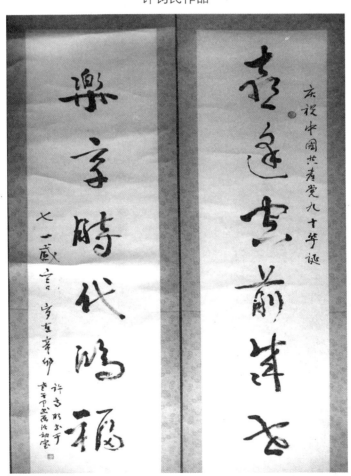

钟山风雨起苍黄
百万雄师过大江
虎踞龙盘今胜昔
天翻地覆慨而慷
宜将剩勇追穷寇
不可沽名学霸王
天若有情天亦老
人间正道是沧桑

录毛泽东之诗词词一首 辛卯年五月 许钧民家中书

许钧民作品

乐享时代鸿福

庆祝中国共产党九十华诞

遥走云前峰高

七一感言 梦立 辛卯 许高明书于 古罗卜武居许初堂

许高明作品

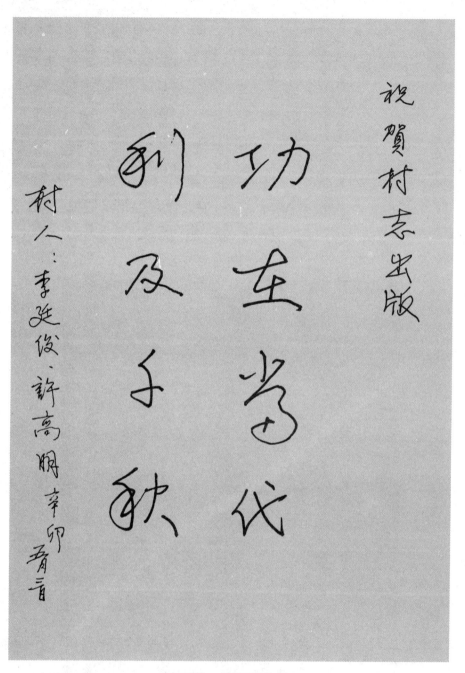

功在当代
利及千秋
祝贺村志出版
村人：李廷俊、许高明 辛卯晋三

李廷俊、许高明作品

第六节 文艺作品摘抄

诗

1. 拜谒岳飞庙赋

许乃让 作

宋家皇祚陈桥变，循唐五代行逆篡。

耳信奸臣通敌邦，畏惧忠良功威壮。

朱仙痛击金兀术，撼山容易撼岳难。

岳飞誓剿黄龙府，迎还二主忠勇全。

金牌北招将南旋，万民哭留未挽狂。

虚捏三字含奇冤，囚狱加害将星落。

人民爱戴建祠庙，铁铸奸形跪一旁。

唾罢奸贼解遗恨，敬拜武圣岳飞庙。

2. 晋 祠

许乃让 作

悬瓮山怀风景丽，山清水秀游客醉。

难老泉涌排甘露，祠庙巧建呈吉祥。

神殿壁画堪称秀，仕女塑像更奇特。

槐柏古株犹葱茂，庙宇宏伟精工建。

禹汤置祠祭祖宗，周朝封神享灵昊。

成王桐叶封弱弟，几将晋祠为太庙。

寡弱稚子功何居，敢教神民大礼朝。

保留文物古迹寺，无凭神灵重艺巧。

3. 春 景

许乃让 作

春初微觉寒，日渐转温暖。

孤鸢高空飞，群鸦池边落。

鸿雁队归北，双燕自来南。

俯视百卉艳，仰观晴空蓝。

4. 赞彭德怀老将军

许乃让 作

将军智勇功盖世，战无不胜称英豪。

援朝战果美帝惊，举世无双中外钦。

赤胆忠心十万谏，蒙冤受辱志亦坚。

英灵忠魂位归天，浩然正气垂千年。

5. 沁园春：忆抗日战争和解放战争

许乃让 作

七七事变，倭寇犯我。

战火四起，人民遭蹂躏。

蒋党政权，消极抗日，大举反共。

惟我共党，艰苦奋力，游击战术显神威。

弱转强，历经八年艰辛，终获胜利。

华夏亿万同胞，受苦难。

如历水火中，艰辛苦挣扎。

民族解放，逼在眉梢，消灭蒋帮，正合民意。

全国人民，历尽四年苦战，立新国。

中华开纪元，首庆举大典。

6. 咏大宁县城

许乃让 作

翠微北寨南北峙，龙泉笔架东西屏。

昕义合流绕城池，注入黄河紫气萦。

孔山岭脉排甘露，饮得青童体壮强。

龙盘虎踞区区邑，忠贤知奇代代荣。

（以上六首录于许乃让著《桑榆诗文集》）

7. 耄耋抒怀

2005 年赴北京参加抗日战争胜利六十周年书画展有感

许光成　作

（录于许光成《许家史实——我的回忆》）

抗战胜利六十年，投书庆祝莫怠慢，

谁料评我特等奖，问心有愧实难当。

中华爱国艺术家，这是人民把我夸，

光荣称号是过去，从今往后健步赶。

右瘫手腕不会转，想写字来真困难，

哭鼻掉泪整五年，左手苦练得辉煌。

艺坛精英聚京城，留下音容待回首，

风流人物兴中华，再谱新篇展宏图。

8. 虞美人·咏红楼梦

许新民　作

十载呕心写巨著，传世成名篇。

红楼梦终大厦倾，缘俗末了世事沧桑易！

国府门第喜忧事，佳人辛酸泪。

花月风情能几时？一朝漂泊往事难寻觅！

二〇〇一年春日

9. 念奴娇·咏三国争霸

许新民　作

群雄逐鹿，争霸业，极目窥视皇权。

英雄纵马，动干戈，惊现强虏狼烟。

豪杰挥刀，镝鸣疆场，尸横遍荒野。

黎民付命，冤魂悲泣声寒。

长卷演义三国，罗翁写春秋，鼎立相持。

龙争虎斗，转头空，何止淘尽英豪？

如梦初醒，三国已归晋，天下一统。

白发渔樵，笑谈一壶浊酒。

二〇〇一年春日

10. 水调歌头·杂咏孙大圣

许新民　作

神师授法道，猴王得神通。

悟空大闹天宫，受压两界山。

恩师揭帖相救，为徒西去求经，一路多艰险。

奋起千钧棒，澄清万里埃。

破妖术，斗群魔，除众害。

11. 雨霖玲·《水浒》杂咏

许新民　作

官逼民反，义聚梁山，声威日盛。

杀富豪，除暴吏，闹东京，震撼皇权。

屡战高球童贯，义军立功勋。

转掠十郡州，官军莫敢撄其锋。

口喧仁义行天道，撕义旗，跪漆受招安！

举刀刃向胞民。饮鸩酒，宋江归终。

序粉乱，罡星陨落，馋臣依旧。

反叛人民愧为神，名落千秋咒！

二〇〇一年春日

12. 三峡行

许新民　作

一九七〇年奉公南下，三月二十一日

从重庆乘船前往武汉，途径三峡而作

峰高数千丈，悬崖直千米。

白雪盖山顶，桃花红两岸。

碧波深莫测，江涛水湍急，

激涌千层浪，船过万重山。

饱赏山水景，遊心何能尽？

几多掩耳听，未闻猿声啼！

13. 无题三则

许新民　作

（一）

孙甥皆亲系，情缘刻骨深。

接代传宗室，展业有寄托。

淳爱多亲昵，乐趣隐其间。

陶冶人间情，尽享天伦乐。

（二）

儿女都争气，功业慰吾心。

从公勤奉献，家室皆丰盈。

匆匆各其事，哪能驻身边。

享孝当知足，万勿多苛求。

（三）

风雨几十年，同舟度时艰。

历尽艰辛路，迎来满堂春。

年过花甲岁，更需两相依。

冷暖互关照，相伴度桑榆。

二〇〇五年冬腊月

（以上六首录于许新民《雅贤居小集》）

14. 我也赞北京奥运会

李文生　作

大国来也欢迎，小国来也欢迎，

同是咱地球村的邻居，来的都是贵宾。

元首来也热情，平民来也热情，

同是奥林匹克精神的传承者，都一样受到亲敬。

场馆也新颖，环境也清新，

绿色科技人文的承诺，条条都得到完满证应。

吃的也满意，住的也舒心，

热情好客的东道主，为五洲来客留下甜蜜的回忆。

为本国运动员也加油，为外国运动员也加油，

每项纪录的神奇突破，都是对人类文明的可喜推进。

胜利者也给掌声，失利者也给掌声，

文明大度的中国观众，把参与者都视为英雄。

金牌也珍贵，铜牌也珍贵，

最珍贵的是志愿者的乐观奉献，深深注入世界人民的心扉。

组织工作也超前，竞赛成绩也超前，

中华民族的智慧和意志，向世界展示了中国复兴的光辉前景！

文

1. 赞颂毛泽东主席

许乃让 作

毛泽东是当代最卓越之人杰也。没有毛主席，就没有新中国，没有新中国，就奠定不了新世界，就不会有中国特色的社会主义之说，就难有华夏大地今天这般繁荣昌盛的好景象，中华民族也就不会像现在这样誉满全球，扬眉而吐气。毛主席为中国人民的彻底解放，立下了感天动地的伟大功勋。

其伟业，一举而为天下师，一言而为天下法。有参天地之化，关盛衰之誉。其生有所大求，其逝也有所大为。

其功绩秉钧，才能出众，诚为一代伟杰。指挥战斗，展显万般神奇之功。统领全国，有令必行，江山稳如泰山。与世交往，深谋远虑，大气可盖天下。

可惜在晚年，受奉承之欢而乱耳，从林彪奸佞潜龙之媚，衷江青之乱，铸成亲者痛、仇者快之错。

尽管如此，解放全中国，拯救全民族出于三座大山重压的水深火热之中，其功勋之大，世所罕有，在全国乃至全世界威望之高，无人可与之伦比。

寸土之壤，不减岱岳之大。

断涓之水，难失海洋之阔。

和璧之瑕，不损米光之炯。

一叶之荫，难遮太阳之光。

毛主席之错，焉能挫其当世人杰之格也，只能是千秋之遗恨，深刻之教训也。文革之大乱，仍不失一代明君之本也。毛泽东主席乃有大越秦皇汉武、唐宗宋祖之优，实可成世人千秋万代祭祀之贤君盛杰也。

2. 修身治家处人事（座右铭）

许乃让 作

生活主要几件事，修身治家处人事。处治适当心身娱，细微不宜心生疵。

一、修身

1. 修身首要身体净，污秽使人有厌气，细菌传染易生病，经常洗涮求整齐。

2. 自身要节俭，操作要勤劳。品行需端正，读书尚为高。

3. 祸从口出，每每小心，一言出口，驷马难追。

　病从口入，饮食洁净。污秽入口，容易生病。

4. 君子防未然，必防微杜渐，瓜地不纳履，李底不正冠。

5. 三思而行，再思可矣，每事必问，何为耻乎。

6. 染黄则黄，染苍则苍，偶尔不慎，悔之既晚。

  户枢不蠹，流水不腐，人恒劳动，延年益寿。

7. 吃饭不必过饱，早睡应宜起早，劳累过度费身，适当休息尚好。

8. 清正廉洁，毋固毋躁，酒色财气，毫不强调。

9. 勿以小恶而为之，勿以小善而不为。利己之事而避之，利人之事观其情。

10. 知过而改，善莫大也，过而不改，斯为过矣。

二、治家

1. 家庭首要人和气，勤劳节俭有盈余，父慈子孝是正刚，兄友弟恭是正义。

2. 妯娌应如姐妹亲，婆媳密如母女情。

3. 教子要严，传家要贤。为大不仁，合家易乱。敬而畏之，信而应之，各专其业，家室粲然。

4. 家庭万事，主事一人，众口乱说，易起纠葛。

5. 富者必须节俭，穷困必须勤劳。计划必须周全，奢华容易致贫。

三、处人事

1. 处人待事要公道，己所不欲勿施于人。

2. 受恩当须报，忍怨必从容，让人一寸，人宽一尺，与人共事，坚持公平。

3. 要谦虚，勿骄傲。周急济贫，友爱敬老，诚实不欺，有德有报。

4. 有事要忍，无事要正，容人之量，如海阔深。

5. 三人行，必有吾师，十步之内，必有芳草，择其善者而从之，其不善者而改之。

6. 交友有诚信，处邻要相依，求人先施济，为人要尽力。

3. 因 果 论

许乃让 作

世有以因果而诓骗者，亦有论因果而清晰胸次者也。

佛者曰："有因必有果"，轮环转生，欲死回生，善者为神，恶者为畜，神可司人，畜补过功。善善者上天堂为圣，司天地，管宇宙；恶恶者，入地狱，上刀山，下油锅。实则是，借假虚论来维系人心，迷信人智。

佛者慈悲，以戒杀生，清静无为，怡养坐功，泰然而生，脱化为神，是其可入极乐之世界也。

或曰：因者原因，果者结果。有如是之原因，必有如是之结果，凡物受光则影，凡人染菌必疾。月晕而风，础润而雨，此理之常，无足怪也。有生物体，全系血气。血气既竭，形为枯灰，此皆因果之验证，安能起死回生者乎？

神是各朝代封功臣之例，鬼乃鬼诈之徒，非徒以小善而得神也。

夫猪羊为菜，杀之何惜。蛇蝎为害，除之何忍。抢杀之犯，形之何痛。善戒杀生，未可一概而论也。

天者无形，火箭达月宫，窜宇宙。人类粗知太空之概，非司世之天堂也。地者有体，非因亡魂之狱也。何再天堂，地狱之谬说哉！

改造自然，装点江山，全恃人之智力，专志规研，方可达人类繁荣之极。若僵蛰隐居，清净无为，毋多期间，可绝人类，神祇何所由乎？

由是言之，万事成败，尊重实际。如种瓜得瓜，种豆得豆，实践证明，惟为唯物可为证。黄粱梦想，云雨巫山，空谈幻想，惟为唯心不可凭，迷信不可信。

（以上三篇录于许乃让著《桑榆诗文集》）

4. 后 记
许 乐 作
（录于许乐著作《香港电影的文化历程 1958—2007》）

这本书以我的博士论文为基础，在成书时增加了第三章里面的第四节，其他方面基本未做改动。

论文的写作时间始于 2007 年 2 月底，到 2007 年 8 月底完成初稿，2008 年 3 月又改一稿，最后完成稿约 21 万字，提交之前删掉一些梳理描述性的文字，以其中的 15 万字作为博论定稿。需要说明的是，本书既非大而全的香港电影史，也不是用现成的西方理论来对香港电影做的某种测量剖析，这里只是以我对香港电影的一点管窥——大约近两千部左右的观影量——作为研究基础，在梳理史料的基础上做的一点力所能及的文化研究与文化批评。香港电影的影片数量固然有限，但其涉及的历史文化却浩如烟海。对于写作这本书来说，我理想中的状态是想象自己正在夜色中凝神仰望星空，不断为自己又目睹到某颗星辰的闪光而兴奋不已。

据说爱因斯坦的学生曾经写了一篇论文给爱因斯坦看，爱因斯坦看了一眼就说，"肯定是错的，这个公式太丑了。"如果好不好看可以作为数学方程式对错与否的一个评判标准的话，那么好不好读自然也应该可以作为人文学科论文好坏与否的一个品评标准吧。自己虽不敢奢望这本书是什么美文，但毕竟还是希望写出来的文字顺畅一点，可读性强一点。有句话叫"文章本天成，妙手偶得之"。可惜自己不幸是一个拙手、劣手，在论文框架搭建起来之后，便像是《倩女幽魂》里面的书生遇到了小倩，感觉每天都要被其吸取精元魂魄一般。恍惚时，觉得好像不是自己在控制论文，而是已经"天成"了的那个论文在控制自己，吸引自己把一个一个的汉字在键盘上敲打出来。就这样，隐身于红尘世外的那个论文终于现身了，能够被肉眼凡胎看到了。现身之前，冥冥中总期待她是一个人世间从未有过的绝色女子，等真见到时反倒麻木了，眼看着对方已无法辨知其究竟是美是丑，只待有缘人日后给以评头论足了。

最后要说的自然是最重要的。特别感谢我的导师钟大丰教授，感谢他在论文及其他各方面给予我的无私帮助。虽然仅学徒三年，但恩师的言传身教令我终身受益。也感谢杨远婴、陈山、王志敏三位导师，三位导师的学者风范同样令我获益匪浅。感谢北京电影学院的张会军院长，研究生部的孙欣老师、高翔老师在本书出版过程中给予我的支持和帮助，也感谢中国电影出版社的李丹、于雪飞编辑为本书出版所做的努力和工作。感谢我的女友丁一晋，感谢她数年来的相依相伴。感谢我所有的亲人和朋友。感谢亲爱的读者，感谢您能够在百忙之中将这本书读完。谢谢大家！

许　乐

2008 年 10 月于同济大学解放楼 101

5. 序

许新民　作

（为金朝江同志的回忆录《历尽辛酸风雨路》而作的序）

金朝江同志的《历尽辛酸风雨路》就要面世了，在他将要步入古稀之年的时候，能够将他的人生经历展现在大家面前，这是他人生路上的又一件大事，值得庆贺。

人生和时间相伴而行，随着年华岁月的流逝，红日西下的花甲之年就会匆匆而至，把人们送上了将要退休的这个年龄段。退休回家，是国家公职人员进入老年期的一个确切而又具权威性的重要标志。人到老年，五湖四海闯荡过，五颜六色都见过，酸甜苦辣都尝过，伸屈荣辱都经过，饱经尘世风霜的历练，人生的经验丰富了，哲理性的思考也活跃了。在这个时候，人们都会自觉不自觉地回顾、思考、梳理、追述自己的一生。金朝江同志，就是在退休之后，开始回味、清点自己的人生历程的。几年前，有一次，我和金朝江同志在一起促膝谈心时，他给我倾诉了他悲惨的童年苦境，每在讲到辛酸过甚处时，朝江同志热泪盈眶，语不成声，其悲伤之情，难以言表，我听着他饱含苦情的讲述，也抑制不住自己的感情，双目含满了泪水。感伤之余，我建议他把自己的这段苦难历史，撰写成文，留传后世，以资为鉴。时隔几年，金朝江同志紧紧抓住退休之后自由支配时间充裕、思考撰写空间增大的有利时机，写出了追述自己几十年来的人生回顾——《历尽辛酸风雨路》的书稿，准备印制成书，并约我为其书文作序。我深感自己才学浅显，文力有限，总觉得力不从心，难以登上为人作序的雅座，为金文写出一篇比较好的序文，但思忖再三，实感盛情难却，只得受命从之，尽力而为。在尝阅文稿、细品其味后，使我触及颇深，我觉得金朝江同志经历的辛酸风雨，苦难深重，情意深切，其人其事，历历在目，感人至深，大有先睹为快之感。此后不久，我就趁空余时间，展纸握笔，把自己所闻所感诉诸纸面，以应朝江同志所约。

时逢盛世，人们在无忧无虑、尽享清福的同时，会把著书立说作为自己的时尚。近几年来，在我的案头，已摆放了十多本朋友赠送的印制精美的书本，其中绝大部分都是自编自印追忆人生的回顾，也有一些是专业性的经验之谈。金朝江同志不甘人后，顺应时代潮流，写出了洋洋六万多字的人生回顾篇章，做出了一件令人可喜可贺的人生大事和可以启迪后人、有益社会的好事，理所当然会得到社会的认可。一个人的经历所述在现在看来，有可能是比较平淡的，但随着时间的向后长远运行，它也很有可能成为某项重大历史的珍贵史证。在过去，著书立说，特别是撰写自传性的回忆录，一般都是名贵人物的专利，普通人在这个领域，只能望而却步，难以成行。这种局面，在改革开放东风劲吹的当今社会，正在被逐渐打破，它必将会增大写作队伍的力量，添补史学界对史实记载的不足，使史籍著作的花园更加呈现出百花齐放的诱人景象。在这个意义上说，金朝江同志的人生回顾这本书，不也是史籍著作花园中一支展示自己枝叶风貌的花朵吗？

人的生活是瑰丽多彩的，每个人的一生，就像是一部充满神奇故事色彩的电影拷贝，也像是一本写满人物轶事的文艺作品，其间内容浩如烟海，情节跌宕起伏，有欢乐、有悲愤、有成功、有失败，悲喜交集，成败相间，仔细品味金朝江同志的书稿，就会在他的人生轨迹中，看到不少对人富有启迪、激励作用的情节。其中最亮丽的要数以下三个方面：第一，刻苦学习文化知识，为自己铺就健康发展的人生之路，是金朝江同志在青少年时期折射出的第一个亮点。金朝江在苦难的童年期，由于过着寄人篱下的生活，很少有机会上学读书，从河南到山西，两次相加，他也只上过一年半的学校，但是由于他在以给别人打工为生时和在紧张繁忙的通讯员工作岗位上能够刻苦自学，积累了不少文化知识，终于给自己创造了一定的条件，使自己能够融入到为人民服务的行政工作岗位中，为以后成就幸福家庭打下了坚实的基础。其二，奋力拼搏，勤劳吃苦，是金朝江同志步入自力更生之路以后表现最为突出的又一个亮点。苦难的童年，使他过早地走向成熟，他在为别人打工、放牛时，还是一个年幼力弱的小孩子，但他身小志气大，干活卖力气，不仅可以得到比较优厚的工酬，吃上可以填饱肚子的饭菜，而且在森林丛密的大山中，赢得了一个精明能干的好名声。一时间，村里干部提携他，要培养他接替村里主要干部的班，乡政府一些领导也十分看重他，认为他是个勤劳肯干、不怕吃苦的好孩子。就此不久，金朝江便被安排到乡政府当了通讯员。由此，便踏上了革命的道路。第三，对工作认真负责、竭尽全力完成领导交给的任务，是金朝江同志人生旅途中始终坚持不懈的又一个大亮点。几十年来，朝江同志不论干什么工作，都是全心尽力，不畏艰难，干一件成一件，干一行爱一行，深受领导和同志们的称颂和赞誉。正由于此，才使得他一步一步，入升到局部级领导岗位上，更为他书写人生积累了许许多多宝贵的素材，增添了自己人生的亮丽色彩。

金朝江同志认真学习的情怀，勤劳刻苦的精神，认真负责的工作态度，确实是令人敬重的。如果不尽自己的能耐在人生的主要节骨点上磨炼出信心和意志、展示出一定的力量和才能，要想从扬牛鞭子的放牛童成长为手握笔杆子的乡、县干部，从单身苦独的穷苦汉到人丁兴旺的幸福大家庭，是不太可能的。金朝江同志在改革开放的盛世年代，不只是走过了几十年不太寻常的人生路，而且用自己的毅力和决心，较为完美地书写出了自己几十年的人生画卷。

人的生活境遇，难以超越时代发展的长河。生在旧社会、活在苦难中，凡是出生在中华人民共和国建国之前的我们这些同代人，绝大多数都是在呱呱坠地之后就浸泡在苦难的日子里，同他们紧密相伴的，除了近在身边的、正在为添人增口而苦苦相愁的一双父母外，还有一个就是难以摆脱的处境，那就是举家老小吃了上顿缺下顿、寒冬腊月无衣着的困苦生活。我们这一代至今已年及古稀的同龄人，大多数都从幼童年代起就饱受了辛酸悲惨的苦难。金朝江同志的童年，就是在血泪交融的苦水中，迈着沉重而艰辛的脚步，一步一步走出来的。每一个脚印都留存着说不完道不尽的苦难和深情；每段经历都饱含着辛酸和泪水。因此说，金朝江同志的幼童时期所历经的深重而又令人刻骨铭心的磨难，在同代人中，一般人是难以企及的。他出生不久，就和父母、哥哥、姐姐一家人在风雪交加的寒冬日子里露宿破庙，以乞讨为生；在童年时被养母用铁器打破了头，至今伤疤犹存；跟随第二个养父母，从河南千里辗转，一路讨吃要饭。来到大宁之后，不顾身小力薄，在深山老林中为他人放牛、耕地，受尽了常人难以经受的苦难。可以这样说：金朝江同志苦难童年的经历，是一本感人至深、可以用于教育后人永不忘苦的好教材。我想不只是金朝江同志的子孙后代会在《历尽辛酸风雨路》中得到教育、感受其益，未来一代又一代有机会阅尝金朝江文稿的青少年，无疑也会受到一定的教育、启发和诱导。

经过艰难困苦的长久磨炼，金朝江同志练就了一种坚贞不屈的性格，从来不低首下心、屈服顺从，更不低声下气、恭顺于强者。在以阶级斗争为纲的年代里，他也经受了不少挫折，但每次在巨大的精神和思想压力下，对人和事都坚持实事求是，不失自己的人格和尊严。这种气傲风雪的精神品质，同那些低三下四、唯命是从的懦弱书生相比，更显得十分可贵。

金朝江同志将要出版付印的《历尽辛酸风雨路》是他对自己大半生人生之路的总结和回顾，本书的印制问世，标志着金朝江同志给自己用血泪和汗水、勤劳和智慧、坚毅和决心写成的大半部人生经历画上了一个圆满而充实的句号。人至暮年，壮心不已。金朝江同志退休之后不享清福，不做闲人，发展养羊业，承包山庄卧铺，在新的征途中，发挥自己的余热，以坚实的步伐续写自己的夕阳人生，为社会贡献自己的力量。他的这种"春蚕到死丝方尽"的坚强决心，也是值得人们赞赏的。

时逢盛世，我们正处在一个国家繁荣昌盛、社会祥和安康、各项事业兴旺、人民生活美好的幸福时代。在这里，我想借此机会，衷心祝愿金朝江同志和所有的老年朋友身体健康，延年益寿，生活幸福，万事如意。

2009 年 4 月

第七节　民间生活小艺术

剪　纸

剪纸艺术在白杜村流传已久，可以说是家家户户都在应用着这门艺术。剪纸的种类包括窗花、喜字、纸帘、吊纸等。村人在过年的时候，家家户户在窗格上都要贴一些成双成对的各式吉祥窗花，如"春牛耕田"、"鸳鸯戏水"、"长命百岁"、"春暖花开"、"男耕女织"、"喜鹊登梅"等。炕窗窗格的四角上都贴有各种形式的剪纸角花。在灶君爷、财神爷、家神爷的印像纸上贴上剪制精美的纸帘。每逢喜庆吉日、为儿女结婚、生子等喜庆活动，都要贴美观大方的红色剪纸双喜字。每遇丧葬出殡，都要用白麻纸剪成门帘式吊纸，挂在门前。清明寒食在坟地扫墓祭奠时都要用白麻纸剪成状如铜钱的串串纸裰，用高粱秆夹住，插在已故先辈的坟头上，意思是为死者送钱币。千百年来的剪纸工艺不只是人民日常生活中不可缺少的一项重要内容，而且已成为人民文化生活中喜闻乐见的一个艺术门类。解放后在本村任教的第一任教师杨志礼，十分爱好剪纸艺术，她的剪纸曾获得县有关单位的奖励，得到过荣誉证书，还被登在临汾市优秀作品选集上。

绣　花

绣花是女人们用红、黄、兰、绿等彩色丝线在花布上做的五彩针线活计。这一民间工艺，在白杜村已有很长时间的历史。绣花一般用来装饰衣、帽、鞋、门帘等生活用具，在民国初年以前，老年妇女头上一般都戴着叫眉花条的帽圈，颜色为黑色、蓝色和灰色为底色，眉花条两边一般都要用各种花卉绣花作装饰。除此之外，妇女、儿童穿的裙子、睡觉用的枕头、门上挂的门帘子上一般都绣有各色图案。妇女的鞋帮上都绣有莲花、鱼儿，男性儿童的鞋头上绣老虎头，女性儿童的鞋上一般多绣花鸟，小孩的帽子上一般多绣虎头，妇女做饭时佩戴的草裙子，边上多为富贵不断头纹式，中间多为花卉图案，枕头上一般绣着一对鸳鸯或者是象征红日高升的两颗太阳，门帘子上一般绣的是"喜鹊报春"、五枝梅花、小鹿等花鸟图案。绣花艺术的发展，不仅美化了人们的生活环境，而且使人们的精神境界也日益广阔。

面　塑

面塑常常和大型节气、喜庆活动联系在一起。面塑制作一般分为三个类型：一是大年春节和清明节敬祀神灵和祭祀已故老人用的。在春节大年三十晚上，人们在设堂敬神时，都要在灶君爷和家神爷前摆上点缀着红、绿色的面塑枣衫。在门神爷、天地爷神位前摆放一个类似元宝状的面制花花。在寒食节时，人们把捏好蒸好的各种小型鸟兽家禽模样的面塑制品悬挂在酸枣刺秆上，分别摆设在灶君爷和财神爷的画像前，一直摆到清明节早上，再在案板上一个一个摘下（叫"打燕"），分给孩子们玩耍、食用。二是供人们在春节、寒食期间食用的专用食品。在春节前的腊月二十三过后，人们都提前蒸好在春节期间食用的食品，除了大量的里边装有鸡蛋红枣的馍馍外，还要蒸十分美观的面塑糕、花花、莲花等，这些蒸食，主要是用来供人们初一和十五之间食用。在寒食节前一二日，各家各户都用面蒸做一个同平时三四个蒸馍大小的猪头、大鱼、志忠（一般不分大人小孩、每人一件），供人们在寒食节这一天食用。按照传统习惯，寒食节这一天，人们严禁生灶火，这一天全吃寒食。寒食前蒸的大型面塑、猪头专供家中老年妇女食用，大鱼供年轻女性食用，志忠供男性食用。三是家中儿女结婚时，要提前捏制蒸作两个迎亲花糕和大花馍馍。迎亲花糕一般都像一个大瓷盘子一样大，一个花糕上扎着一盘十分精致的龙和"云彩天日"等面塑图案；一个花糕上别一支十分精美的凤凰和梅枝面塑图案，上面点缀各种颜色。龙、凤面塑栩栩如生，花卉图案姿态英俊，给人以龙飞凤舞之感。大花馍上点缀十分好看的图案，馍里包装着鸡蛋、大枣，表示婚礼圆圆满满、新婚媳妇早生贵子。

许文德木雕艺术作品曾获临汾市雕刻艺术铜奖

纸花、纸扎

纸花工艺在白杜村流传已久。这种扎花艺术在两种情况下广为使用，一是在婚事嫁娶上，由男方做两朵大绿叶红花，由新郎佩戴在胸前，到了女方家摘下一朵戴在新娘胸前。除此之外，男方迎亲的、女方送女的，也是胸前各戴一朵纸扎的大花，扎纸大红花是青年结婚时的必用品，所以人们对它的制作越来越精细，出现了一家比一家更加美观大方的竞争局面。另一种是在葬礼上，葬礼上的纸扎种类十分繁多，人们往往要在扎有松柏枝的灵棚上再添加各种色彩的纸花。在灵堂前摆放窑院模型的院子，在先逝的一位老人灵堂上只做半院院子，即一排房子，而当第二位老人仙逝后，举行葬礼时，即做成一座四合院子，叫做全院子。同时在灵堂前还得摆放纸人、纸马、金山、银山、童男童女以及聚宝盆、摇钱树、松、鹤等。近年来，还有用纸扎做小汽车、电视机、手机等现代化电器的。总之，人们总想让仙逝归天的父母和老人继续享受人间该有的生活乐趣，在最后一程的送别中，尽量表达自己对长辈的报恩之情。在这一点上，纸扎工艺在一定程度上起到了人们寄托哀思的重要作用。

第八节　民间文艺

庙会戏曲

在白杜村自始建隆兴寺大庙之后，一年两次的庙会活动，从康熙年间开始，一直延续到民国初年。在庙会期间，既有从外地请来的戏班子助兴，也有来赶庙会的小货郎担，更有大量的亲戚朋友来到白杜村，一方面串亲访友，一方面赶庙会，敬神烧香看大戏，村子里热闹非凡，这种庙会后来随着大庙拆毁坍塌而完全停止。

打火把

打火把也是白杜村的一个传统活动。这种活动一般是在每年正月十五元宵节的晚上进行，这一天晚上，人们吃过象征合家团圆的元宵之后，每家背一捆柴火送到十字街，准备"打火"，传说谁家背的柴火多，谁家一年得到的福事、好事就多，所以人们都争多恐少地往十字街中间送柴。因此每年的柴火堆都十分高大，当火把点燃后，呼呼燃烧的火苗直冲云天，全村老少聚集在一起，说说笑笑，热热闹闹，共同度过这个难忘的时刻。人们一直要到很晚才陆续离开十字街回家休息。"打火把"在人们的心目中不亚于过年的热闹，因此，元宵节亦有"火把节"之称。

打秋千

历年来，打秋千也是白杜村村民在年关春节期间的一项主要文娱健身活动。每年的腊月二十日以后，村里人在筹办新年的同时，还用两根高木杆子，在十字街搭成架子，系上两根长绳子，下面拴上一块木板子，人们靠在木板上用脚蹬的力量，在空中前后摆动，就叫做打秋千。这是一项惊险而又有刺激性的健身运动。从正月初一开始，一直延续到二月二日龙抬头的日子，因为开始"动农"方才结束。"打火把"和"打秋千"的活动，随着电影、广播、电视等新型文化活动的开展，到了二十世纪六十年代以后，逐渐消失。

听鼓书

白杜村虽然没有说鼓书的艺人，但是听鼓书在白杜村也是一项由来已久的群众性的民间艺术活动。村里人把演唱鼓书的艺人叫做"说书的"，说书的一般多是盲人，他们所用的乐器是三弦、大二胡或琵琶，一个人连说带唱。鼓书采用的是民间小调，也有用河南坠子腔的。说唱的内容比较广阔，大多选用戏剧中的小段节目，但也有不少连续上演几天几夜的大型节目。内容有"封神演义"，"吕布戏貂禅"，"包公案"，"梁山伯与祝英台"等等。聘请艺人打鼓书，都是在秋冬农闲时节，村民们有在此前生灾害病、曾祈求神灵保佑化灾为祥而给神灵还愿的，有生儿育女、进财的，都会请说书的，多者三日，少者一日，在自己家里说唱到每晚很晚（白天休息），也有的是几家凑点钱合伙请说书艺人来说唱，但这种活动，亦被电影、电视和社会开展的文娱节目所取代。

第九节　民　歌

民歌，是白杜村村民在茶余饭后、田间地头常常高歌引吭、非常有趣的一项民间文娱活动。在解放前，人们怀着苦楚的心情，多唱像《打长工》、《小寡妇上坟》、《哭丈夫》和《走西口》等悲伤式民间歌曲。抗日战争和解放战争中，村里人也传唱抗日民歌和送夫参军民歌。解放后，歌颂共产党、毛主席的一些歌曲，在白杜曾久唱不衰，如《没有共产党就没有新中国》、《东方红》、《刘胡兰》、《山丹丹开花》等。反映人间爱情的歌曲，如《梁山伯与祝英台》、《兰花花》等，在青年人中也多有传唱。近年来，有关歌颂改革开放大好形势的民歌在白杜学校和青年人中也传唱不息。

第七编　设施建设

第一章　房窑院落

第一节　家户住房

白杜村有史以来，村民大都居住在土窑洞里。土窑洞同其他住房相比，具有冬暖夏凉的特点。也有少数住户住在用泥坯圈成的"泥坯窑"。做法类似砖圈窑，只是窑腿要比砖窑更宽些。泥坯窑上一般都要用瓦或者是石板铺垫，以防久雨湿透泥坯，造成塌窑。土窑，一般都是在土坡上壁堑成一个齐面，俗称"窑面子"，然后在窑面上掏成一丈二左右宽、深浅不等（一般在三到四丈深）的窑洞，装上门窗，切割好烟筒，盘上炕，就可以住人。村人很少有人建造房子，只是为了拴育牲畜，一般只用少数檩条，用土坯垒或土夯作墙壁，再用泥土浆抹顶，做成一个简单的土房子，当作畜圈在里边喂牛、驴、骡、马等。

白杜村还有三院特色窑叫"地窑院"，这种窑都建在地平面以下。地窑院就是在平地上开一个斜坡出土的口，把土一筐一筐一直往出挖，挖出一个长四方形，高约五六丈深的三面直壁（直壁即为窑面子），长一般在八九丈，宽也在三四丈的院子。把出土的地方留成走人的大门，其余四面都可在堑好的直壁上（即窑面上）掏成窑洞，一个地窑院即可掏成七八孔大小不等的窑。因地窑院地势太低，下大雨雨水流不出院，所以院内必须打一眼较深且大的旱井，不管老天下多大雨，都流在了旱井内。旱井水一般可供人洗涤和家畜家禽饮用。全村 3 个地窑院，只有许致祥的地窑院一直保留到解放初期的 1948 年才完全坍塌，其余到民国初年间，只留下个大土坑，有些破窑洞还略有存迹可见。

解放前，白杜村还有 3 个砖窑院，1 个青砖套土窑的四合院。3 个砖窑院，有两院在民国初年就已经坍塌得不能住人，只有西圪崂的东北坪有一孔砖窑至今还能住人。青砖套土窑，就是东圪崂许毓麒家的旗杆院，该院共有大小窑洞 7 孔，南面有 5 间砖木结构的大客厅，客厅正上方挂有 3 面金字大牌匾，一面上书"嘉惠青年"，是给许毓麒挂的，一面上书"纯孝可风"，是给许毓麒的儿子许锦堂挂的，一面上书"深明大义"是给许锦堂的儿子许光谟挂的。这 3 面牌匾都是当时的县衙赠挂的。此外，许毓麒家旗杆院外还有 5 孔土窑洞，他家是全村房窑最多的一户。

许毓麒家旗杆院外貌

到解放时，全村共有土窑六七十孔，包括土坯窑 5 孔，旗杆院砖套土窑 7 孔。旗杆院南面的 5 大间客厅及其象征他家三代人荣誉的牌匾，被日本鬼子点燃的熊熊大火烧了个精光。

实行分户联产责任制后，从 1981 年开始，白杜村民先后在村子坪里修建砖窑。许文德、许建德、许银有、李进宝等几户是最早在坪里修建砖窑的家户。九十年代，这种修建达到了高峰，人们用拖拉机在麻束沟拉石头作窑基，在麻束沟等地买砖等作料，雇佣璇窑技工作大工，再在村里或外村亲友中请人帮工。就这样，各家各户，一座又一座宽敞明亮的坐北朝南大院都先后被建了起来。截至 2009 年，全村共建新窑院 60 多处、砖窑 183 孔。与此同时，在县城和外地工作的人，也都购买和自建了不少房屋，据统计，白杜在村和在外的人均拥有的房屋，从数量和质量上都大大超过了解放前。

第二节　公用房舍

解放前，白杜村除寺庙内的房子外，村里再没有公用房舍。解放后于五十年代村里出工出料（利用旧砖）给学校圈了 5 孔砖窑。1998 年，在县教育局出资帮助下，在学校院内又修建了 3 间教室。

2008 年，在隆兴寺遗址南面修建了 3 间砖混结构的平房，作为村民委员会办公室。

第二章 道 路

解放前，白杜只有一条通过上麻束到县城的所谓官道，再就是不知多少代人担牲口驮水的西河坡道，其余只是些放牛放羊行走和到农田耕作时走的小道，交通十分不便。

二十世纪60年代，从太原等地来的知识青年上山下乡来到了白杜村峪里沟，组建成水土保持建设队。一开始政府为他们圈了二十多孔砖窑，打了一部分土窑。为了解决交通问题，县政府出资，知青水保队出工，用了一年多的时间，修建了从县城到白杜峪里沟的20华里乡村公路。在修建公路中，白杜村积极协助，主动让地，从而使白杜成了全县唯一垣面村庄通公路的村子。

1986年，由县上出资五万元，采取取土垫宽、开挖坡道的办法，将西坡崾修好，从而打通了白杜村到安古塬的道路，使千年堑道成了汽车、拖拉机可以通行的乡村公路。

2009年，政府出台实行村村通水泥路（油路）的政策后，由国家财政出资25万元，把麻束沟到白杜、白杜到安古塬的10多里乡村公路铺成了水泥面道路，大大便利了人们通行，为发展白杜经济奠定了良好的基础。

大宁通往白杜村的二级公路

昔日通往白杜村的崎岖小路，改造为能通汽车的水泥路。

第三章　电　力

　　白杜村是全县通电较早的乡村之一。1985 年，县电业局把白杜村作为通电村子开始架设线路。村里的干部李连文等人，亲自到襄汾购买电线杆，雇用公社电工施工，从而节省了不少开支，使白杜村通了电，人们开始过上了用电灯照明的生活。但因管理不善，设备多有损坏，再加上人们不能及时给电业局缴纳电费，1987 年又停止了供电。1999 年，在县政府的支持下，又重新挂线，购买变压器，村里的低压线也全部改为水泥电杆，经过几个月的努力，白杜村又重新通了电，从此，村里不仅晚上点上电灯，做饭用电动鼓风机，烧开水用电热壶，洗衣服用洗衣机，米面加工用电动机械设备，家家户户都有彩色电视机，人们基本上过上了电气化的生活。

输电变压器

第四章　人畜吃水

　　祖祖辈辈以来，白杜村人畜吃水靠在西河坡用人一担一担往家里担水，用牲口一驮一驮往家里驮水。吃水贵如油的艰苦日子，不知过了多少代，特别是一些没有劳力和牲口驮水的农户，吃水更是难上加难，只得靠妇女孩子用葫芦往上担或两个小孩抬一桶。有时候两个孩子抬一桶水，到了半坡，稍有不慎就会洒到地上，不得不重新下沟去抬，十分艰辛。解放后，政府号召人们打旱井，一来可解决人畜用水，二来可保持水土。但是，因为雨水水质欠佳，一般人只用来饮牲口，人们的饮用水还是不得不到沟里去担、去抬。

　　二十世纪 60 年代，由政府出资，在西河沟安装了柴油机，并架设了 300 多米通水钢管，把西沟井里的泉水抽到了村里的几个旱井里，人们开始不用下沟就吃上了山沟里清澈的泉水。但是由于管理不善，抽水的柴油机被盗，抽水上塬又被搁置了下来。人们吃水有的在上麻束村掏钱买（麻束抽水上塬工程管理得好，设备没有损坏），有的用拖拉机在峪里沟往回拉，十分不便。2007 年，在国家村村通电、通水、通路政策的有力促进下，又由国家投资、县水利局设计施工，在园子沟安上柴油机和引水上塬管道。2009 年，又给各家各户安上了自来水管道，2010 年村里人吃上了自来水。

家家吃上自来水

第五章 电话 手机

　　早在二十世纪70年代，就由村里出资、出木质电杆，国家扶植部分资金，从安古公社所在地将电话线拉到白杜，在大小队干部的家里安上了电话。但因管理不善，电话线（铁丝）多被人们偷割走，时断时通，不几年即全线报废。2007年，县移动公司投资，把闭路电话线接到白杜，白杜村50多户人家就有20多户安上了程控电话，大大方便了人们的对外通话和交流。随着移动电话的发展，更加便捷的手机进入了千家万户，白杜人也开始使用手机。截至2009年底，在白杜村人中，就有50多人使用了手机，更加便利了人们与外地沟通和交流。

手机信号塔

第六章　农产品加工

　　通电以后，白杜村许继成自己出资购买了一套米面加工机械设备，在自己的房舍内建起了一个小型米面加工厂，从此村里人再也不用在古老的石磨、石碾上加工米面了，用机械磨米磨面省时省工，花钱也不是太多，大大方便了人们的生活。

过去家家磨面的石磨

第八编　赋税　借贷　摊派　差役

第一章　农业税赋

第一节　田　赋

清代赋税沿袭明末的"一条鞭法"派征。把田赋、徭赋、杂税折合为银两，分摊在田亩上，进行征收。到雍正年间，实行"地丁合一"的办法，摊丁入亩，将丁银平均摊入田赋粮中统一征收。此后，由于政府开支增多，军费开支增大，到嘉庆、道光以后，田赋大有增加。光绪《辛丑条约》签订后，为筹措给八国联军的赔款，田赋内不仅加有"余平"又加"亩捐"致使百姓负担加重，苦不堪言。

民国初期，田赋仍采用清代末年的粮银数额为征收依据，分夏秋两季征收，田赋改银两为银元，每两银子折征银元1.6元。1942年（民国三十一年）实行正税加附加税的征收办法，正税即国家征收的税，附税即省、县附加税，人均负担0.6银元。白杜村1943年（民国三十二年）共交正附税银元95.2元之多。

1944年（民国三十三年）开始实行以粮食、棉花、实物代替货币的办法，以原田赋银两为基础。每两粮银征收小麦1石，夏秋各征一半。"兵农合一"后，田赋征购粮食更加成倍增加，即每两银两征1石，购2石，附加（民调粮）3石，马料4斗，代购5斗。随征山药蛋400公斤，饲草500公斤。而且每征1石粮加征水份粮1斗，不计征购粮数，使每两粮银实征购粮食高达8.5市石之多，可折银元14.03元，比民国初多交7.7倍。1943年，白杜村被征的粮食达380石之多，每市石150斤，全村合52500斤，折合银元660元。白杜村1200亩地，正常年只能产七八万斤粮食，这样被征购去的粮食就达到65%。如此庞大的田赋税收，绝大多数农户根本无法负担，大多数人受此所迫，只得背井离乡，造成田亩大量荒芜，人民处于水深火热之中。

第二节　农业税

大宁解放后，从1947年开始，改田赋为农业税。因为以粮计税，又称公粮，并且实行有征有免的负担亩制，使农业税的征收只限于有农业收入的土地。征收的具体办法是：以全村农户土地平均常年应产粮食为标准，每产一石谷物的耕地为一个"标准亩"，每个农业人口免征一个标准亩，牛、驴、骡、马也适当减免，其余为负担亩。农业税率为负担亩的15%，每个负担亩每年征收税米（小米）22斤。1950年至1951年，对全县耕地进行丈量和产量评定。通过查田定产，1951年，白杜全村耕地为1200亩，计税耕地为1003亩，年征正税和附加税粮食总数为8628斤。

1958年实行人民公社以后，改负担亩制为比例税制，取消免征点和扣除，税额稳定在农业总产值的4%—5%，以生产队为单位缴纳。以1969年为例，白杜东西圪崂两个生产队共产粮食138000斤，共交税粮为7000斤。

1976年，恢复"以率计征"的办法。税额占粮食总产的10%，另按正税的15%征收地方附加税，以小米计征，每斤单价0.113元，全县平均税率为11.5%。

1982年起执行有"起征点"的计征办法。起征点的标准为核算单位人均吃粮标准在340斤以上和人均收入在50元以上，凡达不到这两项标准者免征农业税，符合其中一条者减免税额。起征点以1979年至1981年三年平均产量为常年应产量，扣除种子、饲料和1%的生产用粮后，按参加分配人口的口粮标准计算，人均收入以分配决算数为准，这些年份，白杜村除正常年都在农业税征收范围，不予减免。

1982年实行土地承包责任制后，农业税的征收下达到自然村，由各村按承包地亩分算到户进行缴纳。从1984年起，为便利农民纳税，由征收实物改为征收现金，农民纳税，既可缴纳粮食，也可缴纳现金，粮食价格按平均30%计，议价70%计算。

第三节　农业税减免

从1951年10月起，农业税执行"轻灾少减，重灾多减，特灾全免"的农业税减免办法。1954年省政府规定：歉收二成以上、四成以下，歉收几成减免几成。四成以上不满五成，提高半成减征。五成以上不足六成提高一点五成减征。欠收六成以上全部免征。以后一直沿用此办法，只是在成数上略作调整。由于白杜冰冻灾害和旱灾较多，按成减免农业税的年份十有六七之多，以1970年为例，本年白杜村于5月25日下了特大雹雨，大秋基本绝收，因为大秋作物在全村所占比例较大，大大超过应减免的六成，所以当年农业税被全部免去。

2003年以后，又实行税赋改革，以亩征税，每亩为1点28元，以户计算，按户缴纳。白杜全村计征税1125元。

2004年，国家对农民实行免征农业税的政策。从此以后，白杜村和全国农民一样，结束了两千多年以来"种地缴税"的历史，不仅如此，从此以后，国家还对农民实行了多项补助，如种粮补助、购买农具电器补贴，人们高兴地说："古往今来几千年，祖祖代代都纳粮，旧社会催粮要款逼死人，如今种地免税还补钱，自古以来无此事，开天辟地头一桩，永远紧跟共产党，一心一意奔小康。"

第二章 借 贷

第一节 向个人借贷

1947 年以前，向他人借贷者一般多为贫困户。他们在青黄不接、断顿缺食的时节或是遇有紧急情况需要钱财，如生病、结婚、动土修建等十分无奈的情况下，向他人借贷，而出借者往往又多是有钱的大款户，借贷一般都是高利贷，其形式有以下几种：

典房地产

贫苦农民因生活所迫，把自己的房屋、土地以契约形式贱价典给富户人家，限期赎回，如逾期，即成"死契"，也称"绝当"，在典期内，如地主要出卖典产时，典主享有优先购买权。

卖青苗

贫困人家一般很难有储备粮，而且一年收的粮食十分有限，再加上官方苛捐杂税、乱摊乱派，粮食所剩无几，常常是春来等不到夏季，小麦吃完等不到大秋。在这种青黄不接的情况下，为了能解决生活问题，贫困户就将自己长在地里的部分青苗略加估产，以低价予以卖出，价格一般不到粮食收获后的 50%，使借贷者蒙受很大损失。

借 粮

无粮户向有粮富户借粮，一般是春借夏还，借一斗玉米或谷子，夏收后还人家一斗麦子，或者是春借秋还，借一斗小麦到秋收后还二斗秋粮。

借 款

借贷有几种形式。一是出手利。借钱人具保立契，按契约上的数目得到借款时，先把利息从借款中提前还给出贷者，到期再还本钱。二是利滚利。借款人到期不能偿还借款时，就变利为本，本利生息，使得借款数越滚越大，变为永远还不清的"阎王债"。三是劳役制。借钱后，借款人以劳役代利，以身还债。由于过高的利息和增值，常使负债人沦为长工。1947 年解放后，上述借贷形式不再存在。

第二节 信用借贷

1952 年白杜村和上、下麻束三个村联合，由村人集股成立白杜村信用合作社，由李进仓任合作社主任，许乃让任会计，上麻束马兆兰任出纳。信用社一面吸收村民存款，一面为村民发放贷款，帮助村民解决发展生产及生活困难问题。这种村级信贷组织终因规模太小、股金有限而周转不畅，只一年工夫不得不将业务交给乡信用社，村民有了困难向乡信用社贷款。1956年农业合作化之后，农业生产贷款全成了集体借款。在第二个五年计划期间，因大跃进和三年困难，集体农业贷款成倍增长，四五年功夫，白杜大队在农行、信用社贷款数额高达七八万元。1963年，政府为了减轻集体经济的沉重负担，在全县豁免了1961年以前所欠银行贷款281万元，1964年又核销大队生产队购买不适用机器贷款114万元，白杜大队的沉淀贷款也随之被减免，从而大大减轻了群众负担。

实行生产责任制后，农户用来购买农用机械和房屋建设的贷款有所增加。从1981年开始到2010年30年时间，白杜村向农行、信用社贷款总额5万余元，但多是边贷边还，基本上没有沉淀现象。

第三节　存款储蓄

大宁县的储蓄存款业务始于1951年，但在解放初期和人民公社化时期，因生产发展缓慢，群众手头很紧，村里人存款者极少。改革开放后随着积蓄的增加，农业银行、信用社和邮政储蓄开办活期、定期、零存整取等多种形式的存储业务，白杜村的储蓄存款总额急骤上升。到2009年，全村在金融机构储蓄存款金额高达500多万元。人们把钱存在金融机构，又安全又方便，可以随用随取，十分简便。

第三章 摊派 差役

第一节 摊 派

摊派是历来除应征公粮（即农业税）之外，农民的又一大负担，在旧社会特别是阎锡山实行"兵农合一"后，对老百姓的摊派十分杂乱，名目十分繁多，如官鞋、官布、牲口饲草、马料、军人慰劳品等，甚至育林、办学也向群众摊派钱、物。解放后，摊派现象基本不再出现，随着人民生活水平的改善和政治觉悟的提高，政府在一些地方出现灾害时，号召人们捐资帮助灾区人民，但这种捐助完全是自觉自愿的，数额不限，参加的人数没有要求，和摊派有着原则的差别。

第二节 差 役

人们把村里派去给官方干活的差役叫做支差，在清代县衙修缮、城池缮修等，多数劳工是向各村征派。

民国时期，特别是解放前夕，阎锡山政权为了维护其统治，在县城周围山上大修碉堡，大挖战壕，在南山、北寨挖通了许多山间地道，这些用工量十分庞大的工程，全由在各村征派的差役来完成。前后用了二三年功夫，最后落了个有备无用，白白浪费了人们的工夫和力气，除此而外，还经常抽调民工、差役为阎锡山政权长途运送粮草。解放后，群众出公差多是公益性的一些事情，如修建水库。一次是 1958 年大宁、隰县合并后，大抽劳力在黄土下庄修建水库。一次是 1979 年在太仙河修建水库中水冲填土试验性水坝，整个工程投工 210 多万个，投资 93 万元，历时近 2 年。所有这些用工，全部都是在各村各队抽调民工。另外一个项目就是修建公路。南川公路、东川公路都是在全县抽调劳力。公路修建从 1953 年开始，基本上年年不停，那些年头，修公路全靠人工操作，费时又费力，进度十分缓慢，县境之内一条公路的开通，成百成千的民工往往需要二三年，甚至四五年工夫才能完成。到 2008 年以后，修路基本实现了机械化，再也不用派民工修路了。

进入新世纪以来，县上基本上制止了派差派工的问题，不支差，不纳粮，不交税，农民活得越来越轻松自如了。

第九编　村政组织　党派团体　民政兵役

第一章　村政组织

第一节　封建社会时期

元代初期，有官方引导民间组织的"耕社"组织，各家之田，由"耕社"组织耕作，"间有病患之家，共力先耕之"，由于此种村政生产相一体的组织，连年"田无荒秽、米皆丰收"。随后官方又规定"诸县所属村，凡五十家为一社"。社长组织居民垦荒耕作，修治河渠、经营副业，使社成了当时的农村基层组织。50 家为一社，这是一个最高数量的要求，不足 50 家的村落，自然以一村为社。

明代编户单位为里、村，全县共编 10 里，里设里长，里长专事负责查匪缉盗、派收粮银。里辖村，村设村长，专管本村事务。白杜设村长一人。

清代初沿袭明制，后改为里甲，每里编 10 甲，每甲 70 户，甲下为间，每间 30 户左右，间下设牌，每牌 10 户。白杜设间，间下辖 3 牌，各牌属户，俱开列牌号、姓名、年龄、性别，以便里甲官员稽查人户。

第二节　民国时期

民国初期，亦沿用清朝末期建制。民国 6 年（1917 年）开始实行编村制，编村下设间，间下设邻。白杜村统设为间，全村分设 3 邻。间设间长一人，主管公务、民事、赋税、教育等事务。邻设邻长一人，协助间长完成公务。民国 28 年，实行区村制，区下设编村，编村下设间。白杜村仍为间，属上茹古编村管辖。间设间长一人。1943 年以后，许得胜为白杜间长。阎锡山实行兵农合一后，全村编为 10 个编组份地小组。由于为阎锡山在村里催粮要款，收缴官布、官鞋，有时还发生捆绑吊打村民的问题，村民对间长十分愤恨。解放后，群众要把许得胜划为恶霸，但因许得胜有积极表现，才免戴此反动"头衔"。

第三节　中华人民共和国时期

民国 36 年（1947 年）5 月 27 日，大宁第二次解放之后，白杜村即成立了农会，即由贫下中农为主体的农民组织。农会领导办理村里的工作，农会设主席一人，李五常为农会主席，农会领导了当时的土地调整和土改工作。

1949 年中华人民共和国成立后，全县仍设立 3 个区公所，辖 9 个行政村，白杜村辖属小冯村公所。

1954 年，白杜村设立了初级农业生产合作社。1956 年，转为高级农业生产合作社，许建德担任高级社管理区主任。从这时起，村里就开始实行政社合一的村政组织，农业社主任既领导组织和管理村里的生产，也领导村里的行政事务工作。1958 年，实行人民公社化后，从公社到生产大队、生产队，完全实行了政社合一的行政管理体系，白杜村和上、下麻束合设一个生产大队，白杜村东西圪崂分设两个生产队，简称东队和西队。人民公社设管理委员会，其所有党政干部都属国家干部，生产大队和生产队的干部都是在队里享受劳动工分补贴的不脱产的兼职干部，同社员一起劳动，一起参加分红。

公社化以后，大队设管委会。管委会一般设主任一名，副主任一至二名，设会计一人，保管一人。生产队设队委会，队委会设队长一人，副队长一人，会计一人，保管一人。人民公社不仅是政社合一，实际上是党、政、社合一。大队党支部书记是大队的一把手，大队的党务、政权、财务、民事全由支部书记一人主管，人们有"大队小天下，支书说啥就是啥"的说法。

1981 年实行生产责任制。1984 年 7 月，延续了 20 多年的人民公社化组织全部撤销，全县原有的 10 个公社改为两镇 8 乡。安古人民公社改为安古乡，人民公社改为乡人民政府，白杜村属安古乡人民政府管辖。生产大队改为村民委员会，村民委员会设主任一人。生产队改为村民小组，村民小组设村民小组长一人，白杜和上、下麻束仍为一个村民委员会。

2001 年，山西省实行撤乡并镇，安古乡被撤销，并入昕水镇（原城关镇），白杜村村民委员会又和上麻束村民委员会合并成一个村民委员会，仍称白杜村民委员会，白杜村东、西圪崂也合并成一个村民小组。

从 2006 年开始，村委支部书记、村委主任、会计、村民小组组长等人由国家支付辅助工资，村干部的报酬得到了解决，也减轻了村民负担。

第二章 党派团体

第一节 中国共产党

白杜村的许建业是大宁县第一个参加中国共产党的革命青年。许建业 1932 年在本县高小毕业后就考入太原友仁中学。此后，他和进步同学在一起逐渐接受了马列主义。从 1934 年起，许建业就和同学们在一起，开展革命宣传活动。1935 年正式加入中国共产党。同年九月，因太原党的组织遭阎锡山破坏，陷入了白色恐怖。许建业返回大宁白杜村，由于他在白杜村积极开展革命宣传活动，对白杜村一些青年启发教育很大，使一批青年先后走上了革命的道路。

许科堂 1937 年参加牺盟会，1938 年 9 月加入中国共产党，是继许建业之后，白杜村第二个加入中国共产党的革命进步青年。许科堂入党后，随即担任了白杜党支部书记。晋西事变后白杜党的组织遭到严重破坏，白杜村的党支部组织在白色恐怖的急风暴雨中彻底受到破坏。

1947 年大宁解放，1948 年许建德、李进仓、许登堂、许建功首批入党。白杜，上、下麻束和大、小冯村是一个党支部。

1951 年到 1952 年，许建德先后担任小冯党支部宣传委员和组织委员，并兼任白杜党小组组长。1953 年，东房村设了行政村，白杜划归东房行政村，许建德又被选为东房党支部宣传委员。

1955 年，白杜村建立了党支部，许建德担任党支部书记，成为解放后白杜村的第一任党支部书记，许建德的党支部书记一直担任到他 1960 年 5 月正式脱产参加工作。

1960 年，李进仓任白杜大队党支部书记。"文化大革命"中，造反派夺权后，党支部变成党的核心小组，许金奎于 1967 年到 1968 年担任核心小组组长。1968 年到 1970 年李廷杰任核心小组组长。

1971 年白杜生产大队又恢复了党支部。1971 年到 1973 年由李廷杰担任党支部书记，1974 年到 1979 年，许银有担任党支部书记。1990 年到 1993 年，许宝平为党支部书记。1994 年到 2010 年许廷生为支部书记。

第二节 国民党和同志会

解放前的国民党统治时期，人们把它们统称为旧社会。在旧社会也有不少党派和团体。**国民党**

1931年春，大宁组建国民党县党部，开始发展党员。1939年成立区分部。抗日战争时期，由于阎锡山不想让国民党插手山西，对国民党组织采取"党让存在，限制发展"的态度，国民党如同虚设，无所事事。1945年，大宁有一部分阎锡山政权干部为取得政治资本，分批参加了国民党。不久全县又有200多名小学教员被县党部造册登记，未通过本人，算作集体入党。到1946年底，共有500多名国民党员。解放前，在旧社会干工作的人，大都参加了国民党。白杜村参加国民党的有许尊慎、许尊由、许建康、许乃让等。国民党后期，给各地都派有入党任务，县、区、村一些机构为了完成任务，把村里一些老百姓，也未经过本人同意就填表存档，收为国民党党员，甚至谎报为国民党组织的干部，白杜村也有上报的假国民党员。

同志会

同志会总称为民族革命同志会。是阎锡山在山西组织的一个政治组织。1940年，同志会在大宁各编村建立同志会支部，并设各专职特派员。各村设村特派员，从此同志会组织在大宁大批发展。各高级小学都建立了同志会分会，在十四五岁以上的学生中发展会员、建立小组、设立小组长。从1943年开始，同志会实际上主宰一切。同志会由主任、县长、国民兵团团长三人组成"三人小组"，群众把它叫做"杀人小组"，作为县的最高权力机关。同志会的权力高于一切，同志会组织内部实行特务统治，"互相监督，循环检举"，阎锡山利用同志会对人民实行法西斯统治，人们言行稍有不慎，即被妄加"政治嫌疑伪装分子"罪名，就会被令"自白转生"、"自裁"或处以极刑。同志会入会大都是集体加入或按户口录入。同志会在发展中，那种为了完成任务而谎报人数甚至党内（会内）职务的做法，本是一种假现象，但这种做法都在解放后的镇反、肃反中给一些人带来了严重危害。国民党、同志会的档案上有一些人的名字，甚至有其在党内、会内任职的记载，但本人不但没有参加，而且连知道也不知道。肃反中凭历史档案记载要其交代，其说没有，还被认为是不老实交代，有的就被冤屈定为反革命分子。白杜村旧社会在外工作的许尊慎等人在"文革"中屡遭批斗，大多是因为参加国民党和同志会的问题。

第三节　牺　盟　会

山西牺牲救国同盟会是在国共合作时期，于1937年建立起来的一个抗日进步组织，它虽然是在阎锡山政权的领导组织下成立的，但其各级领导成员和一大批牺盟会会员都是共产党员。白杜村的许科堂、许凤堂、许执奎等都是牺盟会会员。

第四节　农会和贫下中农协会

1947年7月大宁解放后，白杜村即成立了农民协会。农会主席由李五常担任，其主要任务是领导群众进行反奸反霸和土地改革，随着土改的结束，农会完成了自己的历史使命。

1963年10月，白杜大队成立了贫下中农协会，无产阶级"文化大革命"中造反派夺了大队领导权，白杜村成立了党的核心小组，由大队贫协主任许金奎担任了核心组长，而后贫协主任一直由白李富担任。1981年，随着各级贫协组织的普遍撤销，白杜村贫下中农协会也完成了自己的历史使命，宣告撤销。

第五节　中国共产主义青年团

1950年8月，白杜村建立了中国新民主主义青年团团支部，团支部书记是李廷杰。团支部成立后，即带领全村团员青年积极参加抗美援朝、镇压反革命和扫盲识字运动，充分发挥模范带头作用，成为党的得力助手。团支部在白杜村积极发展团员，当年就有许新民、许芳有等一批青年加入青年团组织。1957年5月，中国新民主主义青年团更名为中国共产主义青年团。白杜村广大团员青年在农业合作化运动中，带头加入农业社，带头积极参加劳动，带头参加和完成党支部交给的各项工作。

"文化大革命"初期，白杜村团的组织曾一度瘫痪。1971年团的组织走向正轨，在团县委的号召下，白杜村团支部带领全大队团员青年积极开展"生产斗争突击队，科学实验先锋队"活动，在生产队大种试验田、丰产田和种子田。实行包产到户责任制后，村民小组和村委会为了减轻群众负担，决定只有村支书、主任、会计和村民小组长等少数几个干部享受补贴，其他各种组织如青、妇、民兵不再设立专门干部，故团的组织活动也大为减少。

第六节　妇女组织

1953 年，白杜村成立了妇联，任银翠任妇联主任。妇女有了自己的组织，从而使全村的妇女工作步入到有组织有领导的正规渠道。50 年代，妇女组织主要是组织动员妇女参加互助合作，开展扫除文盲活动，一些青年妇女打破了在旧社会整天围着家庭琐事转的旧风俗，走出家门，走向社会，积极参加农业生产劳动，参加社会活动。人民公社化后，在政社合一的原则指导下，大队妇女队长就是当然的妇女主任。生产队的妇女队长也就是生产队的妇女小组长，村队的妇女干部随着大小队干部的调整而作相应的调整。

第七节　少先队组织

白杜小学的少先队组织是 1952 年 5 月开始建立的，学校 26 名少先队员组成一个中队委员会，由老师担任中队辅导员。"文化大革命"中，因各地少先队组织被红卫兵组织取代，白杜学校少先队组织的活动也处于停顿状态。1981 年后，白杜小学的少先队才得以开始活动。但进入新世纪后，由于在龄学生转到他地念书的人数太多，白杜学校学生减少到个位数之内，少先队组织基本上成为形式。

第三章　其他社团

第一节　义　和　团

清光绪二十六年（1900）5 月，大宁开始有了义和团组织。义和团首领为张喜灯、贺彦平，二人都是大宁人。义和团在县城西门外西坛庙设坛拜祭，召集民团练武。据口碑传说，白杜村当时亦有数名习武青年参加了义和团，但因再无翔实资料，详情难以纪实。大宁义和团于同年 8 月 12 日在首领张喜灯、贺彦平带领下，攻打洋人在大宁举办的教会，他们焚烧教会设施，杀死英国籍传教士聂凤英和荷兰籍传教士郗秀珍。事后在西方列强的威迫下，清廷下令镇压。其首领贺彦平被杀害，知县曾季凤被革职。清廷还责令大宁给洋人赔银 5 万两，全县被停止文武科考 5 年，并为被杀和病死的洋人在城东（文化活动中心东）生产资料院处置地建设了洋人坟，进行了安葬，并给其设置了墓碑。二十世纪 60 年代，因县城扩建，大宁基督教会又将洋人坟迁移至南庄坡。

第二节　主张公道团

主张公道团的前身是"好人团"。1936 年，红军东渡前，阎锡山在山西将好人团改组为主张公道团，由此，大宁成立了主张公道团。白杜村许光谟为当时公道团的村团长。主张公道团在农村大量发展团员，每五个团员组成一个小组。白杜村的成年人中有不少加入了该组织。主张公道团大肆进行反共宣传，从思想上愚弄人民，人们有"公道团，不公道，反共宣传太无聊，一心向着阎锡山，不打日本瞎胡搞"。1938 年，日寇侵犯大宁时，公道团长和所有区团长逃之夭夭，公道团组织随之自行消失。

第四章 民 政

第一节 优 抚

白杜村的优抚对象比较多，截止到 2010 年，计有 7 个革命烈士，5 个复员退伍军人，1 个现役军人。1953 年开始，所有烈士家属都享受政府发给的抚恤金，除此而外，对生活困难的烈属给发放补助粮。从 1960 年开始，还给优抚对象每人每月 3 至 6 元的定量补助。1983 年提到 50 元。复退军人许光隆是个二级革命残废军人，在他去世的 1992 年，每月可领到补助金 180 元。除了国家给予优抚补助外，1949 年以前村里还给烈、军属采取代耕的办法，解决他们生产、生活方面的困难。1949 年全村共 7 户烈属、2 户军属，共享受代耕工 360 个。农业生产合作化之后，实行由生产大队优待劳动日的办法。从 1981 年起，实行以乡镇统一提留，平衡负担，每人优待 150 元。

第二节 救 济

社会经济

在旧中国，遇到灾害必然发生灾荒。灾荒和饥饿相连，有时官方虽有开仓赈济之举，但也不能救民于灾。遇到灾年，灾民只能流离失所，饿殍遍野的严重现象时有发生，生活困苦者不计其数。

解放后，国家对贫困人口采取社会救济和受灾救济的办法，使困难群众和受灾群众的生活基本上得到了保证。

五十年代的社会救济一般是由政府发给救济粮和救济款。白杜村享受社会救济的，每年一般约有 3 至 5 户，享受过社会救济的户有白李富、许金奎、李五常、李奇孩等。救济款额一般在数十元到一百多元不等。

1980 年以后，农村实行新的经济体制。社会救济实行定期定量补助的办法，定补办法根据群众生产生活条件而定。

受灾救济

白杜村旱、冻、冰雹、雪、涝等自然灾害发生比较频繁，一发生大的灾害，人民政府不仅减免农业税，而且还发放救济粮和救济款给村民，救济粮和救济款起到了解决人们季节性困难的问题，保证了群众的生活。

第三节　扶贫和社会保险

从 1981 年开始，政府在农村实行扶贫政策。扶贫一般采取现金扶植和贷款扶植两种办法。1986 年，许金奎通过扶贫贷款，购买山羊 40 多只。许文德通过扶贫贷款，安装了加工设备，从而解决了发展生产的问题，加快了脱贫步伐。多年来，白杜村通过扶贫款购买牲口 15 头、羊群 500 余只。进入新世纪以来，国家把扶贫政策集中到改善生产发展方面。2009 年政府采取集中调集、分发到户、统一要求、标准质量的方法，给白杜村发放了一大批桃树，全村共栽植桃树 200 多亩。

近几年来，国家对农村困难户采取了更加完善、更加优惠的扶贫政策。这就是有困难的领定补，生活不好过的吃低保，临时发生困难的还可领到社会救济。2010 年，全村领定补的 30 户，吃低保的 10 多户。

2009 年起，国家又对农村人口实行养老保险、医疗保险、人寿保险，这几个保险的实施，使人们解除了得病看不起、养老没着落的后顾之忧。

第五章 兵 役

第一节 民 兵

民兵分基干民兵和普通民兵。民兵必须具备思想进步、政治表现良好、历史清白、身体健壮等条件。基干民兵为年满 17 至 25 周岁的男性公民和 18 至 30 岁的复员军人；普通民兵为 17 至 40 岁的男性公民。1949 年，白杜村正式组建了民兵组织，全村共有 10 多名青年参加了民兵组织，当时叫做白杜民兵小队。参加民兵小队的有许七旺、李廷杰、许金奎、许建邦、许致堂等人，李廷杰为民兵小队长。

1958 年按连排班建制，白杜大队（包括上、下麻束）为一个民兵连，白杜东、西队各分设一个民兵班，到 1959 年，中央公布了《民兵工作条例》，白杜大队对民兵组织进行整顿。凡是十六至四十五周岁的男性公民和十六至三十五岁的女性公民，只要政治可靠、身体健康都被编入民兵组织。其中十六至三十岁的男性青年和 16 至 25 岁的女性青年皆编入基干民兵。白杜村参加民兵的男性青年共 60 多人，女性青年 50 多人，男女共 110 多人。安古公社为一个民兵团，白杜生产大队为一个民兵营，白杜东西圪崂各建一个民兵连。1962 年冬天，按三落实（即组织落实、政治落实、军事落实）的要求，对全大队民兵组织进行了一次整顿，当时白杜大队民兵连还配备有五支七五式步枪，五支枪支都集中在白杜村保管。

1978 年，通过对民兵全面整顿和改组，民兵的年龄范围不分男女一律改为 18 至 35 岁，其中基干民兵为 18 至 28 岁。通过这次整顿，白杜村的民兵较过去减少了近三分之二，生产大队改设为民兵连，白杜东西圪崂生产队改为民兵排。农村实行联产承包责任制后，民兵工作分别由村委主任和村民小组长兼管，再没有设专职干部。基干民兵在县武装部和公社武装部的组织领导下，差不多每年都要开展军事训练，民兵进行训练的方针是"以劳为主，劳武结合，军政并重，不脱离生产"，每年农闲季节，基干民兵都要由人民公社（乡、镇）负责，进行为期 10 至 15 天的军事技术训练。平时训练一般采取劳武结合方式，在集中劳动的大型工地上进行训练，如大队和生产队组织的农田基本建设、植树造林工地。基干民兵一般采取以劳动为主、边劳动边训练的方法进行操列、瞄准、投弹等训练。"文化大革命"初期，白杜民兵手中的枪支和全县民兵一样被全部收缴。

民兵既是生产劳动中的骨干，又是保卫祖国、维持社会良好秩序的重要力量，也是宣传组织群众开展各种社会活动的队伍。几十年来，白杜一代又一代的民兵，在参军、支前、维持社会治安、保护集体和人民利益方面，做了大量的工作。在人民公社时期，认真执行看场、护田、守库的工作任务，在开展学习雷锋、大办好人好事活动等方面都起到良好的作用，成为一支建设社会主义物质文明和精神文明的骨干力量。

第二节　兵　役

募兵制

明清时兵役实行征募并行的办法，平时府兵军户也代为兵，战时征募民壮充实军队，村人称之为招兵。人们常说，插起招兵旗，就有吃粮人。因此，当时也有把当兵的叫做"吃粮"的。

民国初，以雇佣形式募集兵员，应募者多为贫苦农民或无业游民，平时为伍吃粮，战时即多逃跑。

征兵制

民国 22 年（1933 年），国民政府实行征兵制。凡年满 20—30 岁的人，三人抽一丁，每五人抽二丁，后来又采取抽签、抓阄的办法来决定入伍当兵的人，当无人到场抽签、抓阄时，即行抓兵的办法。

1943 年，阎锡山实行"兵农合一"，在 18—47 岁的男性公民中，除免役（如独子）、缓役（临时疾病、家庭特急事）、禁役（有违法行为的）、停役者外，三人编为一组，轮流入伍，另二人为国民兵，在家种地，每人每年给常备兵出 2 石 5 斗粮食、10 斤棉花。使得常备兵无心当兵、国民兵无力承受。所以，名曰征兵，实则是到处抓兵，甚至见了留有胡子的壮年人，也要把胡子给刮掉，拉去当兵。兵农合一时期，李廷忠、许光隆两人被抓去当兵。由于兵营人员难以巩固，经常有抓来的，也有逃走的，所以当时有"铁打的营盘流水的兵，来来往往闹不清"的说法，这就造成了部队当官的吃空头份额的好机会。

志愿兵役制

中国共产党实行志愿兵役制。1937 年牺盟时期，白杜村先后有许凤堂、许执奎等6 名青年参加牺盟会，晋西事变，牺盟会在大宁撤退时，他们都跟随撤离，从此参加了革命武装组织。

解放后，1949 年至 1955 年，仍继续沿用战争年代的志愿兵役制，18 至 25 岁的青年在征兵时，自愿报名，由县人民武装部统一进行身体和政治方面的检查和审查，批准后办理入伍手续。

义务兵役制

1955 年，国家开始实行义务兵役制。每年农历十一月末，征集一次新兵，同时每年复员一批。征兵时由适龄青年报名，逐级审查，在政治、身体、年龄等条件全部合格，国家、家庭、个人三满意的基础上，择优选拔。进入六十年代以来，由于符合义务兵征集条件的年轻人越来越多，每年入征的青年年龄一般都在 18 岁到 19 岁。李执祥从县人武部公务员岗位上被征集入伍，在服役期间，表现良好，被录用为部队干部，先后担任排长、师干部科长、团副政委、政委等领导职务，于 1989 年转业后，先后在省林业厅、劳动厅工作，历任省林业厅纪委书记、省劳动厅纪检组长。许永红是 1986 年 12 月入伍，1988 年 12 月复员。许凯峰是 2007 年 12 月入伍，2009 年 11 月 30 日复员。父子俩先后入伍，在白杜村是第一家，在全县也不多见。

预备役制

预备役分为一、二两类，军官复员和士兵退伍后转为一类预备役，18 岁至 40 岁的公民为二类预备役。

附：

白杜村参军服役人员名录

姓　名	服役时间	服役地点	退伍时间
许建业	抗日、解放战争	地主武装斗争	牺牲
许科堂	抗日、解放战争	地主武装斗争	牺牲
许凤堂	牺盟时期	革命武装斗争	牺牲
许侯元	抗日战争	乡宁县	牺牲
许玉祥	抗日战争	孝义县牺牲	牺牲
许天元	1948 年	太原	牺牲
许广忠	解放战争		牺牲
许光隆	解放战争、抗美援朝战争	山西、朝鲜	1956 年
李廷忠	解放战争、抗美援朝战争	山西、朝鲜	1956 年
许建峰	1959 年	宁夏	1963 年
李执祥	1968 年	山西临汾	1989 年
李福恩	1968 年	河北	1973 年
许清平	1991 年	河北	1992 年
许永红	1987 年	河北张家口	1989 年
许大路	1996 年	河北宣化	1998 年
许凯峰	2007 年	河北石家庄	2009 年
李小龙	2009 年	宁夏	
许　浩	2010 年	西藏	

附：

白杜村革命烈士名录

姓名	性别	何时何地参加革命	何时何地牺牲	简　历
许建业	男	1934 年	被四人帮迫害致死	先后任县长、专员、市长、厅长、中南局计委办主任
许科堂	男	1937 年	1947 年在临汾英勇就义	民主政府县长
许玉祥	男	1938 年	1942 年在孝义对日战中牺牲	牺盟会会员
许天元	男	1948 年	1948 年在太原解放战争中牺牲	中国人民解放军 18 兵团战士
许凤堂	男	1941 年	1944 年在山东抗日战争中牺牲	牺盟会会员
许执奎	男	1938 年	1940 年在孝义对日作战中牺牲	大宁安古参加牺盟会，为一区通讯员
许广忠	男	1947 年	解放战争中牺牲	炮兵纵队二团三连战士
许还元	男	1934 年	乡宁抗日中牺牲	在阎锡山部队当兵，1943 年在乡宁同日军拼杀中光荣牺牲
李润锁	男	1938 年	被日军杀害	牺盟会会员

第十编　政治运动　历史事件

白杜人在义和团的行迹

　　义和团的前身是义和拳,原是山东、河南等地的民间反清秘密结社组织,属白莲教支派。甲午战争后,随着帝国主义对中国侵略步伐的加快,民族危机空前严重,帝国主义和中华民族的矛盾日益尖锐化,义和拳遂由秘密结社转为公开的反帝斗争组织。1899 年改称义和团。其势力很快由山东伸展到华北、东北诸省。1899 年底,义和团在大宁的组织已发展到数百人。据口碑传说,白杜村有李执源、许玉舒等五六个热血青年参加了大宁兴起的义和团革命武装组织。光绪二十六年(1900 年)农历 8 月 20 日,大宁义和团在元帅张喜灯、副元帅贺彦平(都是大宁人)带领下烧毁礼拜堂,杀死英国籍传教士聂凤英和荷兰籍传教士郗秀珍。大宁义和团的革命义举充分体现了大宁人民反对帝国主义的决心和信心。但是,腐败软弱的清政权,在俄、英、法、德、意、奥、日、美八国联军侵略势力的威迫下,同侵略者合在一起,把屠刀指向义和团。

　　清光绪二十七年(1901 年),大宁义和团亦被官方镇压,副元帅贺彦平惨遭清政府杀害,知县曾季凤被革职返乡。元月十一日,清廷下令,停止大宁县文武科考 5 年,并增罚为八国联军赔款银 5 万两。接着清政府又给被义和团杀死的两名洋人树碑立传,将其安葬在东门外洋人坟内,并重新给基督教会修建了礼拜堂(抗日战争中又被日军飞机炸毁)和教会驻地(在今公安派出所和煤炭运销公司大楼院内),义和团运动虽然以彻底失败告终,但是,它在中国历史上写下了沉重打击帝国主义及其走狗的厚重一页,促进了中国人民的觉醒,加快了清王朝崩溃的步伐。值得回味的是,在这个历史进程中,也有白杜人的行迹。

红军东征在白杜

　　民国二十五年(1936 年),东征红军在回师陕北时,中国工农红军抗日先遣队红一军团红二师,从隰县午城进驻大宁,第一军团长林彪住在葛口村。4 月 18 日,红二师下属的一个营分住在当支、而吉和白杜村。当时正值因太原党组织遭破坏而返乡回大宁开展党的活动的许建业正住在家里，他很快同红军取得联系。许建业家，解放后被定为地主成分，在当时光景十分丰厚。他家当家的就是许建业的父亲许光谟。儿子是共产党员，共产党领导的红军来了，许光谟对接待红军表现非常积极，给红军战士送白面、鸡蛋，并由红军营部打借条，向许光谟家借了5000斤玉米和麦子，除一少部分留作住村红军的口粮外，其余大部分给村里的贫苦农民。

红军在白杜村住了四五天，临走时同许建业一起离开了白杜。考虑到红军和许建业走后，国民党政府一定要找许建业家人的岔儿，怎么办呢？红军便佯装将许建业用绳子捆起来，带着走，这一招，在当时着实顶用，就连村里的人也都惊慌失措地说，红军把禄子（许建业的小名）抓走了，也有人说，禄子这次怕死活都难保。

许建业1935年在太原友人中学读书时，就加入了中国共产党，同年9月，太原党的组织遭到阎锡山政权的严重破坏之后，许建业返回家乡，在大宁秘密开展党的工作。红军到了白杜村，许建业很快就同红军的党组织接上头。红军临走时，用绳子捆绑许建业是"周瑜打黄盖"的一个重演，没有任何恶意，只是为了保护许建业的家属而已。

红军一到白杜村，就广泛宣传共产党的抗日主张，宣传红军是代表全中国劳苦大众的一支革命队伍，是为人民谋利益的队伍。并召开各种座谈会，登门走访群众开展宣传活动，教群众唱抗日歌曲，在村里墙壁上刷写"打倒日本帝国主义"、"打倒土豪劣绅"、"打土豪、分土地"、"打倒蒋介石、赶走日本兵"、"反对卖国贼蒋介石、阎锡山"等革命标语。群众高兴地说："从来没见过这么好的队伍，红军真是咱穷苦百姓的贴心人。"红军的一举一动，对白杜村的青年人影响最为深刻。他们把红军战士当作自己人。青年许科堂在村里积极为红军找粮食、寻房子、当向导，许凤堂、许执奎、许光忠等几个青年人，整天同红军官兵们在一起，听他们做宣传，为红军小战士捐衣服，处得十分热切。

红军是一支抗日救国的宣传队，通过红军的宣传活动，白杜村的青年懂得抗日救国的革命道理。红军是一支革命火种的播种机，他们在白杜村年轻人的心胸中播下了革命的种子。正由于红军的宣传发动，在红军离开白杜村第二年，村里就有一批青年积极地参加了牺牲救国同盟会，并有部分会员光荣地献出了自己的生命。

年轻人踊跃参加牺盟会

红军东征刚到白杜村，大力开展抗日宣传教育活动，使白杜村的一批热血青年坚定了爱国抗日救亡的信心和决心。1937年7月，首任大宁牺盟特派员赵军在大宁县开展工作。大宁县牺盟会成立后，积极宣传抗日，很快就组建了牺盟会领导下的抗日救国自卫队，由赵军任队长，张静仁任副队长。

牺盟会表面上是阎锡山任总会长的官办群众性组织，实际上都是由共产党员具体领导和组织的革命武装组织。可以说，牺盟会"戴的是阎锡山的官帽子，吃的是二战区的官库粮，做的全是共产党的事"。牺盟会成立后，广泛发动群众，进行抗日救亡的爱国主义教育，提出了"民族革命十大纲领"：一、贯彻全民抗战，组织自卫队、游击队，开展游击战；二、创造政治化、民主化的抗日革命军，在军队中执行民主集中制；三、切实执行优待抗战军人家属原则，改善士兵生活；四、扩大民主救亡运动，建立广大的民众动员组织；五、创建民族革命的干部队伍；六、健全总动员实施委员会，加紧动员、改善政治；七、铲除汉奸卖国贼及坏官、坏绅、坏人，扶植民主监政；八、切实执行合理负担，逐步减租减息，改善工人生活；九、加大工业生产，扶植手工业，改善人民生活；十、实行抗战的农村建设。

大宁牺盟会按照上述纲领，深入到全县各乡发展会员，很快使大宁县从城到区村基层都建立了牺盟会组织。全县共发展了数百名牺盟会员，还建立了牺盟会领导下的农民抗日救国会、青年抗日救国会、妇女儿童救国会等爱国群众组织（简称农救会、青救会、妇救会等）。就在这时，白杜村具有革命信念的爱国青年许科堂带头参加牺盟会，接着许凤堂、许执奎、许玉祥等也先后参加了牺盟会。他们都在各级牺盟委员会工作。许科堂、许玉祥于1938年9月1日参加了中国共产党，许科堂担任一区农救会委员，1939年调县农救会工作。

国民党、阎锡山对共产党领导下的牺盟会恨得要命，怕得要死。1939年12月2日，阎锡山突然发动晋西事变，开始在山西各地大规模镇压抗日救国民主人士，镇压牺盟会和共产党。在严重的白色恐怖的形势下，大宁牺盟会遵照洪赵特委的指示，决定撤离大宁。撤离大宁的牺盟会人员，集结于永和、隰县交界的羊角山一带。另外还有30多名牺盟会骨干在永和桑壁成立了三边游击支队。白杜村的许科堂、许玉祥、许执奎、许凤堂4人也随牺盟会撤离大宁。许玉祥、许执奎、许凤堂3人撤离大宁之后，在同日军作战中光荣牺牲，以后被追认为烈士。许科堂参加了八路军，1946年担任了在陕西省延长县西马头关成立的大宁县人民民主政府县长。1947年3月18日在大宁刘家村被蒋军三十师便衣队包围，在突围中受伤被俘，1947年5月，许科堂在临汾英勇就义。

日本鬼子在白杜村烧杀抢掠的罪行

1938年（民国二十七年）3月20日，是白杜村村民永远难忘的日子。

这一天，驻扎在山头、而吉一带的阎锡山十九军王靖国部队的少数班哨到任间、下麻束向已沦陷于日军的大宁县城开枪射击，日军出城进行追击。但他们哪里能追上少数几个散逃的中国士兵，日军从麻束沟上坡，一直追到了白杜村。日本人到了白杜村还想继续往前赶，到了村北的北村坪，才发现只有一条根本走不过去的大崾子，无路可走的日本兵，随即把大炮架在北村坪，朝而吉山头坪打了一百多发炮弹。走投无路、气急败坏的日本鬼子返回白杜村，即展开了一场惨无人道的烧杀抢掠的罪恶活动。从东西圪崂到后街，家家户户的窑洞房子都点燃了熊熊烈火，各家各户所有家具衣物全都被大火烧尽，并将年逾七旬的李万发老人和未来得及逃走的牺盟会自卫队员李润锁投入到十字街的一个窑洞内的大火中活活烧死。据不完全统计，这一次就在白杜村烧毁窑洞60多孔，房子30多间，家具杂物难计其数。日本鬼子撤离白杜村时，还抢走十四头耕畜和一部分粮食、棉花。

经过日本鬼子烧杀抢掠，原本就比较贫困的白杜村村民，更是雪上加霜，到了住无避风遮雨的房舍、吃无粮食和做饭无家具的地步。全村人除身上穿一身衣服外，各家各户一贫如洗。人们只好一面先用木杆子、柴、草搭好被日军烧毁的门窗凑合着住；一面求亲戚靠朋友，挪借家具粮食用来搭火做饭。全村人切切实实过了几年十分悲惨的生活。

日本鬼子在白杜村的烧杀抢掠的罪恶行径，深深地刻印在每一个白杜村人的心灵深处，成为白杜村后人深刻的爱国主义的反面教材，也激励着一代又一代的白杜人保卫祖国、反击侵略者的爱国热情。

"兵农合一"暴政在白杜

山西土皇帝阎锡山在抗日战争中不抵抗日本侵略者，退居西山吉县克难坡。山西省百十来个县，大部分被日军占据，阎锡山在克难坡能够管辖的只剩下吉县、乡宁、大宁、蒲县、隰县、永和、石楼等六七个县。阎锡山所需的兵源补充、财政开支只得靠这些县的民众来完成，这就大大加重了这几个县人民的负担。为了能在人民群众中强征到兵士，搜刮到粮食、钱财，民国三十二年（1943年），阎锡山就想了一个办法叫"兵农合一"。"兵农合一"的核心内容是"编组份地"。当时，白杜村凡年满18岁到47岁的男性村民，每3人编一组，其中一人为常备兵，即被征集入伍，另二人为国民兵，在家种地。全村30多户人家，共编了7个小组，一次就抽了五六个壮丁当兵，许根喜、许三喜弟兄二人被抓去当兵，就再也没有回来。剩下的人按份地交粮交钱，种一份地，每年除完成"征一耕二附加三、山药马料随后跟，官布官鞋不能少"的沉重苛捐杂税外，还得给常备兵家属缴优待粮 2 石 5 斗、优待棉 10 斤。阎锡山的原则是"除了我的全是你的，剩下不够怨你自己"。有的人交了上述负担后，连吃的也留不下，有的人连该交的也交不够。交不够公粮的轻则挨打受气，重则被抓坐监。人们完全处于水深火热中，出于无奈，只得四处逃荒。实行"兵农合一"不到 3 年功夫，全村 30 多户，就有 20 多户逃荒在外，十有八九妻散子离，致使全村大多数土地荒芜长草。被抓去当兵的大部分人也都开了小差。人们沉痛地说："兵农合一好，地里长满草，男人去逃荒，老婆孩子受牺惶。"人们没有粮食吃，只好用野草树皮来充饥，过着牛马不如的生活。

土地改革运动

土地是农民赖以生存的命根子，但是，在解放前，土地大部分被少数富裕户所占有。据统计，全村三十多户，就有半数以上的农户没有足够的土地耕种，而且多是坡耕地和三类田，少数户因没有地可种，只得给别人扛长工、打短工，农民之间，形成了很大的贫富差别，贫下中农大都过着艰难困苦的生活。

大宁解放后，白杜村根据中央关于土地问题的指示精神，在县、乡党委的领导下，进行了土地调整。1947 年 6 月麦收后，采取抽肥补瘦的办法，给没地或少地的农户调整了一部分土地，所调整的土地都是麦地。同年秋天又对秋田地进行了调整。1948 年春天再一次采取中间小动、两头扯平的办法，进行了第三次调整。1947 年 5 月 27 日，大宁解放后，在土改前，首先开展反奸反霸的斗争。当时在一些地方由于受"左"倾思想的影响，在土地斗争一开始的反奸反霸斗争中，就出现了村村点火、户户冒烟、查三代挖底财，随便打死人的问题，甚至强迫中农献地。白杜村的许在堂、许光谟家中亦被查封，并被关押到县城。正在这时，1948 年 1 月 25 日，中国人民解放军晋绥军区司令员贺龙到大宁视察，对大宁的土改斗争作了重要指示。大宁县委对土改中出现的"左"的错误作了纠正，许在堂、许光谟被放回村，从而躲过了一场大的灾难。但周围一些县如隰县、永和的地主、富农就没有大宁的地主、富农那么幸运。他们有的被捆绑吊打，有的甚至双脚拴上绳子放倒在地上，让牲口拉上，在谷茬地里跑，不是浑身伤痕，就是要了命。而大宁全县是按照中共中央制定的《土地法大纲》和一系列指示精神，平平稳稳地开展了土地改革运动。白杜村的土改运动就是在轰轰烈烈的和平气氛中顺利地进行着。在土地改革中，首先划定了阶级成分，全村 32 户，划定地主 1 户，富农 1 户，上中农 2 户，中农 10 户，贫农 18 户。从 1948 年 10 月开始，白杜村成立了丈量土地的工作小组，对全村土地一块一块丈量登记，并按平、坡地都分成三等九级的办法逐块造册登记，然后按全村所有的农户劳力统一计算，不论什么成分，都是分等评产，按人带产，以产定亩，分配到户，确定地权，然后把所有土地都分配到各家各户。这个办法，基本上做到了家家有地种，人人生活有保障。所以土地改革，极大地调动了各家各户劳动生产积极性，土地改革的斗争，彻底解决了过去占有土地不公的问题，真正实现了"耕者有其田"的伟大理想。

全国解放战争中的白杜人

白杜村的人民群众，深受帝国主义的残酷烧杀和国民党反动派的欺压剥削。白杜人民的爱国热情代代相传，他们迫切盼望早日从帝国主义、封建主义和官僚资本主义的铁蹄下解放出来。

伟大的解放战争，使白杜一些有识之士看到了未来、看到了希望。许建业、许科堂早在抗日时期就参加了共产党，转战抗日战争第一线。日本鬼子投降后，许建业在河南先后担任地方民主政权的县长、副专员、市长等重要职务，带领地方武装力量同国民党反动派进行了长期艰苦卓绝的斗争。1949 年 9 月，许建业随大军渡江南下，十月就担任解放后的中南行政委员会民政处处长。1945 年，许科堂为了开辟根据地、扩大解放区，在担任大宁县民主县长后，一面在黄河两岸组建游击队，一面深入到敌占区大宁县境，放手发动群众，壮大人民武装力量，在许科堂的直接组织和领导下，打击敌"爱乡团"等反动武装力量。单在 1946 年农历腊月三十日袭击左尔禹一区区政府的战斗中，就击毙敌"爱乡团"1 人，俘虏 20 多人，缴获枪支 30 余支。

在解放战争中，许天元、许候元、李廷忠、许光隆，先后参加了中国人民解放军。只有十八岁的许天元，在解放太原的牛驼寨战斗中光荣献出了自己年轻的生命。许候元也在解放战争中光荣牺牲。李廷忠、许光隆二人参加中国人民解放军后，转战华北战场，光在山西就参加了解放临汾、晋中等地的多次战斗，在解放战争中都曾荣立战功。

白杜村解放后，全国还有江南和西北的大片国土尚未解放，1949 年 4 月 21 日，为了配合向大西北国民党统治区进军的中国人民解放军，陕甘宁边区政府电令边区所辖的晋南行署组织担架队随军西进，负责运送军用物资和接送前线伤病人员等工作任务。晋南行署分配大宁、永和两县共同组织 150 人的担架民工队，自备行囊与日常生活用具，准备出征作战。白杜村在县人武部工作的许瑞堂和在村务农的许厚堂两人积极报名应征。许瑞堂是负责带领担架队的领导成员，许厚堂作为担架队员，赶上自己的一头黑色毛驴，于 6 月 5 日从大宁整装出发，途径吉县、乡宁到达河津，到民工总团听从分配。民工团决定大宁、永和担架队跟随中国人民解放军十九兵团六十五军四十五师炮兵团，配合作战。从禹门口渡过黄河后，经过几天徒步行军，到达刚刚解放的西安，稍加休息后，即继续随军西进，担架队人员历经峰峦陡峭的六盘山，崎岖峡谷的三关口，走过人口稀少的草地和少数民族聚居区。大宁、永和担架队跟随的是炮兵部队，其主要任务是转运作战物资，比起在前线抢救伤员的工作要安全一些，但其艰苦程度也是比较大的。有时，一天只能吃一顿饭，只能喝些水坑中混浊的水。在西征期间，民工担架队同部队官兵结下了兄弟般的深厚情谊，完成任务分别时，部队还给担架队赠送了两匹战马，10 多支新步枪，并发给每个民工返家路费。许瑞堂和许厚堂还领到了部队颁发的光荣证和纪念章。担架队历时 4 个多月，行程近万里，于 10 月 31 日胜利凯旋，受到县委县政府隆重热烈的欢迎。县委县政府为担架队员接风洗尘，祝贺他们胜利归来。县政府还给许厚堂发了五百斤小米，作为人和牲口的报酬。

解放前，许光显就参加了革命，被分配到县粮库工作。1949 年 9 月，许光显响应党的号召，报名西进，到刚刚解放的大西北工作，支援人才缺乏的西北地区，许光显到西北后被分配到甘肃，一干就是四十多年，直至离休后才返回家乡。

抗美援朝运动

1950 年 6 月 25 日，朝鲜爆发内战。27 日，美国派兵干涉朝鲜内政，并派第七舰队以武力阻止中国人民解放台湾。十月上旬，战火烧到中国东北边境，中国政府根据朝鲜的请求及祖国安全需要，决定派中国人民志愿军参加朝鲜战争，支援朝鲜。白杜村许光隆、李廷忠二人作为志愿军，随部队踏过鸭绿江，进行了一次又一次艰苦的战斗，并多次荣立战功，1954 年退伍返乡。

朝鲜战争爆发后，白杜村村民和全国人民一样，召开声讨会，控诉美帝国主义的侵略罪行。全村有 20 多名青年踊跃报名参加志愿军。1951 年 5 月，白杜村掀起了响应抗美援朝号召、为抗战捐财捐物的活动，白杜村共捐 50 多万元（旧币）。抗美援朝运动，不仅有力地支援了在朝作战的中国人民志愿军，而且大大激发了白杜村民的爱国热情，加强了爱国主义思想。1951 年 7 月，美方被迫同朝中方面开始谈判，1953 年 7 月，抗美援朝战斗胜利结束。

镇反、肃反运动

1951 年 4 月，镇压反革命运动在全县开展。5 月，人民政府在道教村召开了全县人民参加的镇压反革命分子大会，白杜村男女老少一百多人徒步前往参加了大会。

1955 年 8 月，全县开展肃反运动，在这次运动中，经过调查核实，白杜村李进隆、许尊由、许尊慎、许乃让、许建康等人在旧社会就职的政治历史问题都有了明确的结论。在这些旧职人员中，除李进隆被定为历史反革命分子（因没有罪恶，不以反革命论处），其余四人都定为一般政治历史问题。

镇压反革命运动沉重打击了反革命残余势力，巩固了人民民主专政，而在肃反运动中，由于对敌情估计过高和政策界限不清，运动曾出现过逼、供、信等错误倾向。

统购统销

1949 年，中华人民共和国成立后，虽经过三年的恢复发展，国民经济情况大有好转，但是，物资还是比较缺乏。因此，第一个五年发展计划开始之前，在开始实行计划经济之后，国家对粮食、棉花、油料等主要物资实行了统购统销。这些物资不能在市场上自由买卖，农民除留适当的口粮外，要把粮食全部卖给国家，然后由国家统一计划、定量销售。1953 年 11 月 23 日，这一政策实行后，当年冬天，政府号召农民向国家出售自己存放的余粮。白杜村村民积极响应政府号召，当年全村就向国家缴售了40000 多斤粮食，光是许在堂一家就交了 30000 多斤。此后，随着集体化的发展，统购统销也逐步走上正轨。从七十年代开始，白杜东西两个生产队每年约向国家交售粮食 3至 4 万斤，人均口粮一般在 350 斤左右。交售棉花八九千斤，社员每人每年能留 2 至 3斤脱籽棉。国家不分大小人口，每人发放一丈二尺布票。油料除交了国家的，一口人一般只能分到 1 斤左右的食油，有的年份甚至连 1 斤也分不到。1977 年白杜东队给国家交售定购粮 18200 斤，超购粮 1800 斤，西队交售定购粮 18300 斤，超购粮 2700 斤，东西两队实际完成粮食统购任务总共为 41000 斤。1978 年，东西两队完成小麦征购9000 斤，秋粮 33000 斤，全年总共完成征购任务 42000 斤，占本年度粮食总量的近三分之一。

集体化的劳动生产及其分红形式，严重影响了生产力的发展，挫伤了广大群众的生产积极性，再加上国家过多的向农民征收统购粮食，白杜村的社员和多数农民一样，多年来生活水平一直处于低下状态。1981 年开始实行联产承包责任制之后，粮食产量连年大增。走到 1984 年取消了统购统销政策，人们才过上了比较富裕的日子。

脱离实际的"大跃进"运动

　　1958 年 5 月，中央提出了"鼓足干劲，力争上游，多快好省地建设社会主义"的总路线。按照这条路线，八月开始，各地掀起了不切实际的大跃进的高潮，其来势之猛、速度之快，大大超出了人们的正常想象。首先是公社化运动。八月间，中央多次提到并大社，要建立包括工、农、商、学、兵的人民公社，同时提出"人民公社好"的口号。八月下旬，原大宁县成立了两个公社：共产主义人民公社包括城关镇、三多乡、当支乡、榆村乡；卫星人民公社包括曲峨、桑峨、割麦、康里、太古乡。作为乡镇一级的人民公社，其规模之大是历史上的首创。大公社成立之后，一系列的"大跃进"活动一个接着一个地急风暴雨般地展开了。首先是大战钢铁，中央提出要赶美超英。大战钢铁的前奏是收购废钢烂铁。为完成上级下达的任务指标，下乡工作组把白杜村几十个饭锅收走打烂，把铜勺等也收走（这时村里已办起公共食堂，人们都吃大锅饭）。为了实现这一目标，当时的吕梁县提出要全民参战。1958 年 9 月 28 日，单是白杜村就有 30 多个劳力，赶着十多头毛驴，长途跋涉，到隰县交口去大炼钢铁。当时正是秋收关键时期，村里只留下一些有小孩的妇女和年老多病的老人，他们根本没力量收回地里的庄稼。所以直到下雪，谷穗、玉茭还长在地里，好多山药蛋也没有刨回来。这一年，大多就要获得丰收到手的粮食被糟蹋在地里，没有收回。而到交口大战钢铁的劳力，由于大兵团作战，组织管理比较混乱，有的毛驴没有人跟着，驮上矿石，也没有人往下卸矿石，那些用土法炼下的所谓钢铁也只是一堆废物，不能当铁用。大炼钢铁从九月开始，到 1959 年元旦下马，3 个多月时间，除过造成广大农村大量的秋粮损失，财力、劳动力的浪费外，基本上可用一无所获来总结。

　　人民公社化之后，还有一项大的跃进活动是深翻土地。当时提出的口号是"人有多大胆，地有多大产"，各地都纷纷订立不符合实际的跃进指标，要求 1 亩小麦亩产双千斤，玉茭亩产要上万斤。为了实现上述目标，县委提出"土地深翻 3 尺 3，亩下麦种 100 斤"的口号，白杜村生产队组织在家的男女老幼也开始不分昼夜的深翻土地。但是，喊是喊，人的力量和能力是有限的，不仅深翻的亩数不会太多，而且深度也达不到 3 尺 3 的要求，为了向上交账，只有虚报成绩。在给公社的汇报数字中，说全村翻了 10 亩地，实际连 1 亩也没有。第二年夏秋两季，又逼着人们在夏秋产量上放高产卫星。当时，报纸上大登高产卫星，胡吹小麦亩产到 5000 斤，1 亩红薯产到 20000 斤。白杜村干部在压力下，把一亩玉茭的产量报到 3000 斤，还交不了帐。这年年终，全村 1000 多亩土地，平均亩产在公社的综合数字上就达 800 多斤。浮夸虚报之风，不仅在社会上造成不良影响，而且给群众带来了极大的危害。

1958 年 10 月，白杜村办起了公共食堂，实行干活不干活、吃饭不掏钱的共产主义办法，从 1958 年起，由于浮夸虚报，国家年年增加粮食征购任务，严重影响了群众的生活，村里的公共食堂实行"以人定成、指标到户、凭票吃饭"的办法。全村大人小孩每天平均口粮有时连半斤也不到，在这种情况下，只好用"低标准、瓜菜代"的办法来维持。由于粮食不足，有的人只得以野菜充饥，不少人得了浮肿病。在人为灾祸的情况下，白杜村经历了一场解放后罕见的几乎饿死人的大饥荒。公共食堂历经三年之久，才正式解散。

1959 年，继大战钢铁之后，吕梁抽调了 7000 余名劳力在黄土下庄修筑水库，白杜生产队又有十多名社员参加了修建水库的工程。大炼钢铁、修建水库，占用了白杜村的劳力，致使全村粮食产量大减，这一年全村由于上报的产量比实际产的粮食产量高，国家还要按上报产量征收粮食，这样农民的口粮也就所剩无几。部分天灾加上人为的减产，大跃进带来的饥荒，使白杜村也进入到 1960 年挨饥受饿的大饥荒时日。

1961 年以后，接受教训，政府允许个人开垦小块地。这一年，据不完全统计，光白杜全村开小块荒地 200 多亩，每户开荒地将近 3 亩。1961 年风调雨顺，天年较好，绝大多数家户光是小块地打的粮食就可以维持生活，再加上集体分的，人们又开始过上了吃饱肚子的好生活。

"文化大革命"运动

"文化大革命"是无产阶级文化大革命的简称。这是一场由领导者错误发动，被反革命集团利用，给党、国家和各族人民带来严重灾难的内乱。从 1966 年 5 月批判吴晗的《海瑞罢官》开始，到 1976 年粉碎"四人帮"长达十年，把中国的国民经济推到基本快要全面崩溃的边缘。在这次运动中，白杜村的男女老少和所有的人一样，每天都要学毛选、背语录，对毛主席像敬拜神仙一样"早请示、晚汇报"，开会讲话，首先要敬祝毛主席万寿无疆，讲话结束要大喊毛主席万岁，上地干活也要带上《毛主席语录》。

1966 年 12 月，在毛泽东的发动下，全国中等以上各级学校都停课闹革命，不少师生组织红卫兵，在全国各地免费坐汽车、火车并免费吃住进行串联。白杜村在东房、县城上中学的二十名学生，也都停止上课，卷入了这场运动，致使这一代人失去了最佳学习时段，所以其学业成绩就非常差。

文化大革命给白杜村也带来很大损失。全村在"文革"开始的破"四旧"运动中，共被迫烧毁各种图书上千册，红卫兵把白杜村具有近二百年历史的、全县最大的五道庙内的三尊泥塑像捣毁，村里文革负责人还把90%以上人家的宗族家谱布轴子收起全部销毁掉。更为严重的是，在"文化大革命"各个时期中不断有人受到精神和肉体伤害。在县城工作的许光明被红卫兵组织用铁丝捆住双臂，并用鞭子在全身抽打，使其周身受伤。在太原新道街小学校任教的许德甫被红卫兵勒令回村劳动改造。返村后，不断遭到红卫兵组织的批斗。早年参加革命的许建业，因家庭被划为地主成分也成了批斗对象，在四人帮的残酷迫害下，其身心受到严重摧残，于1976年6月7日含冤去世（1977年平反昭雪）。1968年5月，夺取政权后的县革命委员会在全县开展"群众专政"，全县各村对所谓的"地富反坏右"实行揪斗，就连多年的村干部也被冠以"走资派"的罪名，反复进行批斗。白杜村先后对李进仓、李进隆、许乃让、许建康、许尊慎、许光烈等人进行了惨无人道的捆绑吊打，六月八日，把李进仓等人扣押到县城，头上戴上纸高帽，胸前挂上"走资派"的大牌子进行游斗。"文化大革命"中，一个小小的白杜村，就有这么多的人反复惨遭迫害，真叫人不寒而栗。"文化大革命"中秩序混乱，村里大小干部全部打倒，让"红卫兵"掌权，不仅搞乱了思想、搅乱了党政组织、扰乱了社会秩序，使经济受到严重损失。

北京知识青年在白杜村

1968年，毛泽东主席发出号召，要求知识青年上山下乡到农村插队，进行劳动锻炼。12月28日，北京市606名知识青年来到大宁插队劳动。县核心小组和县革命委员会把11名知青分配到白杜村插队。这11名知青是柯小林、王永聪、杨尽保、孙保丰、尉欣明、吴福林、曹瑞林、马桂茹、李桂芬、李贵琴、王莲梅。白杜生产队当天派出人员，赶着几辆驴拉平车，到县城把来白杜定居插队的客人——北京知青热情地接到白杜。这些知青一到村里，临时被安排到11户条件较好的社员家里住宿吃饭，很快队里就给他们安置好住的窑洞，备好做饭用的家具和劳动所必需的工具，这些知识青年就开始集体搭伙做饭，共同生活。

知识青年到白杜村之后，每天都是和社员一样，同工同酬参加田间劳动，一样在队里分粮食。当时在队里分的粮食一般都不够吃，特别是十几个知识青年在一起，再加上参加体力劳动，饭量较大，他们的口粮显然更不足，队里为了照顾他们，一般每月都给他们调剂增加一部分口粮。知识青年，就像村里的社员家户一样，一切生活全是自己料理，如做饭取暖，烧的柴自己砍、用的水自己在井子沟里担、吃的面自己用队里的毛驴磨。村里的干部群众，只是在某些方面从旁指导帮助。这些青年都是刚从学校毕业的中学生，有文化、懂礼貌，在村里各方面表现都很好，和村里相处都十分融洽，村里人对他们就像自己的孩子一样热情关怀、亲切对待。知识青年对村里的老年人常以爷爷、奶奶相称，对年龄稍大的叫伯、叫叔，就像一家人一样，相互间的感情十分深厚。

1970年4月8日，一件十分令人悲痛的事情发生了。这一天，女知识青年马桂茹像往常一样，在集体田间劳动收工后和几个知识青年到山坡上去砍柴，谁知一不小心，马桂茹就滑落到数十丈深的山崖下面，当即死亡。悲剧发生后，县、乡、村各级领导非常重视，立即通知了她的亲属前来大宁，于14日在县城召开了隆重的追悼会。人们流着眼泪，怀着悲痛的心情，送别在插队劳动中献出自己年轻生命的优秀知识青年，追悼会后，马桂茹被安葬在县城南面的翠微山上。从1978年起知识青年逐步离开白杜村，有的充实了县级机关、财贸部门，有的返回北京。北京知识青年在白杜住了十年之久。在这十年中，所有知青每逢阴历年春节的农闲季节，都要回北京同家人团聚。那时大宁的市场十分萧条，村里人就托北京知青到北京买一些物品。当时最多的是成衣，其次是药品等。北京的衣服虽然价格略高一点，可是款式色彩较多，深受人们喜爱，正由于此，白杜村一些青年人的穿着，就要比邻村的人看上去要华贵时髦一些，从而加快了白杜人衣着及生活用品变化的步伐。

第十一编　人　物

第一章　人物介绍

李进仓

　　李进仓（1913—2005）出生于贫苦家庭，从十几岁开始就外出到太德、乌落等地给人家打长工、放牛羊，从来没有上过学。

　　一九四七年解放后，李进仓在土地改革中同其他贫下中农一起积极开展土改斗争，组织领导群众丈量土地，合理分配，使全村三十多户人家都做到了耕者有其田，家家有地种。李进仓家里也分得了两孔窑洞、三间瓦房和四十多亩地，从此开始过上了好日子。1948年李进仓和许建德、许登堂参加了中国共产党，成为白杜村的第一批党员。从此他更加积极努力工作，和许建德一起认真负责贯彻落实党的方针政策。1952年12月李进仓积极响应党的号召，在全村组织二十多户农户办起了互助组，李进仓任互助组组长，许建德任副组长，白杜互助组和上吉亭、秋卜坪三个组，当时成为全县最出色的三个红旗模范互助组。1957年李进仓当选为白杜大队党支部书记。由于他领导的党支部成绩突出，1958年被安古乡吸收为半脱产补贴制干部。1960年5月李进仓又响应党的号召返回白杜村担任了大队党支部书记、大队主任。1964年在李进仓的努力争取下，白杜村自贷部分资金加上国家贷款买回一台二十马力拖拉机，从而使白杜队较早地走上农业机械化道路。有了拖拉机，大大促进了农业生产的发展。同年在水利部门的支持下，白杜村购买了三百多米钢管和柴油机完成了引水上垣工程，使白杜村成为全县垣面地区较早的引水上垣的村子，同时也使白杜村结束了世世代代在西沟驮水、担水的艰苦时代，全村人不用下沟就可以吃到清香可口的泉水，大大方便了人们的生活。

　　1966年，文化大革命这一惨无人道的暴风恶雨很快就在白杜村大施淫威。李进仓作为一个农村基层的领导干部，同样被戴上走资本主义道路当权派的帽子，被撤去支部书记大队主任的权。之后又以所谓"叛徒"等莫须有罪名反复进行批判斗争、戴高帽子、实施捆绑等人身攻击。1968年6月8日县群众专政指挥部又把全县的所谓"走资派""牛鬼蛇神"包括原县委政府领导在内的一百多人集中到县城，李进仓也被押送到县城进行游街示众，所有被游斗的人个个都头戴高纸帽，胸挂写有"走资派"、"叛徒"、"反革命"的大牌子，进行游街批斗。"四人帮"被粉碎后，李进仓冤案被彻底平反，1977 年李进仓又担任了大队党支部书记。

李进仓一生为白杜村的发展做出了突出的贡献，多次受到省、地、县的表彰和奖励。1958 年曾参加过山西省劳动模范表彰大会。李进仓同志不仅工作成绩突出，而且在家庭极其困难的条件下，把他三个儿女分别供养成大学毕业生，大儿子李玉田参加工作后，担任过公社书记、教育局长、县政协副主席。二儿子李瑞田在首都北京工作多年，历任京西宾馆办公室主任、总经理。女儿李雪英大专毕业，先后在科委、教育科技局工作。

2005 年 92 岁高龄的李进仓因病逝世，走完了自己复杂多变的革命人生。

李玉田

李玉田，男，现年 71 岁，李进仓长子，本人从小读书，1954 年前在本村和城关小学读书，1954—1956 年在隰县初中上学，1957—1958 年在隰县中师上学，1958—1959 年在地区体育工作队从事专业训练，1959—1961 年在山西师专上学，1961—1962 年在永和县中学任教，1962—1964 年在大宁县城关小学任教，1964—1967 年到三多小学、县教育局和县知青办工作，1975—1977 年在太德乡任副乡长兼办公室主任，1978—1980 年在县知青办任副主任，1980—1984 年任太古乡党委书记，1984—1989 年任县教育局局长；1989—1994 年任县畜牧局局长，1994—1999 年任县政协副主席，2000 年退休。

李玉田由于家贫从小好学，在校学习期间是五好学生，从事地区体育专业队训练中，曾参加过地区和省里的比赛，多次获得地区运动会铁饼、链球第一、二名。1959 年在山西省首届体育运动会上曾获得全省中量级摔跤第一名。参加工作后多次被评为先进工作者，在太古乡任党委书记时，由于工作成绩突出曾被评为先进工作者，受到县委县政府的奖励国供指标一个。在县教育局任局长时，大胆进行教育改革，根据大宁的实际情况，提出了教育改革十条意见，得到县委县政府的认可和支持，通过改革使全县中、小学教学成绩大幅度提高。大宁成为省市教育改革试点县，李玉田也曾在北京参加过教育部培训。在畜牧局任局长时，工作创新、大胆改革、全心全意为人民服务，多次受到地、县的表彰奖励，后在 1994 年到大宁县政协担任副主席。

2000 年退休后，县委县政府领导让他担任了县老体协主席和关心下一代工作委员会主任，使他能继续为党和人民干自己力所能及的工作。李玉田曾多次带领老年体育队伍去市里参加比赛，并在每年的比赛中都取得了优秀的成绩、获得了奖励。在关工委工作期间，积极开展"中华魂"读书活动，以点带面推动工作，2010年大宁一中俞雯光荣地出席了全国中华魂读书活动表彰会，并获得了二等奖。由于工作积极肯干、成绩突出，李玉田先后多次被省市评为先进工作者，受到奖励，2009年9月，被市委市政府评为"离退休干部先进个人"。2010年又被临汾市精神文明指导委员会评为"先进个人"，直到现在仍然担任县老体协主席和县关工委主任，为广大中老年身心健康和广大青少年健康成长积极地工作。退休不褪色，离岗不离心，全心全意地为党和人民工作，干好自己力所能及的事情，发挥余热，积极工作，得到了广大群众和领导的好评。

李瑞田

李瑞田，男，中共党员，本科学历，1947年农历正月十九出生于白杜村（李进仓次子），6岁入白杜村初小上学，4年后考入大宁县城关小学，1958年考入大宁县中学，1962年中学毕业后，被选拔到县武装部担任通讯员、打字员。1964年国防部在全国范围为新建的八一饭店（后改为京西宾馆）选调工作人员，经过层层审核批准，当年6月李瑞田被调入中国人民解放军总参谋部京西宾馆工作，先后担任服务员、办事员、助理员、办公室副主任（副处级）、主任（正处级）、副总经理（副局级）、总经理（正局级）等职务。1996年调任中国人民解放军总参谋部生产管理局副局长（正局级），2001年调任中国人民解放军总参谋部管理保障部招待局政委（正局级），2007年退休。

他长期从事接待服务工作，直接为党政军主要会议和首长服务。在二十世纪60年代和70年代京西宾馆是党和国家领导人和中央军委经常开会的唯一重要场所，李瑞田就亲身参加了九至十四大共六届党代会和八届十二中至十四届六中历次中央会议以及中央工作会议会务接待工作，三届人大一次至八届人大五次会议的代表接待工作以及全军许多重要会议接待工作，还有幸参加了毛泽东主席的接见，直接为刘少奇、周恩来、朱德、邓小平等老一辈无产阶级革命家以及江泽民、胡锦涛等党和国家领导人服务过，从一名普通职员逐步成长为局级领导干部。李瑞田同志为人正直、诚实可靠，他所担负的工作十分重要，直接为党和国家领导人具体服务，京西宾馆接待过大多数高级干部、举办过许多重大会议。李瑞田同志十分廉洁，从不为自己索取私利，他担任总经理后，仍然居住在宾馆办公室副主任时期分配的房子，生活上克勤克俭，从不贪占机关的任何便宜，所以曾多次受到表彰奖励，多次被评为先进工作者，三次荣立三等功。

宋文梅

宋文梅，女，李瑞田之妻，1947年农历正月十四出生于大宁县城关镇，自幼在县城上完小，1960年就读于大宁县中学，毕业后被选拔到县广播站工作，先后担任播音员、编辑，是大宁县最早的播音员之一。1977年9月，调到北京，先后在北京市第二、第七建筑公司工作，从事内部保卫、建材供应等工作，1998年退休。

李福田

李福田，男，现年61岁，1949年10月出生在昕水镇白杜村，大专文化，经济师。

他生在一个贫苦的农民家庭，从小读书，1963—1966年在大宁中学读书，1966—1969年初中毕业后在家务农，1970—1974年在山西临汾机械铸造厂当工人，1975—1978年在华北工业大学和华北企业管理干部学院学习，1979—1989年在山西临汾机械铸造厂计划科任科长，1989—1991年在山西临汾机械铸造厂担任生产副科长兼生产计划科科长，1992—1999年在山西亨达总公司任总经理助理兼分厂厂长，2000—2003年在山西临汾通力机械有限责任公司任副总经理、铸造分厂厂长，2004—2009年在山西正和机械制造有限公司任副总经理、总工程师。由于他多年都在机械铸造厂工作，在工作中，踏实肯干、善于学习、不怕吃苦、团结同志，1975年被评为临汾地区劳动模范。

李廷忠

李廷忠（1924—1996），共产党员，生长在战乱年代，1944年被阎锡山抓去当兵，1949年随部队被解放后，自愿加入中国人民解放军，后多次参加解放太原、临汾等地的战役。1951年赴朝抗击美帝，在中国人民志愿军204师62团第八机枪连任司务长。1955年4月复员返乡，回村后历任民兵连长、生产队长等，在工作中积极努力，为人耿直，在生产建设中发挥了一定作用。1959年曾荣获"五好民兵"光荣称号。1996年因病逝世，终年72岁。

李廷杰

李廷杰（1929—2003），中共党员，李廷忠之弟，李廷杰在年幼时期，只上过两年小学，因此他识字并不很多。旧社会在阎锡山创办的大宁纱厂当过为时不长的一段时间的工人，以后便一直在家务农。

1947年白杜解放后，18岁的李廷杰，便投身于共产党领导下的各种政治活动。土改中，李廷杰积极参与，是白杜土改斗争中的积极分子。村里开展民兵工作，李廷杰积极报名参加，1958 年，李廷杰便当上了白杜大队民兵队长。党和国家号召绿化祖国，植树造林，李廷杰不辞辛苦，同其他青年一起，在荒山荒坡大力开展植树造林活动，1959 年，他当上了白杜大队林业队长。

李廷杰是在苦难中度过、在党的教育中成长起来的，他对党忠诚不贰，为集体事业能艰苦献身，为村民服务忠厚老实，能吃苦耐劳，谦和待人，不谋私利，在全村享有良好的声誉。因病去世后，许多白杜村民不约而同主动前来帮助料理后事，办丧事过程中，正遇天降大雪，村里人主动清扫道路，村委会为其举办了比较隆重的丧礼，这在本村历史上是仅有的一次。李廷杰同志一生笃信党的教诲，以一个中国农民特有的诚实本性，信仰党的主义，听从党的指挥。他从年轻时当民兵、参加县城维持社会治安运动，到组织互助组、农业生产合作社、人民公社以及"大跃进"、"文化大革命"，历经农村改革开放，从来都是党和政府怎么说，他就怎么做，而且是全心全意一定要做好，从不落人后。党和政府号召组织互助组和农业生产合作社，李廷杰积极报名参加；大跃进实行集体食堂，他主动把家里的粮食全部拿出来捐献给大队食堂。在二十世纪六十年代，李廷杰担任了白杜东队的生产队长，他在任期间，常常是早起晚睡，上工他第一个到地干活，收工他最后一个回家，他把自己的全部精力都投入到发展集体生产上，得到了社员们的称赞。

1971 年李廷杰担任大队支部书记。他身上的担子重了，他的责任心也更强了，作为大队支部书记，他不是靠手中的权力来领导和组织群众，而是靠自己的品德感人、靠以身作则带人。他到县里开会，常常是早上在地里同社员一起干上半晌活才起程，开会回来，只要不到收工时间，他都会走进田间同群众一起劳动。集体给社员分粮分菜，农村改革中分地，他为了求得公平，防止一些人的谋私行为，李廷杰总是同生产队干部一起，反复研究商讨办法，尽心做到既符合政策又公平合理。实行承包制，队里一块果园要往出承包，但因果品市场低迷，没有人敢承包，他主动进行了承包。他担任大队林业队长时，带领专业队员整天开荒山到坡上植树造林，使白杜大队成了全县林业先进单位，并使村民多年受益。年纪大了，李廷杰从支部书记岗位上退了下来，但他人退心不退，仍然不忘家乡建设事业。修路、引水、通电，他一如既往总是走在前面，不停地在想办法出主意，协助新上任的年青同志真抓实干。对村民的困难，只要能帮上忙的，他总是尽力帮助。村里人都说李廷杰是一位德高望重、人缘不凡的农村好干部，白杜村一个可以敬重的好村民。

吃苦耐劳和忠诚可信是李廷杰的又一个显著特点，解放不久他大哥参军在外，三弟年龄幼小，他是家里的主要劳力。家里缺吃少穿，又无牲口，全靠他一人在农田耕作，受了不少苦头。解放后家里人口逐年增多，家务负担更重，特别是集体化后，因收入太少，粮食不多，日子有时过得更加窘迫，但他像一头老黄牛一样，从不叫苦叫累，一步一步熬过了艰苦的时光。

李廷杰十分注重子女教育。他常说，任何时候，没有文化就干不成大事。家庭经济不十分富裕，但他仍把供子女上学放在了首位，有时为了供孩子上学读书，他不得不到处借债。在他的努力下，几个儿女都上学读书，毕业后，在社会上都有了用武之地。李廷杰在农村生活一生，为人处世一辈子从来都是见利不争、平和待人，是人们心目中的好党员、好干部、好邻居。2003年突发急病，医治无效，不幸逝世，享年74岁。

李廷俊

李廷俊，男，现年70岁，1940年5月21日出生，共产党员，李廷忠三弟。

1949年至1956年在本村和北桑峨等地上学，1958年在隰县水头参加大炼钢铁，1959至1960年在白杜村担任团支部书记。

1961年至1965年在白杜大队担任民兵连长，1966年至1969年在白杜担任生产队长，带领全村社员积极参加农业生产，经常吃苦在前，享受在后，起早贪黑为村里群众办事，得到了全队群众的好评，被选为劳动模范、先进生产队长。

1972年至1984年在安古供销社任职工，1985年至1990年在城关供销社任职工，2000年退休。李廷俊在工作中一贯积极努力、勤奋踏实，一心一意为别人着想，从不计较个人得失，深受广大群众和领导的好评。

李执祥

李执祥，1946年9月27日出生，李廷杰之子，中共党员，1953年在本村小学上学，1957年在大宁县城关小学上学，1959年在大宁中学上学，1962年考入隰县高中，毕业后于1965年在县人民武装部工作。1968年应征入伍，在部队从战士到排长，历任干事、干部股长，海军第193师干部科副科长，步兵第579团、567团副政委、政委。1989年转业到地方工作后，历任省林干校副校长、林业厅机关纪委书记、省纪检委驻劳动保障厅纪检组长、省委巡视员，2006年退休。

李执祥为人正直，工作忠于职守，有吃苦耐劳精神，有较强的上进心。在他幼年时，白杜村就十分重视学校教育，当时白杜是全县互动合作的先进单位，县里重点扶植，派优秀教师到白杜任教，使李执祥受到很好的启蒙教育。在隰县就读高中时，该校集中多名优秀教师任教，班主任姚克孝老师倡导开放式自主管理，使他和同学们形成了关心社会发展、关注国内外大事、为社会发展刻苦学习的志向，养成了开放进取、团结紧张的好学风，为以后踏入社会、提高工作能力，打下了良好的基础。

李执祥同志在工作中一贯忠于职守，辛勤工作，努力钻研业务，积极追求进步，他的积极精神，每到一处工作，很快就得到领导和同志们的认可。在县武装部工作时，被评为学习毛主席著作积极分子，在部队当战士时，年年被评为五好战士，1965 年曾被评选为学毛著积极分子。由于工作勤奋刻苦，团首长把李执祥推荐到军政治部搞文印工作，在军政治部同样受到首长和处长的赏识，被选为军政治部党总支委员。提干后先后荣立三等功三次，在连队任排长时，团结班长，带领全排战士，突出地完成了各项任务，同时发挥所长，及时总结工作经验，受到上级好评。这些荣誉的取得，都是和李执祥同志高尚的品质和勤奋精神密切相连的。

李执祥善于学习文化知识，不断提高自己，他深知在机关工作，没有较好的文字水平是会有很大困难的，所以他在部队工作时，常和战友们一起认真学习文化知识、练习文字。改革开放时期，部队驻地当地政府，组织收录成人自修大学科目考试，李执祥当时积极报名参加，由于他在进修过程中认真刻苦学习，每次考试都名列前茅，终于使他成为他所在部队第一批自学成才的大学毕业生。转业到地方工作后，他仍然不放弃学习，尽量腾出时间学文化、钻业务。1991 年，中共山西省委公开招考副厅级领导干部，李执祥报名考试。他转业到地方不久，同别人相比业务知识较差，但出人意料的是，考试结果他力压群芳，李执祥获得了选拔考试笔试和总分第一名的好成绩。按照规定，综合和业务分数合计总共达到 120 分即可参加面试，而李执祥综合科目一项即获得 148 分，林业专业考试，当时只有 3 人及格，李执祥就是其中之一。当时参加考试的同志，许多人都是中央或省委党校毕业，文化基础上几乎全是正规大学毕业，业务上又都有多年地方工作经验，而只有自学大专学历、又刚刚进入地方工作的李执祥却能够脱颖而出，考得了第一名的好成绩，这些都来自他平时认真学习所取得的深厚功底。考评结束后，李执祥以优异的成绩，于 1992 年 2 月被派选为省劳动保障厅副厅级纪检组组长。

争先创优、不断进取，是一个人能够不断求得进步的重要条件，李执祥同志，在任师干部科副科长期间，正值部队在选拔干部工作上进行重大改革，由过去从战士中直接选拔改为考试择优录取后送军校培养。各部队为了搞好选拔工作都用各种形式，对战士进行培训，李执祥亲自抓这项工作，选拔优秀战士集中进行培训。由于他在培训中严格管理、科学组织，结果在培训班组织的 138 人培训战士中，就有 121 人考入了军校，成为北京军区录取量最高的部队。他在部队分管计划生育工作也获军区第一名，所有这些都为本师在各项工作中争得大军区第一名贡献了一份力量。李执祥在省林业厅工作时分管的单位，大都成为省直机关的先进单位，他本人也被评选为省直机关先进个人。

李执祥只有中学文化程度，但他入伍后，从一个普通战士起步，逐步被任命为团长，转业到地方后，以第一名的成绩一举考上副厅级领导干部的岗位，令人十分钦佩。他的成才，和自己的积极努力是分不开的，但也同他父亲李廷杰为他求学读书所花费的艰难心血有着非常重要的关系。李执祥的成长史，是值得人们借鉴的。

李建军

李建军，1971年12月25日出生，李执祥之子，中共党员，吉林大学毕业，获机械工业部部优毕业生称号，攻读研究生中获应届毕业生硕士论文第一名，吉林大学毕业后，分配到机械工业部机械研究院工作，2004年被中国银监会录用，现任中国银监会信息中心处长。

李青梅

李青梅，1947年12月30日出生于李家垛村，李执祥之妻，中共党员，1964年参加工作，在本县曾任小学教师多年，后在河北宣化毛纺厂任办公室主任，山西省八一大厦副处级干部，她一生敬业负责，勤俭持家，为家庭和事业做出了很多贡献。

李廷俭

李廷俭（1918—1998），出生在一个贫困家庭，因家里人口多上不起学，从小就给人家打长工，靠自己的劳动来维持生活。

1949年新中国成立后，李廷俭才返回白杜村务农，多年和哥哥一起生活一起干活，靠劳动养活全家几口人，兄弟俩在一起和睦相处几十年，受到全村人的好评和称赞。

农业合作社化以后，村里群众选他担任了生产队长，由于他勤劳苦干，不怕劳苦，每天起早贪黑为群众服务，得到了全村人的支持，一直在生产队担任队长二十多年。在他和广大村民的努力下，全村生产得到一定发展，人民生活有了一定改善，李廷俭多年来被县、乡、村评为先进工作者和劳动模范。

李廷俭的一生是勤劳的一生、艰苦创业的一生、为人民服务的一生，由于积劳成疾，医治无效，于1998年去世，终年81岁。

李文生

李文生，男，1942年1月生，李廷俭侄儿，自8岁起先后在白杜小学、北桑峨小学、大宁中学、隰县师范读书。1962 年毕业后到城关小学任教。1964 年调县供销社工作，1971 年被抽调到县整顿财贸队伍办公室，随"支左"部队到北京调查插队知识青年的家庭及社会关系等情况。为充实县财贸队伍，在北京近三个月的时间，先后深入到中直机关及朝阳区的有关工矿企业、学校等 80 多个单位进行调查，为我县财贸系统选拔了 176 名知识青年。整顿工作结束后调任榆村公社副主任兼办公室主任。1974 年调回县生产组商业局任副主任。1975 年商业局和供销社分社后任供销社主任。当时的供销系统经过"文革"动乱，工作基本处于瘫痪状态，他到任后，首先进行机构、人员、财务、制度大整顿：起用了一批富有经营管理经验的老同志；选拔了一批年富力强、具有敬业精神的年轻干部；在农村补设了 50 多个代购代销店，构建起一套覆盖农村的购销服务网络；从县公司到各基层供销社营业门店普遍推行了"拨货计价、实物负责、日清日结"制度，堵上了营业门店以往存在的货物长短不明、资金盈亏不清的漏洞。经过两年运作，工作基本转入规范。到 1978 年，全县的购进、销售、费用、利润四项主要措得到大幅度提升，徐家垛供销社还荣获全省支农先进单位。1979 年调任县商业局局长，到任后，因当时商业各公司的主要领导干部大部分是从行政单位调任的，虽然有一定的组织领导能力，但对商业的经营管理比较生疏，随即就举办了副经理以上干部参加的商品流通知识培训班，结合工作实际，对八个公司所经营的商品分类进行了单项核算，彻底澄清了各个公司所经营商品的盈亏情况，同时也大大提高了领导干部的经营管理水平，到 1981 年底上缴利润就增加了三倍。1982 年初，他对商业系统的干部职工进行了一次年龄结构和文化结构调查，从中发现了两个问题：第一是副经理以上干部的平均年龄为 48 岁，干部队伍将要出现青黄不接的现象；第二是大部分初、高中毕业的年轻职工都是在"文革"中上学的，文化素质普遍偏低，有的营业员连发货票都写不清楚。于是 1982 年 7 月份在商业局开办了文化学习夜校，在大宁中学聘请了三名教师，给年龄在 25 岁以下的职工上文化课，经过近两年的培训，为商业系统培养了一批人才。

1984 年 1 月调任县人民政府副县长，先后分管财税、工业，其间李文生坚定不移地在各企业大力推行经营承包责任制，使全县的利税上了一个新台阶。1986 年，县上决定上一个炸药厂项目，但此项目必须经中央兵器工业部批准，在省、地、县领导的大力支持下，他先后 18 次上北京、102 次到兵器工业部审批项目，终于 1988 年 9 月拿回立项批示。

1986 年 7 月 27 日，中共中央总书记胡耀邦同志来大宁考察，他负责后勤接待工作，并参加了座谈会，座谈会上当杨家洪书记介绍完全县的基本情况后，总书记问到商品供应情况怎么样，杨书记示意文生同志作以说明，他说绝大部分商品供应充裕就是石油有些紧缺，总书记当即提示说，陕西的延长县就有油田，大陆的第一口油井不就在延长吗，你们除本省的计划供应指标外，还可在陕西调些计划外的石油。座谈结束后，由省委书记李立功同志提议参加会议的全体同志和总书记合影留念，他家珍藏有和胡耀邦总书记的合影留念相片。

由于他去北京多，对北京各方面的情况比较熟悉，凡县上在北京的公务多让他出马。1988年8月曾在京西宾馆组织召开过大宁在京老干部座谈会；1994年在邮电部宾馆组织召开过北京在大宁插队知识青年座谈会；在北京八宝山参加过轻工业部副部长贺志华同志（大宁东木村人）的追悼会。

李文生同志在几十年的工作中，始终坚持读书学习，现家中存有读书札记五十余本，有的印制成册分送给子女们学习。他十分注重对子女的培养教育，他家的四个子女和一个儿媳妇都获得大学本科文凭，长女李青萍于2001年经县上推荐，市委考试考察被录用为副县级干部，先后任市委少工委主任、吉县和浮山县副县长，当长女李青萍到吉县赴任时他给女儿的赠言是：保重身体、注重学习、尊重领导、看重同志、敬重百姓、敬畏职责、淡泊名利。

李文林

李文林，男，1951年12月出生，李廷俭之子，现年59岁，1968年毕业于大宁中学。17岁时初中毕业回村劳动，被推选为大队民兵连长，带领全村男女青年成立民兵突击队，在村里抢收抢种、防涝抗旱的关键时刻作出了贡献。

20岁时由大队推荐在本村小学担任代理教师，因教学成绩好，被调到安古中心学校任教，并指派为负责人。

1974年23岁时，当时家里困难，为减轻家庭负担，到大宁县粮食局建筑队当了建筑工人。

1995年调到曲峨粮站工作，任业务出纳、保管，为修建粮站仓库作出过很大贡献。

1979年9月至1984年2月在南堡粮站任总保管。为储粮安全多次到地区争取资金，为粮站修建100万斤仓库一座。

1984年3月至1995年调太德粮站任站长，历年被评为先进单位和先进工作者。

1995年12月调回粮食局任股长至今，负责全县储备粮安全工作，多次当选县、市系统先进工作者和优秀共产党员。

冯芳莲

冯芳莲，女，1945年6月出生于太德乡扶义村，李文生之妻，少时因家庭困难，只读过三年小学便辍学在家。自 1971 年起，先后在安古公社、县印刷厂、饮食服务业公司、百货公司、县体委工作，于 2000 年退休。虽然文化基础差，但在工作中一贯勤恳敬业，曾多次被评为先进工作者。

李青峰

李青峰，1978 年 1 月出生，李文生之子，1999 年 9 月加入中国共产党，大学本科文化程度。

1986 年至 1991 年 7 月在城关小学读书。

1991 年至 1996 年在大宁一中上学。

1996 年至 1998 年 7 月在山西省政法学院上学。

1996 年 6 月在大宁县纪检委参加工作，2009 年 8 月任大宁县监察局副局长，在多年的工作期间认真负责，积极肯干，一切都按照政策办事，从不讲个人情面，得到领导和群众的好评。

李进宝

李进宝（1925—2005），从小家境贫寒，七岁时，母亲病故，十五岁时徒步到陕西的秋林县投奔跑邮差的长兄，后到宜川县的孙崖村，在山西省立职业学校念书，初中学历。解放后回村务农，1951 年 10 月参加工作。1954 年加入中国共产党。1951 年，在大宁供销社任业务员，1956 年任县采购局收购员，1958 年县任商业局收购员，1961年任县饮食业服务公司副经理，1964 年任太德公社组织委员，1974 年任县饮食业服务公司经理，1989 年任县商业局主任科员，1991 年退休。2005 年因病逝世，时年八十岁。

李连明

李连明，1921 年出生，现住大宁县城内。四岁时，不幸母亲病故，当时父亲在外工作，不能顾及。李连明和大四岁的姐姐跟随爷爷、叔父一起生活多年。十二岁时和二叔徒步到陕西的秋林找到给逃退到陕西的二战区阎锡山跑邮差的父亲。后经人介绍到山西在韩城设立的"三教院"念书。两年后，随学校转到山西运城继续读书至小学四年级。1946 年运城解放后回村。1949 年参加工作，1956 年加入中国共产党。

1949 年到隰县，在中国人民解放军晋绥九分区自愿参军。当时中国人民解放军完成全国解放时期，他所在部队要西进，给地方留一个电话排，归属临汾行政专署管辖，成立电话队。电话队不分昼夜往全区各县架设电话线路，几个月后，县县通了电话。

他服从专署分配，背着大宁县第一部电话机回到解放后的新大宁，分配到政府办工作。他是大宁第一任电信工作者，直到县上成立了邮电局后，才移交了这项业务。

1952 年，我们国家有了直流电收音机，县委派他去临汾领回一台收音机。从此，他背着这部收音机到机关、下农村，组织人民群众收听党中央的声音，收听时事、新闻节目，宣传党的路线方针。无论走到什么地方组织收听，广大干部群众都是积极主动地参加，并对播放收音机的他进行热情招待。他的工作，年年被评为先进和模范，受到县委和专署的表扬和鼓励。1961 年调到大宁县委任统战秘书。后分别抽到审干办公室、肃反办公室，参加了对全县干部的政审和材料外调。1964 年参加了洪洞大四清运动。

"文化大革命"后，先后担任三多供销社指导员、曲峨公社副主任、县农修厂党支部书记等职务。在农修厂他带领干部职工，历尽千辛万苦，克服重重困难，顽强攻坚，研制成功了 12 马力小型链轨、轮胎两用拖拉机，填补了山西的空白，受到省有关领导和专家的重视和好评，后因其他原因未能定点批量生产。

1978 年调县外贸局任局长。他组织全局人员认真学习，扩大业务范围开展工作，经过努力，开拓了外贸工作的新局面，树立了外贸局的新形象，提高了经营效率。此后，年年受到表彰和奖励，他个人年年被评为先进工作者和模范标兵。1985 年调县物价局任调研员，1994 年离休，享受副县级待遇。

李春雨

李春雨，1955 年出生，李连明之子，大专文化程度，机械工程师，1974 年加入中国共产党。

1970 年大宁中学初中毕业，同年 12 月在大宁县农机修造厂参加工作，报到后就被派往临汾动力厂学习车床加工技术，是大宁县第一代产业工人。学习三个月后回到大宁，担负起全县各种机械零件的修理加工任务。为能适应工作的需要，和几位工友一起勤奋自学，几年的时间，攻读了高等数学、机械原理、机械制造、工程力学、材料力学等多门高等教育书籍，同时掌握了车、铣、钻等多项操作技能。1974 年担任了本厂机工车间主任，以机加工代表身份参加了临汾地区车床汇战并参与了本厂"三联泵"、"多级泵"、"小型拖拉机"等新产品的研制工作。他在研制中细读图纸、精心操作和指导，克服困难，攻克难关，完成了十多项工具改革、二十多项工艺改革，确保了各种零件的加工精确度，使产品研制成功，特别是在"小拖"研制工作中，根据图纸自己计算了变速箱各个轴孔的坐标尺寸，研发了变位齿轮的加工方法，完成了各种高精度零件的加工，受到工友的赞誉和领导的好评。

1979 年调大宁县农机技术推广站任站长，在此工作期间，参与了玉米收割机、挖坑机的研制工作，同年 7 月赴广西隆安进行实地试验。1984 年主持推广棉花机械铺膜技术，单位获国家农牧渔业部技术改进一等奖。1986 年参加全省小麦抗旱防冻技术小组，受其委托用两年时间主持研制成功了 2BX—3/6 型小麦沟布机，全省在大宁召开了现场推广会。从 1985 年起连续五年被评为全省农机推广先进个人。在此期间，参加中央农业广播学校，1987 年中专毕业；参加全区考试，1989 年考取"机械工程师"技术职称资格；参加全省高等教育自学，1990 年毕业于山西大学。

1990 调到大宁县农业委员会工作，任农委办公室主任、农业工委秘书，1993 年 8 月任正科级秘书。

1996 年任大宁县南堡乡党委副书记、政府乡长。在南堡工作五年，配合有关单位修建了南堡住宿制小学和连村小学、铺社了三多至南堡的 11 公里柏油公路、利用生态项目改造了基本农田 5000 亩、栽植了美国大杏仁 8000 株以及连村沟的农田建设、下则头的绿化等，受到广大群众的好评。

二〇〇一年八月撤乡并镇时南堡并于三多乡，调任大宁县委政法委员会副书记、纪检书记。

李会玲

李会玲，女，汉族，1956 年 9 月出生，李春雨之妻，中共党员，大专文化程度，中教一级职称。1974 年参加工作，担任县妇联主席、县委委员、政协常委，临汾市第一届党代表，山西省第八、九届妇代会代表。

1972 在隰县师范就读，1974 年在一中任教，1984 年 9 月在大宁一中任团委书记，1987 在山西省教育学院学习，1990 年 8 月在大宁一中任副校长兼政教处主任，1993 年任县妇联主任。李会玲同志在工作中认真负责、积极努力，取得了不少成绩：1992 年 7 月被县委评为优秀共产党员。1994 年、1995 年 3 月被县委县政府评为先进工作者。1996 年 3 月被临汾市妇联评为"三八红旗手"。1996 年被山西省"三八"银花竞赛活动领导组评为先进工作者。1997 年 7 月被县委评为优秀共产党员。1997 年 5 月在地区"九五"赶超立功竞赛活动中成绩显著，荣立二等功。1998 年被省妇联授予优秀妇女干部、"三八"红旗手荣誉称号。2000 年 11 月被省妇联评为"三八"红旗手。2002 年 3 月被市妇联评为"优秀妇女工作者"、"三八红旗手"。1994 年 3 月—2001 年 3 月县妇联连续 8 年被县委县政府评为"服务经济工作先进单位"。1994 年—1998 年 10 月连续 5 年被省妇联评为"一报一刊"宣传发行先进单位。2001 年县妇联被省妇联评为"三八红旗集体"。2002 年县妇联被省妇联评为"母子安优秀组织奖"。2002 年 3 月被省妇联评为《婚姻法》宣传先进单位。2003年3月县妇联被市妇联评为"三八红旗集体"。2005年3月—2008年3月连续三年被市妇联评为"三八红旗手"。

任县妇联主席18年来，李会玲认真学习邓小平理论，贯彻落实"三个代表"重要思想，围绕县委县政府各项奋斗目标，带领全县广大妇女在脱贫致富奔小康的道路上阔步迈进，同时，她还不断组织开展形式多样的寓教于乐的大型活动，使广大妇女在欢乐、健康向上的氛围中为振兴大宁经济作出了突出贡献。近年来，县妇联共印发宣传资料3万余份，处理上访案件100多起，培训农村妇女技术员1000余人，受到了省、市妇联的表彰。

李春红

李春红，男，汉族，1967年2月生，李连明次子。1889年7月参加工作，1998年11月加入中国共产党。天津工程技术师范学院工业电气自动化专业毕业，大学本科学历，工学学士学位，高级讲师、国家注册安全工程师。

1974年3月—1979年7月在大宁县城关小学读书。

1979年9月—1982年7月在大宁一中读书。

1982年9月—1985年7月在临汾市第一中学读书。

1985年9月—1989年7月在天津职业技术师范学院，攻读工业电气自动化专业，期间1987年11月20日获三等奖学金，分别于1987年11月20日、1988年11月1日获三好学生称号。

1989年7月大学毕业分配至霍州矿务局技工学校参加工作，先后任教师、实习指导教师、实习工厂厂长等职，1998年被任命为总务主任（副科级），2001年8月被任命为教务主任，2002年集团公司组建职工培训教育中心，被任命为教务处主任（正科级），2006年2月调到集团公司沁源项目筹备处工作，任技术部部长、办公室主任等职，2009年调任山西煤炭运销集团临汾煤业公司，任人力资源部部长（副处级）。

走上工作岗位后，李春红积极参加各级培训学习，不断充实自己。

1.1991年5月至7月在北京煤炭管理干部学院《电子电器》培训班学习；

2.2002年7月至10月在山西煤炭管理干部学院《工商管理》培训班学习；

3.2001年11月参加山西省职业技能鉴定中心举办的《职业技能鉴定考评员》资格培训；

4.2006年11月8日至18日参加中国煤炭工业协会《煤炭行业职业经理人》资格培训；

5.2007年9月参加全国统一考试，取得《注册安全工程师》任职资格，于2008年

7 月 17 日在国家安全监管总局注册。

他在工作中勤恳、踏实、敬业、努力，得到所在单位领导和同事的认同，曾多次被评为"模范班主任"、"优秀教师"、"先进个人"、"先进管理工作者"、"优秀共产党员"，被授予"双过半"功勋个人奖等荣誉称号，受到单位、集团公司的表彰。2005年5月获集团公司"劳动模范"表彰；2006年7月获集团公司"优秀共产党员"表彰；2007年5月获集团公司"先进生产工作者"表彰；2008年5月获集团公司"先进生产工作者"表彰；2008年9月获"廉政文明家庭"称号；2009年7月1日获霍州煤电集团"优秀共产党员"称号；2010年获山西煤销集团"优秀共产党员"称号、临汾煤销公司"先进党务工作者"称号。

1991年—1996年每年5月至7日期间被山西省煤管局抽调参加全省煤炭技术学校毕业生毕业统考、技术鉴定考试组织工作，在考试命题、考务组织、阅卷、试卷分析、制发证等工作中担任副组长，圆满完成工作。

李春红主持编写了全国煤炭行业职业技能鉴定培训教材《安全检查工》（中、高级），2006年3月由煤炭工业出版社出版。主他还持编写了山西焦煤集团全员学习系列丛书《主提升机操作工》，2006年6月由中国矿业大学、煤炭工业出版社出版。

李春平

李春平，1969年11月出生，李连明三子，大专文化程度，1993年7月加入中国共产党。

1984年大宁中学初中毕业；1985年4月参加工作，在大宁县委农工部任干事；1987年7月调大宁县人民检察院工作，历任检察院会计、反贪局侦查二队队长、职务犯罪侦查局经济侦查队队长、控申科科长；2008年8月任检察委员会委员。2001年3月被山西省人民检察院评选为"五好检察干警"，2001年4月被临汾市检察院反贪局评选为"十佳标兵"。

李连文

李连文，69岁，共产党员，二十世纪60年代先后担任记工员、副队长、队长等职务。因为在村里工作成绩突出，1976年被公社选派到公社林场当场长。1980年，农村实行包产到户后，李连文返回白杜任白杜东队队长，白杜大队队长，其间于1985年组织白杜东西队主要干部完成了安装电网、改造学校校舍的工作，深受人们好评。1988年，同上、下麻束分队后，担任白杜大队支部书记，在任职期间，李连文带领群众修建引水上塬蓄水池，解决了群众吃水难的问题。

李连文同志从青年时期就献身于白杜村的公益事业，从记工员副队长、队长到大队长、支部书记，他不论干什么工作，都能认真负责，尽量为村里办好事、办实事，被人们称为白杜村的好干部。

李九保

李九保，1953年8月出生，从小上学，1976年8月毕业于山西大学化学系，毕业后同年在县味精厂参加工作，1979年至1981年任味精厂技术员、生产科长，1981年至1985年任县味精厂副厂长，1985年至1990年任味精厂厂长。在担任味精厂厂长期间，他积极领导全厂职工进行生产，收到了良好的经济效益。1991年调入县二轻局任副局长，2002年兼任县建筑设备安装总公司总经理。在工作期间，由于工作积极肯干、认真负责，曾被县委、县政府授予优秀共产党员、优秀厂长、先进工作者等光荣称号。

许长胜

许长胜，出生年月无考，卒于1933年。许乃让之父，曾在本村念过私塾，初小文化，从小喜欢练习武术。青年时期，即跟随他考中武科进士的表兄单同爵外出从武（单同爵为本县当支村人，是大宁县第八位取得进士学位的举人，也是清末实行科举制度的最后一批中举者。因单中举是大宁最后一次修编县志之后的事，故未能被列入县志），许长胜跟随单同爵先在卢沟桥守护京城，后在河北查巡盐业，由于在军营中功业显著，单同爵被召回宫内，担任守宫卫士，将许长胜也带进宫内，充当宫内士兵。1900年八国联军入侵京城，不久，单同爵身患疾病，同许长胜一起回到大宁家乡，结束了他们的兵戎生涯，过上了农家生活。1933年，许长胜因病逝世。这段历史，使许长胜成为白杜村有史以来离乡赴京、入宫从戎的第一人。

许乃让

许乃让（1913—1993）自幼在本村小学上学，1927年在大宁第一高小读书，他天资聪明、才智过人、勤奋好学、刻苦攻读，在校学习成绩非常突出。1913年高小毕业后，先后在茹古、秀岩、芍药、县国民小学任教，1943年任三多中心小学校长。他在教学工作中严格管理学生、刻苦认真教学，每到一处，都为小学教育事业作出了突出的成绩。在上茹古任教时，在一次全县考试竞赛中，上茹古小学在仅有的三个项目中就夺得学科考试、讲演两项全县第一名，文艺表演也获第二名的好成绩，一时在社会上引起了强烈的反响，由此作为上茹古小学唯一的教师，许乃让的名声也在全县被广泛传扬。1932年，家父染病在身，尽管还有兄、妹在家，许乃让还是毅然辞职返家，在膝前端茶送水精心侍奉、请医买药尽心医治达一年之久，直到父亲病逝。他专心操持孝道、弘扬中华民族传统美德的崇高品格，被村邻亲友传为佳话。1937 年，在教学生涯中享有盛誉的许乃让，到县国民小学任教，到县城工作，给了他广泛接触社会的机会。也就是在这一年，以抗日救国为己任的牺盟会在大宁积极宣传并组织群众抗日的壮举使他兴奋不已，于是他便在教学之余，主动同牺盟会县区一些领导人密切接触，从而使他进一步受到了爱国主义思想的熏陶。他和牺盟会的不少县区领导成员的关系非同一般，时隔四十多年，1983 年，原中共大宁县委宣传部长、牺盟会一区分会主任武英魁，因事重返大宁，许乃让和武英魁旧友重逢，两人同桌共饮，忆述当年，情趣甚浓。同牺盟会的接触，也使善辨是非的许乃让奠定了他在政治上正确发展的人生道路，确立了他对共产党的深厚情感，在他晚年的《桑榆诗文集》的大多数作品中，都进一步诠释了他爱党爱国的坚定信念。由于他政治思想敏锐、善辨是非曲直，每逢关键时刻，他都能正确地选择道路：1940 年秋在国民小学任教时，国民政府县长陶伯符派他到花崖编村任代村长，到职不久，他对村主委催粮要款、迫害人民的做法十分不满，不到三个月，便以自己熟悉教育工作为由，辞去代村长职务，到三多中心小学任了校长；1943 年许乃让被派往阎锡山避难的克难坡集中受训，训练结束后，要把他留在克难坡，许乃让觉得阎锡山同日本人相互勾结，迟早不会有好结果，于是他用婉言拒绝。许乃让一次又一次地在重要关口上能从歧途走向正确道路，是他人生中最为耀眼的亮点。

　　1947 年大宁解放后，在如火如荼的土改斗争中，许乃让一家四口分到了三十多亩土地，从此一直到 1955 年的六七年中，他靠着自己勤劳的双手，辛勤劳作，全家过上了自给有余的美好生活。随着家庭人口的增加和集体化社会制度的实行，许乃让在解放初期精心营造的蒸蒸日上的日子，逐渐变为吃粮花钱都比较紧迫的境况。令人欣慰的是，在 60 年代三年大饥荒来临之前，许乃让从 1959 年起，先后到峪里沟红专大学，当支、城关农中任教，工资虽然微薄，但比起大队里工分所得的报酬，还是要高出许多，这一机遇，使全家人比较安稳地从饥荒中度过。1964 年，农中和红专大学先后被撤销，许乃让又回到了生产队。在漫长的二十多年的集体劳动生产过程中，他一个人的劳动所得，有时连生活都难以维持。然而就在如此困难的情况下，他都把儿子们的上学读书放在了首位，从而为他们走向社会参加工作铺平了道路、创造了条件。他用自己的毅力和决心谱写的人生新篇章，深受人们的敬佩。

　　艰苦的劳动、窘迫的生活再加上"文化大革命"的残酷迫害，使年过六旬的许乃让身体状况越来越差。1982 年，他的大儿子许新民将他们老两口连同有病的六弟接到城内同他住在一起，颐养天年。但壮志不移的许乃让，从 1989 年开始在病榻中，靠其深邃的记忆、坚强的毅力、丰实的知识功底，在其行将离开人世前的四五年间，撰写了 150 多篇古体诗文，把这笔厚重的精神财富留给了他的亲人、友人、后人和所有的人。这是他铸就的又一次非同寻常的可喜篇章，受到了社会各界的广泛好评。1993 年正月十五，许乃让老先生因病医治无效病逝，享年 80 岁。

许新民

许新民，1936 年出生，许乃让长子，共产党员，1951 年城关完小毕业后，于 1952 年参加工作，先后在白杜、下麻束、曲峨等村担任小学教师。在将近五年的教学生涯中，他认真教学、精心育人，起早贪黑苦读古今中外的一些文学著作，不仅教学工作取得较好成绩，而且他的个人学识也有很大长进。所有这些，使他很快在教师队伍中脱颖而出，1956 年 6 月许新民被任命为扫盲校长，刚到任不几天，又被调到县委文教部工作。1963 年调团县委组织部担任部长。从文教部到团县委的近十年内，许新民经历了 1957 年声势浩大的反右派斗争，1958 年急风暴雨般的"大跃进"，1959 年拔白旗、插红旗和反右倾斗争，1963 年开展的"五反"和后来的"三清"、"四清运动，一次又一次如火如荼的政治大风暴，使他越来越深刻地感觉到：要使自己在政治风浪中站稳脚跟不翻船、勇往直前不跌跤，必须谨慎言行、努力工作、不谋私利、洁身自净。以此践行自己的人生道路，不仅使他安稳地度过了重重关隘，而且使他在政治上愈为成熟，工作中在文笔方面的功底也更为凸显。1965 年当他随团在外搞四清回县不久，就被任命为大宁小报常务副主编。从此他工作更加勤奋努力，在短短几个月的时间内，出刊发行了三十多期宣传大宁经济社会发展的大宁小报，受到了领导和社会的好评。

1966 年"文化大革命"开始不久，就以他是旧县委安排到要害单位的保守派为由，把他拉下马，经过几个月的所谓清理流毒，又把他安排到宣传部工作。1972 年 12 月许新民被任命为通讯组长。在此期间，他充分发挥特长，认真撰写稿件，在不到二年的功夫，先后在省、地电台和报纸上刊登和发表了三十多篇新闻通讯和典型报道等稿件，受到县委和地委通讯组的多次表扬。1974 年许新民调宣传组任组长。1979 年 11 月被任命为广播局长，随即又将他抽调到县委办公室工作，主要任务是跟随县委书记李俊到各地调查研究。此时正是农村实行责任制的萌发期，许新民按照县委的要求，先后总结了山鸡圪岭、东南堡等几个生产队实行"队为基础、以户承包"的典型经验，在全县推广后大大加快了全县农村改革的步伐。

1983 年调县志办任主任不久，又被任命为县政府办公室主任，在政府办工作的日子里，许新民坚守岗位、恪守尽责、积极协助县长和各位副县长行使政府职能，取得了显著成绩。此间，他还被省政府聘为《山西经济年鉴》撰稿人。1986 年调任县委农工部部长，在任职期间，他在县委的领导下，认真深化和完善农业生产责任制，落实党的各项农村经济政策，取得了可喜的成绩，特别是在杨家洪书记倡导的隔坡水平沟工程中，他参加指挥部担任副总指挥，这一工程，受到了国内外有关专家的极大关注。1987年胡耀邦总书记来大宁视察，对此项工程作了肯定和表扬。

1988年调县委统战部任部长。1989年被授予大宁新闻事业奠基者的称号。1990年6月调任县科委主任。1993年5月，县科委被评为全省棉花科研承包集体三等奖。同年8月，58岁的许新民退居二线，就在这一年秋天，他长途跋涉，从山东为大宁调回二十多万株优质苹果树苗，解决了全县发展果树缺苗的问题，受到了县委书记李建荣的表扬，同时也为自己赚到了一笔可观的收入。1995年退休后，他不辞笔耕，仍然勤以写作。2000年，他主笔同许均民、曹生贵为大宁黄河总公司写了一部30万字的公司发展史。2009年从他父亲遗存的150多篇古体诗文中，整理编辑成《桑榆诗文集》，自己出资刊印成书，受到了社会人士的好评。他为父亲的文集写的后记，被大宁文联主办的《昕水文艺》全文刊登。同年他又将自己几十年来写作的诗作，编辑成《雅贤居小集》，刊印成书。与此同时，许新民又开始着手撰写《白杜村村志》。并于2010年底写出了初稿，全志共分十三编，共二十多万字。

许新民几十年如一日的勤以奉公、努力工作，为坚持正义，从不屈从权势。退休之后，也不清闲度日，为大宁的文学创作事业作出了应有贡献。

许高明

许高明，男，1942年9月16日出生，许乃让二子，隰县中师毕业，中共党员，1963年参加工作，曾任上茹古小学教师、大宁中学教师、秀岩七年制学校校长、上菇古七年制学校校长、罗曲七年制学校校长、安古联区校长、教育局干事、文化局办公室主任。2002年退休。

许汉民

许汉民，1951年出生，许乃让三子，中共党员，1957年在本村就读，大宁中学毕业后，在家务农。1972年进入隰县师范学习，1974年毕业，同年参加革命工作，历任隰县县委办公室、县委组织部干事。

1974年先后任隰县人民法院办公室主任、陡坡乡党委书记、隰县土地局局长、二轻局局长等职。1998年任隰县检察院副检察长。

由于许汉民在学校学习成绩突出，隰县师范毕业后，即被隰县组织部录用到县委工作。参加工作后，他积极努力，发挥自己聪明才智，每到一处，都为党为人民做出了一定的成绩。

到陡坡乡担任党委书记后，许汉民组织领导全乡人民发展农业生产、开展多种经营，取得了较好成绩，多次受到县政府的表扬和奖励。在检察院工作期间，他分管反贪工作，为隰县的廉政建设作出了一定贡献。许汉民从小就喜爱书法，特别是进入师范后，经常握笔练字，从不间断。2006年，退居二线后，他每天都用一定时间练习书法写作，他的书法功底比较深厚，在隰县享有盛誉，同事们家有红白喜事，都要请他书写对联，在隰县和西山五县举行的多次书法作品联展中，许汉民参展作品都获得了好评。在不断提高书法能力的同时，许汉民还苦练雕刻工艺，他的雕刻作品主要是在木板上刻制名人语录、名言名句，然后镶上花边，再经过油漆加工，便成了人们房中一件精美的装饰品，他的这种木刻作品，在隰县也小有名气，其字体和刀功都十分优美，深得人们的喜爱。

近年来，许汉民先后被隰县老年书法协会、临汾市老年书法协会、山西省老年书法协会、中国老年书法协会吸收为会员。

许良民

许良民，1957年出生，许乃让五子，共产党员。1975年参加工作，在安古公社担任通讯员，1983年后调县农行担任会计工作八年之久。1987年调安古乡，先后任司法员、会计，1990年任安古乡办公室主任、党委宣传委员。1993年任太德乡副乡长、政法书记、纪检书记。1999年5月，调县农机局任纪检组长（副局级）。许良民在工作中，一贯勤奋踏实、诚实待人，办事十分耐心细致，每到一处，深受同志们的热忱欢迎。

退居二线后，许良民又充分发挥余热，给大宁县建筑设备安装总公司第九分公司（私营企业）管理财务，继续发挥他早年在工作中担任多年会计工作的特长，为社会创造财富、为自己增加收入。

王慧卿

王慧卿，1938年出生于川庄村，许新民之妻，1958年白杜大队推荐到吕梁县卫生班学习，学习结业后，1959年分配到县医院担任护理工作。1960年响应党的号召返回家乡白杜，同年到洞河小学教书。1961年又回到白杜担任赤脚医生十多年。1975年，到县卫生局长期搞计划生育工作。在计划生育工作中，她积极努力，跑遍了全县绝大多数村庄，多次被评为先进模范。王慧卿不只是在工作中认真负责，而且处事公正诚信，孝敬公婆，善待兄弟，能较好地处理家事，深受人们的尊敬。1982年退休。

房安俊

房安俊，女，1946 年出生，中共党员，中师学历。1966 年参加工作，曾任本县下山嶂、水堤、下麻束、当支等村小学教师，后调城关小学任教，获得小学高级教师职称。她在小学教学岗位上一直工作了 34 年，于 2000 年退休。

张青梅

张青梅，女，1953 年出生，中共党员，1968 年初中毕业后，于 1969 年参加工作，历任隰县汽车配件厂会计，县科委、科协干事，2008 年退休。

许继红

许继红，出生于 1964 年，许新民长子，中共党员，山西省委党校经济管理学函授部本科毕业。1982 年，在大宁味精厂当工人。1985 年调大宁县检察院任书记员。1989 年任助理检察员。1997 年任检察院反贪局副局长。2003 年任检察院职务犯罪侦察局局长、检察委员会委员。2008 年 8 月调任大宁县人民法院副书记、党组成员、审判委员会委员，分管刑事审判、综合治理和法警队工作。

许继红参加工作以来，一贯积极努力、勤奋肯干，在任检察院反贪局长期间，和同志在一起，检查落实案件，同贪污腐败行为作坚决斗争，多次受到县委县政府和上级检察部门的表扬和奖励。在法院工作后，同刑事审判庭的同志们一起严格按照法律程序，依法对各类刑事犯罪分子进行审理判决，有力地打击了犯罪行为和震慑了犯罪分子，为社会宁定作出了贡献。许继红一贯乐于助人、见义勇为。1982 年 9 月，他正在黑黄嶂沟往城内走，见一个人骑着车子，掉进了昕水河滩的地泥水中，他奋不顾身，跳进冰冷的泥潭中将那个人救起来。1983 年，许继红正在往家里担水，听有人喊叫"河里发大水了，快救人！"他放下水桶，跑到河边一看，只见上游山洪顺着河道直泻而来，这时正在河槽内拾柴的母女俩被吓得不知所措。许继红二话没说，直奔河槽，将母子俩拉上，便往岸边跑，正当他们跑到岸边时，洪水已淹没了他们的双腿，在这危急时刻，许继红用双手很快把那母子二人推上了河岸，因他从小就会游泳，虽然洪水已及腰，但他还是平安地游到岸上，他的这种精神被人们传为佳话。

许建红

许建红，男，生于 1969 年 12 月 4 日，许新民二子，中共党员，大学学历，1985 年参加工作，1985 年—1986 年在大宁县房产办公室工作，1986 年—1988 年在大宁县烟草专卖局担任保管、1988 年—1991 年在大宁县土地管理局办公室工作，1988 年—1991 年在山西师范大学中文系脱产学习二年，2004 年—2007 年在中共中央党校函授经济管理专业学习，1991 年在县政府办公室工作，先后在法制科、综合信息科和会务行政科工作，任会务行政科科长。

许永红

许永红，1972 年出生，大学本科文化程度，共产党员，从 1978 年开始，先后在大宁城关小学、大宁中学读书。1990 年复员后调县交通局，任交通局团支部书记。2000 年，兼任道路运输管理所副所长，2006 年调任为专职运管所所长。其间，2006 年在中共中央党校函授学院经济专业本科班学习，2006 年毕业。1987 年 6 月在大宁县区划办参加工作，同年 11 月到部队服役，在部队曾多次受到连、营嘉奖，并荣立三等功一次；1990 年复员后调县交通局任团支部书记；2000 年兼任大宁县道路运输管理所副所长；现任大宁县道路运输管理所所长。

许永红自从 2006 年任职以来，始终牢记党的宗旨，以一位共产党员的标准严格要求自己，全身心地投入到全县的道路运输管理事业中。切实加强客运市场管理，稳步推进源头治超工作；整治维修市场，规范经营行为和驾培市场等，开展了一系列行之有效的工作。连续五年获临汾市交通运输局"先进个人"、"模范工作者"荣誉称号；连续五年获省交通运输管理局"先进工作者"荣誉称号；2007 年被授予"和谐中国暨2006 年度优秀创新人物"和"中国骄傲，第五届中国时代优秀新闻人物"等荣誉称号，受到了国家领导人的亲切接见；伟大实践中，成绩显著，荣立个人一等功；2010年获临汾市道路运输管理局"先进个人"荣誉称号；2010 年出席了第二届劳动者之歌——最具影响力英雄人物事迹报告及五一座谈会。用实际行动为大宁县创建了公平、和谐、竞争、有序的道路运输市场环境。

许永红是在大宁县道路运输管理工作处境最艰难的时候担任所长职务的，当时，面对道路运输市场管理混乱、职工工资低、待遇差的种种困难，他首先是以人为本，在职工工资低的基础上，五年内先后 5 次为职工加发工资，并应用科学考勤管理，对于工作态度积极、出勤率高的职工发放一定的奖金进行鼓励。他还多方筹措资金为职工交纳了养老保险和医疗保险，提高职工的生活保障，充分调动了职工的工作积极性。二是强化管理，加大运管工作力度。他主持组建了一支年轻有为、积极肯干的领导班子，制定了一系列行之有效的管理制度，明确了各自的目标任务，使班子成员们个个头上有责任、人人肩上有担子。针对部分客车不按规定检测车辆性能、不按时缴纳违规费和无证驾驶的情况，运管所在全县范围内开展了道路客货运输整顿大清理、大整顿活动。在运管所稽查队和公安部门的积极配合下，运管所对违规客车进行了查扣，在核实违规操作的前提下限期整改，使全县乡镇客车经营行为迅速得到了规范。三是以身作则，严格把住人情关。作为一所之长，针对大宁县小、十家九亲、朋友熟人多的特殊情况，他经常对职工进行廉政教育，要求大家在征费时不论对谁，一视同仁，坚决顶住说情风、把住人情关，要杜绝"吃、拿、卡、要"的不良行为，克服"冷、横、硬"的做法，真正做到让群众满意、让领导放心。他用实际行动保证了征费工作的顺利进行。市运管处领导来检查工作时称赞说："大宁运管所地处贫困山区，但工作环境优美，职工精神饱满、信心十足，任务完成出色，是一个优秀的基层所。"

许永红不仅工作上积极努力，而且善于广交朋友、帮助他人，在社会上享有较高的声誉。他积极支持《白杜村村志》的编写工作，在文稿电脑打印、校对改正和照片收集拍照等各方面做了大量工作，为村志编撰工作尽到了应尽的义务。

贺瑞芳

贺瑞芳，女，生于1971年9月27日，许建红之妻，中共党员，大学学历，1986年参加工作。1991年—1993年在中共中央党校函授专科学习，2001年—2003年在电大函授本科学习。1986年在大宁县人民检察院工作至今，先后在检察院办公室、批捕科、起诉科工作，任起诉科副科长。

李锦梅

李锦梅，女，1971年出生于太古乡坦达村。1978年到1986年在坦达小学、坦达中学读书，1986年到1989年在大宁一中读书，1989年高中毕业。1992年5月参加工作后，一直在妇幼保健站工作。2002年被评为卫生先进工作者，2006年6月，被任命为妇幼保健站副站长。

李燕青

李燕青，女，1972年出生，中共党员。从小在葛口村读书。1994年在大宁中学毕业后，考入山西医科大学。大学毕业后，1997年分配到大宁防疫站工作。2010年调卫生局药品质量监督管理站任副站长。李燕青不仅工作认真踏实、勤勤恳恳，而且从不放松自身的学习，特别是对医学防疫的学习和研究，更是孜孜不息。

许金奎

许金奎（1932—2008），出生于1932年兵荒马乱的旧社会，受尽了三座大山的严酷剥削，从小就过着牛马不如的生活。为了生计，他很小就给人放牛羊、打长工，过着衣不遮体、饭不能食的艰苦生活。解放后，他家分得了土地、分到了房屋，过上了太平日子。他坚持一边参加生产劳动，一边积极参加扫盲，不仅习得了娴熟的生产技术，而且具有了高小文化程度。他于1954年2月加入中国共产党，先后担任白杜大队民兵连长、贫协主任、党的核心组长。由于他出身贫寒，从小深受共产党的教育和培养，对党忠诚、对人纯厚、孝敬长辈、抚养子女、培育兄弟，立下了不可磨灭的功绩。他为集体事业忠心耿耿，不辞劳苦，为白杜村的经济建设作出了一定贡献。由于他从小受尽艰难，以后又为集体事业煞费苦心、为抚养培育子女饱经艰苦，积劳成病，于2008年1月15日病逝，享年78岁。

许钧民

许钧民，男，出生于1943年5月4日，许执奎二弟，1962年毕业于隰县师范，后从北京经济管理大学函授专科毕业。1962年7月参加工作，曾在大宁县茹古小学任教师，大宁人事局、县四清办、学大寨办公室任干事，团县委任副书记、书记、县委办副主任、宣传部副部长、党校校长、政府办主任、县教委主任、科委主任等职。任县第十届人代会代表、第十届党代会代表，第十一届县政协会委员、常委，于2003年退休。

许钧民生于旧社会、长在红旗下。在旧社会，由于深受三座大山的剥削，家庭十分贫困，从记事起，他就受尽了生活的磨难，过着水深火热的生活。解放后，共产党为他家分了地、分了窑，过上了太平日子，但不幸父亲早逝，孤儿寡母相依为命，勤劳节俭的母亲及善良忠厚的哥嫂硬是供他从小学念到隰县中师毕业，并参加了工作。艰难痛苦的经历磨炼了他立志成才的意志，党和家人抚养培育之恩情坚定了他忠于党、干好事业的决心和忠心。在学校，由于他刻苦学习、努力钻研，年年都取得好成绩，是班里的优秀学生。1962年，他被分配到茹古小学任教，他爱学校、爱学生，认真教学、精心辅导，在他和老教师张克俊等同志的共同努力下，通过两年的苦干，茹古小学高四班23名学生有18名考上了中学，创下了该校升学的最高纪录，受到了县教育局的表彰。1964年7月，他调往县人事局工作，大四清中，他热情高、积极干，圆满完成了领导交给的各项任务，于1965年7月"火线"加入中国共产党。

他忠诚于党的事业，党叫干啥就干啥，参加工作调动过十五个单位，从不讲价钱、论条件，干一行，爱一行。1971年到1975年，在团县委任副书记、书记期间，他搞调查、抓典型，带领全县团员青年开展适合青年的突击队活动，为县委在中心工作中有力地充当了参谋和助手作用。他所培养的典型曲凤大队团支部被团省委评为先进团支部。在宣传部、县委办、政府办任职期间，他廉洁奉公、一尘不染，从不搞特权、从不占便宜，忠诚老实，和同志们打成一片，勤勤恳恳、任劳任怨，对工作积极肯干，对同志热忱相待，分别于1975年、1984年、1988年被评为模范党员。在县教委任职期间，他狠抓教育，特别是教学管理工作，使全县的教育面貌发生了较大改变。一方面狠抓基础教育，使教育教学质量有了明显改善，及格率、升学率都有了明显提高。另一方面，狠抓职业技术教育。许均民圆满完成了大宁县为全国教改实验县的艰巨任务，1992年经省教委检查验收，大宁被评为省教育改革先进县，并发给县政府奖状和奖金。1993年，国家教委检查验收后给予了很高的评价，颁发了"教改实验县"合格证书。

他孝敬老人，尊敬长辈，辛勤培养孩子。他和妻子结婚几十年来，省吃俭用，勤俭持家，精心养育孩子。全家3人为国家正式干部，5人为国家正式职工，5人加入了中国共产党，7人为大专文化程度，2人为中级职称。大女儿许迎春、女婿郭春宇都为大专文化程度，高级技工。儿子许迎军，大专文化，审计师，媳妇郭艳萍，大专文化，高级技工。二女儿许迎辉、女婿庞英刚，都为大专文化，高级技工。他们都在各自的工作岗位上发挥着自己的聪明才智，为自己的事业贡献着自己的智慧和力量。

张对梅

张对梅，女，1946年出生于下茹古村，许钧民之妻，1963年毕业于大宁卫校。1964年参加工作，曾在白杜村卫生所担任医生，积极为村民防疫治病作出过贡献，后于城关医院、县医院从事护士工作20年，1984年调县委党校从事医生工作15年。她在工作中一贯勤奋学习，努力钻研，艰苦工作，勤俭持家，工作上完成了领导交给的各项任务，本人被评为主管医生职称。2001年退休。

许秋平

许秋平，男，出生于1971年，许金奎之子，高中文化程度.秋平由于出生在贫苦的家庭，从小养成了艰苦朴素、勤俭持家的优良作风，并立志长大干一番事业。他于1981年跟随县锅炉公司安古安装队的师傅到大同打工，由于他勤奋学习、苦心钻研、积极苦干，圆满完成了队里的安装任务，同时，学会了安装锅炉的一套技术，组建了自己的工程队，承包了工程，收入年年提高。他十年来积累了上百万元的固定资产，不但有了自己的高级小汽车，而且在大同市还买下两处住房，两个孩子也在大同入了学。

许迎军

许迎军，男，1979年生，中共党员，1996年参加工作，在县审计局任审计师。他积极工作、认真钻研，业务能力强，曾为国家审计署顺利完成了《山西省煤炭安全监察局预算执行审计项目》，受到领导的表扬。

许毓麒

许毓麒（1848－1929），许光谟之祖父，出生于清道光28年，家业十分丰厚。其庭院大门前立有两根木质铅顶旗杆，旗杆旁立有一块雕刻精细的上马石，大门门楣上悬挂有贞节牌匾，院内南大厅悬挂有"世德堂"的鎏金牌匾。许毓麒家的这些特殊设施——突显其家业辉煌的旗杆院和牌匾，是什么年代、对什么人因何功名而设立的，已无法查证。但所有这些都足以说明，在许毓麒的家世中，曾经有过身世不凡的显赫人物。

许毓麒，清同治年间廪生，每月享受县衙发给一定银元的待遇，他的职能是协助县衙了解、审查担保应试生员的情况，并由衙门发给宽袖蓝色长袍，腰束玉带、胸前佩有方形捕服、头戴红缨帽子、脚登黑色高腿靴子。

光绪年间，大宁盛行办私塾，许毓麒积极组织，集资在白杜兴办私塾，并任首席教师，学习的课本有《三字经》《四言杂志》《千字文》《百家姓》。私塾入学年龄、学业时间均无统一规定，各类杂费全由学生负担。到光绪三十年（1904年），由许毓麒牵头，全村集资，在下寺院北侧修建了三间瓦房，正式办起了白杜私立小学、仍由许毓麒执教，他严格管教学生、勤恳办学，受到村民们的普遍尊重和认可。许毓麒光荣地成为白杜村教育事业的首创者、奠基者，1929年许毓麒逝世，享年81岁。

许光谟

许光谟（1897—1965），出生在大宁小有名气的富庶家庭——白杜村旗杆院，解放后被划定为地主成分。许光谟从小就读于本村私立小学，他从小就十分聪明，常常受到老师的夸奖，但由于他家田地广多，家中很需要劳力，他父亲在他十五岁的时候，就让他在家从事农业生产。在他二十岁的时候，就协助年逾五十的父亲掌管家务，成了在田间劳动并指挥雇工的主要人物。

许光谟思维敏捷、性格开朗、做事利落、说话和气，他善治家道，把两个兄弟和他的儿子许建业都送到隰县和省城读师范和中学，从而使他们都学得了文化知识，特别是许建业还走上了革命的道路，成为大宁县第一个入党的共产党员。1936年红军东渡来到白杜，这时他的儿子许建业因太原党组织遭到严重破坏，也住在家里。在他儿子的启发和劝导下，许光谟不仅热情接待红军官兵，还借给红军三千多斤粮食。

1929 年，在许光谟三十二岁的时候他的祖父许毓麒逝世，许光谟为其祖父大办丧事，从县城到白杜光总管就请了十二人，磨了三千斤小麦，准备了大量的猪、牛、羊、鸡肉，并在蒲县、襄汾、隰县和大宁请来了戏班子、吹鼓手和腰鼓队等。丧礼那天由于东西两垣来看热闹的人特别多，再加上亲朋好友行礼的人，东圪崂到处挤满了人，县上包括县长在内的不少官员也来参加葬礼。在这种情况下许光谟和他的父亲一合计："村里来了那么多的看客，他们实际上也为咱家的葬礼增添了色彩，可这些人都无处吃饭，咱们不管是不是礼客，一律以酒席招待吧。"就这样，由主事人安排，凡到了白杜的人，都就座入席。许光谟这一举动，博得了所有人的称赞。

白杜解放后，许光谟被划为地主成分，他家的大部分土地和部分房屋分给了村里的一部分村民。儿子在外工作，大女儿也已出嫁，只是个三口之家，由于许光谟劳动勤恳，日子过得也很自在。1965 年农历八月初五，许光谟因病逝世，享年 69 岁。

许光烈

许光烈（1898—1969），许光谟之弟，自幼在本村私立小学读书。1918 年考入赵戴文任校长的山西省太原国民师范，1923 年毕业后即返回家乡，同年 9 月任大宁县实验小学校长。1934 年调任大宁县城内高校校长。1937 年日寇进犯大宁，学校停办，后于1938 年任隰县午城镇小学教导主任。

1947 年大宁解放后，返乡务农。许光烈出生于富豪家庭，从小就开始入学读书，从村里的小学到县城的高校，一直读到省国民师范学校，学得了比较深厚的文化知识。许光烈一生爱好书法，由于他勤学苦练，毛笔字写得刚劲有力，不论大楷小楷都有深厚的功底。国民师范毕业后，即投身于培育人才的教育事业，在近二十年的教学生涯中，许光烈精心施教、刻苦认真，为国家培养了一批又一批有用之才，在教育工作上取得了不小成绩，得到了社会的认可。返乡务农后，他顶风冒雨、艰苦劳作，虽然身为地主成分，但一直秉公守法，和同村人和睦相处，虽在"阶级敌人"之列，却并未受到大的斗争和打击。1959 年被选为吕梁县（大宁、隰县、蒲县、永和、石楼五县合并为吕梁县）首届政协委员，成为大宁少有的几个参加县政协参政议政、民主协商国家大事的统一战线的代表人物。

在 1960 年大饥荒中，他克勤克俭，同家人一起渡过了难关。1961 年，由于政府放宽了政策，允许个人开挖小片小荒地，他起早起贪黑，在山坡上开垦荒地，光这一年，他就收获了六百多斤粮食，全家六口人的日子，也过得比较优越宽松，村里人都十分钦佩他勤劳本分、艰苦劳作的治家精神。1969 年农历五月初六，许光烈因病不幸逝世，享年 71 岁。

许光成

许光成（1922—2008），许光谟三弟，出生于白杜村旗杆院内的富庶家庭，从七岁开始即在本村小学读书，在大宁县高校毕业后，即考入山西省立隰县第九中学。毕业后，由于正值日本入侵山西，阎锡山省政府已溃退到临汾，许光成即返回家乡。1937 年，大宁成立牺盟会，经武荣魁部长介绍参加了大宁县牺盟训练班，并被分配到第三区委会任协助员。晋西事变后许光成先后到阎锡山统治区河津、新绛、乡宁、吉县区分会任职，1943 年调克难坡阎锡山组织的基干工作委员会当秘书。1945 年 8 月 15 日，日寇投降后，他随省政府于当年 10 月回到山西太原。在 1948 年召开的基干全体会议上，被选任为山西省干部委员。

1949 年 4 月 24 日太原解放后，许光成于 6 月返回家乡白杜，在家务农。1950 年 2 月当选为大宁县首届一次人民代表。1954 年 4 月—1984 年 9 月，先后任城关小学、道教小学、东关小学校长。期间，1959 年许光成参加了吕梁县第一届政协会议，并被选为县政协副主席。1979 年 1 月，按照党中央的决定，许光成的家庭地主成分被彻底取消。1984 年在从事教育工作三十年后，在大宁县首届一次政协会议上，被选为政协常委。1982 年退休。

许光成在教育工作中曾三次获得"先进工作者"称号。他一生擅长书法，特别是退休后更加专注于书法。不幸的是，1989 年他患上脑血栓，落了个半身不遂的后遗症，右手不能握笔写字。沉默了 5 年之后，从 1994 年开始，时年 72 岁的许光成又开始用左手练习写毛笔字。经过多年的苦练，终于练出了坚实的功底，他用左手书写的书法作品，很快得到社会的认可。1997 年在大宁政协举办的"庆祝香港回归书画展"中，许光成的书法作品获得荣誉奖；1999 年，在大宁县举办的庆祝"五一"、"五四"书画展中，他书写的条幅，荣获"翠云杯"特别奖；2002 年在大宁文联举办的"2002 年元旦春节书画展"中，许光成书写的毛主席诗词中"雄关漫道真如铁，而今迈步从头越"的条幅，又获得奖励；同年在县宣传部举办的迎"七一"书画展中他的参展作品又获特等奖。

2005 年，已是 85 岁高龄的许光成，迎来了他自己书法史上的最高荣誉。这一年，由中国人民解放军军事科学院、总参北奇书画协会、国家林业局、老年书画研究会、中国书画函授大学书画家协会、北京海峡两岸画家联谊会、中国交通书画协会、外交部老年书画研究会、中国林业书法家协会、中华清风书画协会、平西抗日斗争纪念馆、御苑书画院、北京笔墨缘文化艺术交流中心等十二家单位在京举办纪念抗日战争胜利六十周年书画联展会，许光成将他书写的毛主席长征诗和"弦国怀国难、奋发振兴邦"寄送给大会组委会。他的作品被评为特等奖，大会组委会邀请他赴京参加颁奖活动，为此，许光成在侄婿肖锋和外甥贺卫华陪护下，于 2005 年 10 月 17 日，赴京参加了在北京军事博物馆举行的获奖作品联展活动和在人民大会堂举行的颁奖大会，许光成荣获特等奖荣誉证书和纪念章一枚，并被授予"中华爱国艺术家"的光荣称号。全国联展评奖，并能够在人民大会堂授奖，足以说明其规格同样也是不同寻常的。2008 年，许光成因病逝世，享年 87 岁。

许晋豫

许晋豫（1948—2009），许建业之子，1949 年，随父南下迁居广州市，中专学历，1966 年参加中国人民解放军，1968 年复员后被分配到广东省农药厂工作，1979 年调到广东省工艺品进出口公司任包装科科长，1982 年在中国联和承造实业有限公司出任总经理（正处级）。同年他积极努力凭借自己的对外关系，为北京新侨饭店从国外引进一笔在当时来说数额不凡的 4000 万美金，在整修该饭店过程中，中央电视台曾作了两次专题报道，事后许晋豫还同中央有关部门的领导赴美作了考察。1991 年又吸收外资创办了广州兴邦合成剂有限公司，许晋豫任董事长兼总经理，2001 年又任广州建同科技开发有限公司总经理（香港外资企业）。许晋豫思想开放，改革开放后辞职创办企业取得了显著成绩，自有资产比较丰厚，在广州市他享有声名。正当许晋豫在红红火火经营自己企业的时候，突发脑中风，后又心肌梗死，终因医治无效，于 2009 年 11 月逝世于广州，享年 61 岁。许晋豫的父亲许建业，生前和中央一些高级领导经常接触交往，如彭真、李先念、薄一波、赵紫阳等。特别是赵紫阳，同许建业一块南下，在广东一起工作多年，两家关系处得非常亲密。许晋豫也擅长交往，所以，晋豫一到北京，有时候也可以在他们的家中，见到这些高级首长，有一次许晋豫还和赵紫阳一块照了相。

许尊由

许尊由（1911—1967），许建国之父，1918 年在本村小学读书，1925 年考入大宁高校。1927 年高校毕业，先后在连村、乌落、花崖、割麦村担任小学教师。1943 年调三多中心小学任教。1947 年解放后返家务农。

1952 年白杜村实行互助合作化时，他和许建德、李进仓积极响应党的号召，逐户动员参加互助组、合作社。1953 年成立了白杜村先锋农业生产合作社，是全县成立农业生产合作社最早的四个合作社之一，并是全县的模范社，最后发展到高级社、人民公社。许尊由从担任记工员到会计、出纳，连任十几年从未间断。他对工作尽职尽责，深受全村社员群众的拥护和爱戴，并得到县乡级领导的表扬和奖励。可以说，他们三人是本村合作化的创始人、奠基者和组织领导者。

他在家排行老大，成家后既要孝顺老人，又要管好弟妹。他是家里的顶梁柱，又是家族本家的大总管，还是村里的大忙人，经常是帮了东家帮西家。大家有事就找他商量，他常帮忙拿主意，并积极参与和操办村里和邻村的红白喜事，他常常被请去当礼宾先生，帮助埋葬老人，深受大家的欢迎。

他的一生是短暂的一生、艰辛的一生、勤劳的一生，由于家庭人口多、生活贫困，加之家族和村里的工作十分繁忙。他乐于助人、操劳过度、体力透支、积劳成疾，以致病魔缠身，早年先逝。总之，他一生节衣缩食，平易近人。可以说，没有过上一天好日子。他对父母百般孝顺，对亲朋好友以诚相待、热心帮助，对子女严格要求，鼓励他们读书成材，为家庭和社会多作贡献。由于长年累月的带病过度操劳，他的身体逐年衰弱，两次住院治疗，未能彻底痊愈；加之 1966 年基本上由他供养长大的侄女曹凤，当时只有三十二岁，突然病逝，对他打击过大，一病不起，病情加重；还有"文化大革命"开始，在校读书的大儿子建国外出串联四个多月未归，他思儿心切，十分挂念。大儿子于 1967 年正月十五返家，在父子见面后，于 1967 年阴历正月二十六，许尊由病情突然恶化，离开人世，享年五十七岁。

许尊慎

许尊慎（1913—2003），1927 年在大宁第一高小毕业，后在阎锡山政权管辖的石楼县任职，1953 年在道教、曲峨教学，1956 年返乡后，一直在村劳动。2003 年因病逝世，享年 91 岁。

许光显

许光显（1924—1995）从小只在农村小学读过几年书，后一直在家务农，解放前夕曾随同大宁县长许科堂同志任警卫员。1947 年大宁解放后，许光显随即正式参加工作，并加入中国共产党，在大宁粮站当过称员，同年随解放军，奔赴西北地区，在甘肃武都县任粮食局局长。以后调甘肃省白龙江林业管理局任信访办公室主任（副县级），他在这里一干就是五十多年，于 1986 年离休，离休时组织上决定许光显享受正县级待遇。

许光显文化程度较低，而且在工作上遇到了不少困难。但他对工作一贯积极肯干，对党的事业勤奋努力，从不计较个人得失，作出了很大贡献。他本人没有念过什么书，深知没有文化就不能更好地为人民服务，所以非常注重子女上学读书。他工作的林区比较偏僻，他想方设法让孩子在异地读书，从而为孩子们以后的工作打下了比较坚实的基础。许光显同志1984年离休后，即返回大宁养老生息。1995年，许光显因病不幸逝世，享年71岁。许光显逝世后，武都县有关部门派人员来大宁参加了许光显同志的追悼会。

许光明

许光明（1936—1996），中共党员，是大宁县解放后五十年代的第一批高中毕业生。高中毕业后，许光明回到家乡白杜在生产队任会计和副队长多年，1971年参加工作，先后在白杜、麦留、麻束、城关小学等小学任教，1984年调大宁中学当教师，后任大宁中学西河沟分校校长，同年调城关小学工作。1996年因病逝世，享年60岁。

许建德

许建德（1926—2000），出生于农作家庭，父亲早年逝世，靠母亲一个人维持全家人的生活，日子过得十分艰难。全家一老一少，备受艰辛。1933年在本村小学上学读书，1937年在他在三年级就读时，因家中生活所迫，再加上日寇在白杜村烧杀抢掠，十一岁的许建德便停学和母亲一起操持家务，耕田种地。正在读书之年的他，从此便失去了上学的机会。

1947年大宁解放后，备受困苦生活磨难的许建德，深深感受到共产党一心为了穷苦人民，是人们的大救星，现在能够过上美好日子，就应该感谢共产党、感谢毛主席，一心一意跟党走，所以他便积极参加村里的各种政治活动。党组织看到他年轻能干、思想进步、为人诚实、能认真完成任务，因此就让他担任白杜村民兵连长。此后许建德狠抓白杜村的民兵组织建设，动员青年参加民兵组织，使白杜村民兵工作开展得有声有色，多次受到领导的表扬。1949年9月，许建德被批准加入了中国共产党，成为白杜村第一批入党的新党员。解放初期党组织的活动还处于秘密状态，各村党员较少，党支部设在小冯村。1950年，许建德当选为小冯行政村党支部宣传委员。1953年，东房村成立了行政村，白杜村的党员又参加了东房行政村设立的党支部，许建德仍任东房村行政村党支部宣传委员。1955年白杜村的党组织逐渐发展壮大，同年单独设立了党支部，许建德担任了白杜党支部书记，成为解放后的白杜村第一任支部书记。他在任行政村支部委员期间，响应党的号召，于1952年，在白杜村办起了全县第一个农业生产互助组（简称互助组），并兼任互助组长，白杜互助组和上吉亭付连义、秋卜坪白寅生领导的互助组，成为当时全县最为出色的红旗互助组。1953年互助组发展成为初级农业社，许建德任社长。1958 年初级社又发展为人民公社，白杜村作为人民公社的一个管理区，许建德任白杜党支部书记。在此期间，许建德连续五年出席县、地劳动模范会，并当选为大宁县第一届和第二届人民代表大会代表，1955 年他又被选为县党代会代表，在这次代表会上，又被选为省党代会代表，代表大宁县广大党员，于 1956 年 7 月，出席了山西省党代表大会。

1960 年 5 月，许建德参加了革命工作，在城关公社任保卫干事。1960 年 11 月被下放到榆村乡赤奴村担任支部书记。8 月，调到榆村公社任党委组织委员，同年 9 月，许建德响应党的精兵简政的号召，返回白杜村务农。1962 年 4 月又参加工作，被分配到安古信用社，同年 6 月，就被任命为安古信用社主任。从 1975 年开始，许建德又兼任安古公社党委委员。1981 年 11 月 5 日，许建德又一次当选为大宁县第七届人民代表大会代表。在农村信用社工作期间各项工作样样走在各社的前列，年年被上级评为先进社，同时他继续保持艰苦朴素的工作作风，成为勤俭办社的楷模，被县农行授予"一根大头针精神的好主任"称号。1986 年退休。许建德退休后，因对信用社业务十分熟悉，再加上他对工作积极认真，又被返聘回安古信用社，直到 1989 年才返乡养老休息。

许建德同志，虽然上学较少，但他在解放后积极参加村里的扫除文盲识字班，从而为他更好地为人民工作打下了良好的基础。许建德同志一生为党积极工作，不论干什么，都是干一行爱一行，一贯勤勤恳恳、认真负责。在家庭中，他对老母亲十分孝敬。在他的一生中，尽力为党尽忠、为母行孝。他的良好的思想和道德品质，在社会上被人们广为流传。许建德同志在生活上一贯保持艰苦朴素的优良作风，对别人诚实以待，特别是善于资助他人。许乃让有 6 个儿子，经济十分拮据，还要供儿子上学，有时为了让孩子去县城上学，凑不够三元两元的上学费用，许建德多次主动慷慨解囊，把自己省吃俭用下来的钱借助给许乃让，使许乃让全家十分感动。像这样的情况还有不少，他的这种助人为乐的精神，被白杜人传为佳话。2000 年 10 月 31 日，许建德同志不幸因病逝世，终年 75 岁。许建德逝世后，白杜村党支部和县联社为他组织了隆重的追悼大会，白杜村男女老少和县有关单位 500 余人参加了追悼会。许建德同志的一生，是革命的一生，战斗的一生，也是真正富有人生价值的一生。

许建国

许建国，生于 1946 年 7 月 23 日。1953 年九月在本村小学读书，1957 年 9 月开始在大宁完小读书，1959 年 10 月考入大宁中学，在大宁中学读书，1962 年 7 月至 1964 年 9 月回家务农。1964 年 9 月考入隰县师范读书。1967 年 7 月隰县师范毕业后参加工作，在东房小学教学。1974 年 5 月调安古公社办公室任会计、统计、办公室主任。1975 年加入中国共产党，1978 年教师归队，许建国任安古联区联合校长。1981 年 6 月担任三多乡办公室主任、副乡长、乡长。1984 年 6 月调任南布乡党委书记。1988 年任县计委副主任，综合信息办主任，计委、工委副书记，直至 2009 年退休。

1966 年"文化大革命"开始后，他和学校 11 名同学徒步串联了四个多月，最终到过革命圣地——井冈山。途经河南、湖北、湖南、江西、武汉、南京、上海、北京、韶山等地，参观瞻仰五省四市二十多处革命圣地，行程八千多里。通过串联，他们开阔了视野，磨炼了意志，增长了知识，鼓舞了斗志，对参加工作充满了信心和勇气。

在任安古联合校长期间，由于工作突出、积极肯干，使安古联区在短期内摆脱了落后面貌，教学质量大幅度提高，受到县教育局、县委县政府的表扬奖励。

在三多乡任职期间，解决了村通公路、村通电视广播的问题，群众十分满意。

在南布乡任党委书记三年期间，他积极争取项目，修通改善了三多到马家窑、南布到太仙的县乡公路和乡村公路 60 多华里，完成了南布、干堤、冯家山、马间、连村、太仙、阿龙、下叫头 8 个村的引水上塬工程，彻底解决了南布村乡交通闭塞的落后状态和人畜吃水的困难，群众拍手称快，十分拥护和爱戴他。特别是在科学种田方面，他组织动员群众科学种田、科学施肥、调换良种，1985 年，南布乡小麦大幅度增产，增产速度全县第一。临汾地区在南布村召开了小麦丰收现场会，予以表扬奖励。1985 年冬春雪雨过大，1986 年春播土地板结严重，无法下种，他深入基层，大搞调研活动，组织全乡农户用碌碡压，按时抢墒播种，解决了春播难题。1986 年，县政府在南布乡召开春播现场会，受到领导表扬。在县上隔坡水平沟大会战中，南布工程质量高、面积大。全县五个千亩专业户，南布就占三户，每户奖励电视机一台，在全县震动很大，反应强烈。特别是马间的优质核桃基地，面积大、产量高，三年后产优质核桃数万斤，群众增收，领导满意。由于工作认真负责，踏实肯干，过度劳累，三年住院五次，领导考虑再三，调回县计委。

在计委任职期间，1990 年在本村白杜包队，机关投资八千元为本村重新引水上塬，恢复通水，修了一个大水窖，解决引水上塬无处存储的大问题，彻底解决了本村群众吃水用电的困难。夏征时，动员全村群众一天交完夏季爱国粮，得到县乡领导的表扬。

在家庭生活方面，1968 年结婚成家，靠自己每月 29.5 元的工资赡养弟妹及子女多年。1984 任乡镇书记后，工资增到 80 多元，家庭生活才有了改善，四个子女都取得了大专文凭并参加了工作。总之，他从小生活坎坷，早年丧父，家庭贫寒，弟妹年幼，靠微薄的工资养家糊口，难以维持全家八九口人的生活。二叔病故后，他责无旁贷，购买棺木，做了妥善安葬，并帮助母亲让弟妹成家立业。岳母跟随他生活了二十多年，享年八十九岁。美垣村里的大人小孩皆有口碑，说岳母跟上女婿享福啦。

任雪娥

任雪娥，生于 1948 年 12 月 12 日，中专文化程度，小学高级教师，中共党员，1978 年获模范教师称号，先后在后楼底、县直幼儿园任教师。1999 退休。

许国伟

许国伟，1967 年出生，许建德之子。1986 年参加工作，许国伟出生在白杜村许姓家族中一个人才辈出的大户，就在白杜这个小山村，他走出了一条勤奋读书、立志成才、奉献社会、报效国家之路，成为白杜人的希望和荣耀，也成为与他同龄的一代人的榜样和典范。

在白杜村许姓家族分为九大支系，许国伟属于白杜许姓第一大支系的传人，他兄弟姊妹四人，在家排行第四。

许国伟从小生长在一个清贫而又温暖的家庭，由于他是家中唯一的男孩，而且最小，全家人都很疼爱他。

许国伟从小虽然受到家庭成员的溺爱，但他从小就很懂事，从不任性、从不撒娇，村上人说他是一个懂事听话的好孩子。他从小热爱读书，五六岁时就跟着姐姐整天在学校玩，八岁时正式进入本村小学读书，他的学习成绩常常受到老师的夸奖，小学毕业后在麻束七年制学校读初中，初中毕业后他以优异的成绩考入了大宁高中，上高中时他读书更加刻苦，学习成绩一直名列前茅。许国伟从小不但热爱读书，而且也十分热爱劳动，读高中期间每到星期天放学回家，他都要帮家里砍柴，下沟担水，从不贪玩。高中毕业后考入山西财经大学，上大学期间，他省吃俭用，尽量减少父母的经济负担。1986 年大学毕业后分配到农村信用社工作，先在安古信用社工作了三年，从此步入了社会。工作期间，他虚心向老同志学习，把在学校学到的知识同农村信用社工作实际结合起来，经常和农民打交道，在吸纳存款、清收贷款、发放贷款的业务实践中得到了锻炼和提高。1989 年 9 月许国伟又被大宁县农业银行领导选送到省农行干校深造，两年后，被提拔为大宁县联社办公室副主任，1996 年担任大宁县联社办公室主任、人教部经理，2000 年 4 月被提拔为大宁县联社副主任，期间兼任联社营业部主任，2006 年 10 月，担任大宁县联社党委副书记、主任，2008 年担任大宁县联社党委书记、理事长，2009 年调任永和县联社党委书记、理事长。

许国伟凭着自己的不懈努力和孜孜追求，由一名山里娃成长为一名大学生，为父辈们圆了大学梦，为山里人争了气。他走上了工作岗位，凭借着爱岗敬业的奉献精神由一名普通信合员工成长为一名服务"三农"的领导干部，为白杜村一代青年人闯出一条奋发成才之路，得到白杜老者的喜爱、后辈人的敬重。在他的一篇论文中有这样的记载："在当前市场经济的新形势下，要当好一名称职的联社领导，我觉得应当具备七种能力，即坚定的政治方向、突出的工作能力、清晰的发展方略、高超的协调水平、勤奋的实干精神、强烈的创新欲望、清正的廉洁意识。"从走上信合工作岗位的那一天起，他就把这些要求作为自己学习与工作的标准，在工作中、在实践中不断锻炼自己，提高自己。在农村信用社任职的 25 年时间里，他自己付出了很多，也学到了很多。通过学习充电加油，取得了山西财经大学本科文凭，并多次参加上级组织的各种培训，2006 年至 2007 还参加了清华大学、中国社会科学院举办的 EMBA（工商管理硕士专业学位）培训班和管理人员高级研究班，有效充实了自己，提高了能力。25 年的风风雨雨，他从信贷员到会计员，从联社办公室主任到营业部主任，再到联社副主任、主任、理事长，从最基层的岗位一步步走到了今天。梅花香自苦寒来，回顾过去，他做了不少的工作，取得了许多的成绩：当信贷员，勤勤恳恳，任劳任怨；当会计员，严格执行财务制度，从未发生错账、漏账现象；任办公室主任，抓整章建制，大胆创新，摸底子、搞调研，制定、完善各项规章制度数百条；任联社副主任兼营业部主任，身体力行，率先垂范，联系分管工作实际，闯市场、揽业务、联客户，一年时间实现了余额任务双翻番的骄人业绩，为大宁联社业务经营寻求了更大的发展空间；担任主任、理事长后，更是抓经营、搞决策，运筹帷幄，决胜千里，为信合事业发展谋求新的思路和途径。不论在哪个岗位上，他都始终注重加强学习，提升素质，兢兢业业，恪尽职守，工作能力和水平得到了上上下下的肯定和社会各界的认可。

科学发展、以人为本的社会需要人们充分展示自己的价值，多年信合工作的阅历与磨炼，他积累了丰富的经营经验，培养了自己善于学习、自信果敢、扎实苦干、敢于创新的工作作风，也展现了自己独到的能力优势。他个人认为，自己的优势是：创新意识浓，敬业精神强，工作不甘落后，凡事敢为人先，有着较为扎实的理论功底，熟练的业务技能，较强的经营管理和驾驭各种复杂局面的领导能力与组织能力。所有这些，都为他逐渐成长为一名合格的联社领导奠定了基础，这就是许国伟的奋斗历程。

许国伟在奋发成才的道路上用青春和人生编织了许多耐人寻味、催人奋发的感人故事。其中，他坚持不懈刻、苦学习的精神是令人称道的。在学生时期，他刻苦学习、一路领先，自然是天经地义的事，然而，在他走上工作岗位、步入社会后，依然是手不释卷、勤学不辍，这种优秀的学习精神，在常人中是很少见的。提高文化素养是他一生的追求，他博学文学、历史，不断丰富自己的学识；他学习法律知识，不断充实自己的法学素养，用法规纪律规范自己的言行；他学习业务知识、金融管理知识不断提高自己的工作能力。他把学习作为人生的第一需要，即便是工作再忙、家务再忙，每天都要抽出一定的时间看书读报，宁肯不睡觉也要完成当天的学习目标。从《四书》、《五经》到信息技术，可以说是传统道德文化与现代科学知识完美的结合，他要求自己的知识面力争做到与时俱进，他常常用自己学得的知识给部下、给同行做学习辅导，指导要求部下养成勤奋学习的好习惯和正确的学习方法，营造了行业学习型氛围，他的员工们称他为好领导、好师长。

许国伟在工作中坚持原则，小心谨慎、按规操作是他自己的戒律，也是对部下的要求。信用社工作是和金钱打交道的工作，许国伟从事信合工作25年，坚持依法办事、合规操作、廉洁自律、一尘不染，多次被省联社评为优秀党员、先进工作者，被临汾市办和大宁县政府分别授予先进工作者的荣誉称号。2009年，许国伟调到永和联社担任党委书记、理事长，他更加珍惜机遇、更加勤奋工作，经过一年多的不懈努力把永和联社的工作推进到全市第二名、全省第五名的位置，在异乡树立了大宁人的形象，展示了白杜人的风采。

许国伟是农民的儿子，生长在农村，他从事的工作又是服务"三农"的工作，在他的人生中与农字结下了不解之缘。他在联社工作期间，经常回农村调查研究，按他的话说"三天不下乡，吃饭也不香"，经他发放小额贷款扶持农民摆脱贫困的农户数以百计。2007年，他在安古下乡时了解到村上一户农民日子过得太紧巴，就贷款扶持他走养羊致富道路，他为该户发放支农贷款购回优质种羊，还动员该户农民种了十亩苜蓿，这家农民当年就发展到了二十只小尾寒羊。2009年，该户农民出售大绵羊十二只，收入8000元，正赶上孩子考上大学，老农民拉着国伟的手说："你给我家下了一场及时雨，救了全家的命，圆了孩子的大学梦！"像这样热心支农的好事，许国伟做了不知有多少件，也可以说是他工作的全部。

许国伟是一个很负责任的人，在工作上，他爱岗敬业，肩负着信合兴旺与信合兴农的重大责任，用全身心的爱投入工作。在家庭他也是一个十分负责的人，在他身上具有爱老敬老的传统美德，他尊老爱幼，他把一颗赤诚的爱民之心献给了父老乡亲。在村里村外他还是出了名的大孝子。他参加工作以后常年在外，但是心中常挂念着父母，他除安排好二老的生活起居、琐事外，为了减轻父母的挂念之情，他坚持每周回家探望双亲，就是在外出差不得回家，都要让妻儿代他回家看望父母。常回家看看，许国伟做到了。就在几年前，他父亲去世后，许国伟非常难过，他把孝敬父母作为对父亲的怀念，对母亲更加体贴入微，他原想把母亲接到县城好好孝敬，可是母亲过惯了农村生活执意不肯进城，许国伟顺从母意，在村里为母亲安排好生活，并嘱托左邻右舍照料母亲，而且，他自己隔三岔五利用下班后的时间回家看望母亲，哪怕时间只允许停留个把小时，他都要坚持。许国伟用真切的母子之情在山村谱写了敬老孝老的道德篇章。

许国伟不仅孝敬老人，而且对家庭是很负责任的，他言传身教，教育子女读书成才。目前，他的儿子许渊斐已经考入山西省财经大学，女儿许渊洁也已经上了临汾市重点高中，并且学习成绩都很好，他的妻子在畜牧局上班，工作很忙，许国伟下班回家挽起袖子就做饭，他用爱编织着和谐家庭的希望。

在村上，一些老年人都说"国伟成了事了，当了领导了"，可是许国伟无论是在县城或者回到村里，依然是那么亲切、和蔼，从不抖架子，乡亲们城里村里有了事，他都热情地帮忙，深受村里人的喜爱，村上的老者们都夸奖说："国伟真是咱们村的一个好孩子！"

许国伟今年 42 岁，正当年富力强，他正在永和联社党委书记、理事长的岗位上用激情谱写着信合兴农的时代篇章，然而，他每次抽闲回村探望母亲，带回的依然是一缕和谐春风，一身重孝正气，白杜村的父老乡亲祝愿许国伟在事业的道路上越走越好，在人生的道路上走向更加辉煌灿烂的明天。

许华伟

许华伟，生于 1977 年 4 月 17 日，中共党员，大学本科，又攻读省委党校青年干部研讨班，现任昕水镇镇长。1995 年参加教育工作，在三多中学任教。2003 年调县人事局工作。他在人事局工作认真负责、上进心强、忠于职守，被评为模范党员、模范工作者，县市多次表彰奖励。2004 年报考县优秀中青年领导干部，名列第一，面试合格，被任命为昕水镇副镇长，2007 年被认命为昕水镇镇长。他主动争取、协调，2009 年为白杜村尽早铺设水泥路；积极争取水利局项目，为本村引水上塬工程争取到了资金。2012 年 3 月调太古乡任党委书记。

在他任职期间，积极主动向上级争取投资，在大、小冯村打地基 500 多亩，建蔬菜大棚 200 余座，使两村的村民增加了收入，群众高兴万分，拍手称赞。在乡村道路建设方面，和交通局联手为全镇的行政村通上了水泥路，大大改变了交通闭塞的落后状况，加快了新农村建设的步伐和速度。在科学种田、发展养羊、大搞植树造林方面，昕水镇排在了全县的前列，成绩也是有目共睹的，群众十分满意。

许晋平

许晋平，1958 年出生，从小喜爱读书，小学到高中一直是班里的拔尖学生。

1976 年高中毕业，先后在城关联区葛口、石城、罗曲中学担任民办教师，他教育学生非常认真负责。在1980年—1982年罗曲中学期间，一人教初中的数、理、化，并担任班主任，1982年中考时，他带8名学生中考，两名学生被隰县师范录取（隰县师范在全县只录取10名学生），两名被大宁高中录取。

1983年他考入临汾师范学校就读，在校期间他学习优秀，并且是学校的文艺宣传骨干。

1985年9月在大宁一中上班，教初中84班。在教这个班的三年期间，他刻苦认真学习，从严管理、教育学生，多次受到学校领导、教育局领导的好评和奖励，被评为全县模范班主任、模范教师，并两次被临汾地区教育局评为"临汾地区模范班主任"、"优秀教师"。

1988年8月学校领导让他主抓学校教学楼的修建工作，1993年调任城关联区副校长，1994年调大宁县政法委工作至今。他在政法委工作期间，积极认真工作，团结同志、热爱党、热爱集体，积极配合搞好各项工作，受到好多同志的一致赞扬。

许世平

许世平，男，生于1972年12月，1988年大宁一中初中毕业，2011年任大宁县白杜村村委主任。

许凰堂

许凰堂（1924—2001），1949年3月加入中国共产党，同年9月参加革命工作，在中共大宁县委工作，1952年任三多区区委组织干事，1954年任桑峨乡乡公所乡长，1958年至1961年先后任三多公社、大宁公社副主任，1962年任割麦公社主任、代书记。1967年至1985年先后任县国营苗圃主任、供销公司经理。1985年9月调乡镇企业局工作。1985年离休，受到党和人民的好评，享受副县级待遇。

许凰堂同志从小只在村小学读过一二年书，参加工作时基本上还是半文盲，但是为了工作需要，他除了努力工作，还一直坚持读书识字，为自己比较顺利地工作打下了良好的基础。许凰堂基本上一直在区、乡、公社工作，他善于联系群众，平易近人，为农民解决困难和问题，深得各地群众好评，是党和人民的好党员、好干部，受到党和人民的好评。

许芳有

许芳有，1936年3月出生，许科堂长子。1954年2月加入中国共产党，同年5月参加工作，在城关供销社当营业员。1958年大宁、隰县合并后，调到隰宁县农业局种子公司工作。为提高小麦产量，推广新品种，他到平遥、祁县等地，购进小麦新品种，在东北购进大批优良品种南嚼山药蛋，在全县大面积播种，获得了好的收成。

1961 年 6 月份，隰县、大宁分县回来，许芳有在农林局林业股工作，同年 10 月份调到安古公社任武装部长、党委委员。在公社 11 年中，为民兵三落实做了大量的工作。按照国家征集兵役制度，先后在全社为部队征集 63 名兵员。他们个个政治合格、身体健康，没有出现任何问题，都完成了服役任务，学习了各种技术工作经验，复原回到新的工作岗位后，都作出了新贡献，不少人还成为领导干部。1966 年"文化大革命"开始，公社书记主任都被群众组织夺权，只留下许芳有和少数几个同志坚持工作，由于大家的努力，安古公社在"文化大革命"当中，能够坚持抓革命又抓生产，把安古公社的损失降到最低限度，使全公社的工作没有受到损失。1968 年许芳有被选为大宁县革命委员会委员。

1972 年许芳有分配到县食品公司任副主任。在地区公司的组织领导下，他到四川省内江市经过十几天的时间深入到养猪户家中，购到一批真狮子头优良品种，通过火车调运，五天五夜人不离运猪车厢运回临汾，为我县优良种猪的发展提供了良好的条件，深受群众的欢迎。

1972 年调到县农牧局任副局长，分管畜牧工作。在此期间，许芳有深入到割麦大队，总结了大队的养猪经验，在县政府的支持下，全县在割麦大队召开了各公社参加的"养猪现场大会"。县上组织农牧局、食品公司、割麦、三多公社的分管畜牧的领导和养猪工作开展好的大队支部书记，由许芳有带队到上海市金山县、安徽等地参观学习他们养猪的先进经验，对全县的养猪事业促进很大。

1978 年调到组织部任干部组副组长，分管离退休干部工作。在此期间，从省里争取回一笔老干部住房基金，在古乡坪修建老干部宿舍 20 套，解决了一部分老干部的住宿困难。

1982 年县委安排许芳有参加筹备"大宁县政治协商委员会"首届会议。主要任务是协助县委选拔政协委员。筹备工作结束后，许芳有以政协委员的身份留在政协工作，以后连续三届许芳有都被吸纳为政协委员。

1985 年调到大宁县劳动服务公司任经理。1987 年调到劳动局为正科级主任科员。1996 年 9 月退休。

许银有

许银有，1940 年出生，共产党员，从小在村小学读书。因家境贫寒，1959 年十岁的时候就辍学参加劳动，1971 年任白杜生产队长，由于工作认真负责、积极肯干，当年被公社提名担任了大队党支部书记。1975 年因事离职外出，1977 年又在西队担任队长三年，1980 年，许银有离职到三多公社搞果树承包。由于经营得好，承包果树时赚了不少钱，成为白杜村早期步入小康之家的典型户。

许福生

许福生，1954 年 4 月出生，中专学历，中共党员，经济师职称。1972 年农村充实财贸队伍，他被分配到大宁县粮油加工厂工作，1973 年到 1975 年先后任太古粮站、道教粮站的保管。1975 年 12 月响应党的号召到北京 52925 部队服役。1983 年从部队复员后分配到大宁县粮食局农管股工作，后任城关粮站副站长。1984 年任安古乡政府秘书、党委委员，期间在大宁县委党校学习两年。1990 年调临汾市煤焦发运站工作，任指导员、副书记、副站长等。

许福生同志一贯坚决拥护、认真贯彻执行党和国家的方针、政策，认真履行岗位职责，忠于职守、坚持原则、求真务实，具有强烈的改革创新精神和开拓意识。他作风正派、办事公道，廉洁奉公，具有良好的职业道德，在各项工作中一贯起模范带头作用，为媒运发展作出了积极的贡献，出色地完成了各项任务，在职工中享有较高威望。他曾被临汾市委市政府表彰为"先进工作者"和"优秀共产党员"。

许春明

许春明，1951 年 9 月 16 日出生，1958 年上学，1964 年小学毕业，1969 年初中毕业，1969 年 3 月在砖瓦社参加工作，1969 年 9 月份到大宁食品公司工作，历任技术员、站长、副经理、监事会主任、食品工会主席等。

许春和

许春和，1972 年初中毕业后到大宁石城电站工作，1975 年经选拔到太原电校上学两年半，毕业后回到大宁县电业局工作，并参加了隰县至大宁 35 千伏输变电工程建设。1991 年 6 月入党，先后担任过变电站站长、技股股长、办公室主任。1998 年 1 月被临汾供电公司党委提拔调至吉县供电支公司任党支部书记。2008 年至今任吉县供电支公司正处级督察员。

许兰生

许兰生，生于 1951 年 4 月 11 日，高中毕业，中共党员。1970 年参加工作，在县食品公司任过班组长，主要搞机械操作，通过技术改造把原来的手工作业全部改为机械化作业，多次被评为公司和县里的先进生产者。1978年调县汽车运输公司，专事汽车驾驶，为公司跑运输，多次被评为模范驾驶员和先进工作者。

1986年调县工商银行，先后任会计、保卫科长，在此期间，为行里厉行节约、严守财务制度，受到多次表彰，被评为先进工作者。1998年被省工行评为优秀共产党员。使得工行保卫工作连续十年被省工行评为安全合格单位，其个人也多次被评为优秀保卫干部。

2000年机构改革，工行撤销，按政策规定，作为内退离岗。

高晓丽

高晓丽，女，1958年出生于山西省临汾市枕头村，中专学历，中共党员。1975年8月隰县师范学校毕业，分配到大宁县工作。1983年在大宁县城关小学任教，1989年调临汾市焦化厂工作，1992年至今在临汾市煤焦发运站工作，担任人劳科科长。2005年单位改制后，被聘任为山西煤炭进出口集团临汾北煤焦集运有限公司综合办公室副主任。

高晓丽，立足本职、踏实肯干，坚持做好本职工作，深受领导和群众的肯定和好评，曾荣获临汾市直属工委"优秀常务工作者"、"优秀共产党员"荣誉称号。

贺俊花

贺俊花，女，生于1953年，1971年嫁白杜村，成人大学本科学历，中共党员，曾任县法院综合庭庭长，副科级审判员。

贺俊花1971年参加工作，先后任割麦、安古公社妇联主任，在此期间，下乡包队、组织妇女参加劳动，参加社会活动，受到县、地、省妇联多次表彰。

1976年调居民委员会任干事，1979年调县人民法院任审判员。在法院30多年的工作中，先后审结民事案件500余案，没有一件错案、错判，做到了当事人满意、领导满意，多次被评为优秀审判员，通过培训、自学，成为最高法院任命的高级四级法官。于2010年退休。

许建明

许建明，1963年1月28日出生。中国共产党党员，大专文化程度。1979年参加工作，一直在大宁县公安局工作。

1985年9月在大宁县县委党校中专班上学2年，毕业后于1988年9月考入山西省警官学院大专班，就读2年毕业后仍在大宁县公安局工作，历任预审科长、法制科长、刑警大队大队长等。1997 年 4 月担任大宁县公安局副局长至今。

多年来，在党的教育和培养下，自己始终以共产党员的标准严格要求自己，认真工作、严格执法、秉公办事，为大宁的社会治安稳定作出了重要的贡献，曾三次被上级公安机关荣记个人"三等功"。1994 年被山西省公安厅评为"维护稳定严打斗争先进个人"，先后被县委县政府和上级公安机关表彰奖励二十余次。

尉 洁

尉洁，1965 年 7 月 18 日出生于大宁城关镇。中专文化程度，1981 年参加工作。

1981 年 7 月在大宁县鞋帽厂工作。1983 年调三多医院工作。1983 年 9 月考入临汾市卫校学习 2 年，医士毕业。1986 年调城关医院工作，1988 年 7 月调大宁县劳动局就业局工作，1994 年任劳动局职业介绍中心主任。2008 年调人力资源和社会保障局企业养老保险管理服务中心任主任。

工作多年来，当选大宁县人大会议第十二、十三、十四届人大代表，第十四届人大会上被选为人大常委会委员。

在工作中，能够任劳任怨、努力工作、积极向上。2009 年被山西省劳动厅评为全省"先进工作者"，曾多次被县委县政府评为先进个人。

许 乐

许乐，曾用名许建军，1979 年出生，中共党员。许乐从小就是一个聪明伶俐、知事懂礼的好孩子，五六岁时就识帮助大人做自己力所能及的家务活，深得左邻右舍的喜爱和赞扬。1985 年开始上学读书，1993 年在大宁一中就读，因其天资聪慧，再加上自己刻苦学习，成绩十分优秀，初中毕业后，报考高中，以出众的中考成绩被临汾市一中录取；1995 年在临汾一中毕业后，参加高考报考北京大学，只因各科总分三分之差，未被北大录取，却收到北京机械工业学院的录取通知书，就这许乐父母也是十分高兴地筹措了 7500 元的学习费用，将他送往北京，到机械工业学院上学。然而许乐的既定目标是要在北大读书，在机械学院学习，根本不是他自己的目的，所以入校不久便自动辍学，返回临汾，继续在高中复读。许乐以自己坚定的自信力和良好的学业基础，又一次走上了向中国最高学府北京大学奋力挺进的道路，从此他更加认真刻苦、勤奋学习。经过三年对高中各门学科的复习，许乐的学业基础更加扎实，学习成绩在全班也名列前茅。1998 年，许乐怀着极大的信心和决心，又一次投入到全国高考的行列，高考志愿仅填写了北京大学一个学校。功夫不负有心人，勤奋努力功必成。1998 年许乐终于迎来了他人生道路上最为关键的时刻，他如愿以偿地收到了北京大学地球与空间科学学院的入学录取通知书，许乐奇迹般地成为全县历史上唯一考入北大的拔尖优秀学子，被人们当作特喜佳音，在全县城乡广为传颂。

2002 年经过大学本科四年之久的精心苦读，许乐获理学学士学位。然而胸怀大志的他并没有就此止步，在地球与空间专业毕业之后，许乐又满怀激情，以自己聪明的才智、坚韧的毅力，矢志不渝地报考北京电影学院影视专业。这一出人意料的选择，使他的老师和同学都感到十分惊讶：刚获得理学专业学士学位，就跳出专业门杆，去报考与其所学专业不相关的电影专业，他能考上吗？人们都对他的这个选择非常担忧，但是胸有成竹的许乐，以出众的成绩，很快就领到了他所报考的电影专业的入学通知书。更为令人惊喜的是：2005 年，许乐获得了硕士学位。七年的大学生涯，取得硕士学位的许乐又如愿考入北京电影学院，攻读历史及理论专业，历经三年的刻苦学习，2008 年，许乐又锦上添花获得博士学位。许乐在他所经历的北大十多年间，埋头苦学、生活节俭，曾多次被评为"三好学生"、"模范班干部"，获得校方设立的社会工作单项奖和四季沐歌三等奖等荣誉奖励。2008 年许乐在电影专业毕业不久，就被久负盛名的上海同济大学聘任为讲师，为学生讲授《中外电影史》、《电影评论》和《电影分析》等专业课程。他的专业授课工作并不轻松，但许乐在教学之余，用尽一切时间，以他的博士论文为基础，专注电影专业科学研究，从 2008 开始，先后写出了几十篇科研成果丰硕的电影理论作品，先后被《北京电影学院学报》、《电影艺术》、《当代电影》等刊物采用。其中，《"黄飞鸿"、"无厘头"、"大陆热"——重温 1990 年代初香港电影中的家国焦虑》发表于"全球化、地域性与跨地域性：华语电影的文化、美学与工业"大型国际学术研讨会；论文《黑白森林：香港黑社会片的社会文化症候读解》荣获 2008 年"华夏杯"港台电影优秀论文奖。许乐这些虽然为时不长、但十分丰厚的科研成果，得到了社会的广泛认可和专业学者的认同。2009 年 1 月，许乐的首部二十多万字电影艺术理论研究的处女作《香港电影的文化历程 1958—2007》，由中国电影出版社正式出版发行，这本著作被北京电影学院列为"电影艺术理论研究"丛书。

通过许乐成长的可喜历程，人们从他身上可以看到当代中国青年在振兴中华的道路上，闪射出来的缕缕金色光芒。作为宁邑唯一的北大学生、上海同济大学优秀青年教师的许乐同志，是白杜村的光荣，也是白杜村当代青年学习奋进的样板和楷模。

许在堂

许在堂（1887—1957），祖上家业殷实，只因许在堂的曾祖父膝下无子，收留了下茹古一个张姓过继姓许，成了他家的家业继承人。因为许在堂的曾祖父没有子女，所以当有了这个过继儿子后，对他万般宠爱。由于过分娇生惯养，这个过继儿子，从小就染上了吸食毒品的恶习。其结婚之后，夫妻俩双双吸毒。由于他二人长期吸用昂贵的毒品，很快便把许在堂曾祖父积攒的钱财花费一空。家中连同子女八九口人过上了无衣裹身、缺食饱肚的贫苦生活。

1907 年，许在堂吸食毒品的父亲去世后，作为长兄，只有二十岁的许在堂便承担起了重建农业的重担。许在堂经常给兄弟们说，咱弟兄们一定团结奋斗、艰苦创业，靠自己的一双手，重振家业，勤劳致富。许在堂是个有头脑、有计谋、能吃苦、肯实干的勤劳农民，在他的精心安排下，老二、老三外出给人打工，他和其余兄弟几人起五更，睡半夜，靠着一双手开荒种地、勤劳耕作，不几年工夫，就把父亲典出去的二十几亩好平地赎了回来。头一年，许在堂便把二十几亩地全部种上了芝麻。人勤逢天助，这一年秋天天比较旱，天旱收芝麻，二十几亩地的芝麻就收了十五石之多。他把这些芝麻用驴驮人担的办法，运到隰县出卖，一下就得到了五百多块银圆的收入。又过几年在陕西打工的三弟许谦堂挣回了三十只绵羊和一头大犍牛，有了羊和牛，对庄稼汉来说，如虎添翼，更加增添了兄弟五人勤劳致富的信心和决心。从此许在堂安排老五许益堂放牧绵羊，三弟许谦堂和四弟许寿堂养一头牛在家种好二十几亩上等地。自家的地不够，咱就在山头、刘家开垦山坡地。为了增加收入，许在堂还购买回一台轧花机，另外他除了上地劳动，还上午城、过永和，到大宁上集赶会，不停地做点小买卖，还在午城一家合股酒厂入了股。轧花、做买卖能赚钱，酒厂又能分红，就这样一个又农又工又商三结合的小家庭，很快就富裕起来。随着年龄的增大，兄弟们逐个都成了婚，田地也多了起来，但兄弟间几十年如一日，除老二在东房村当了招亲女婿外，弟兄四人在一块生产劳动，一块集体吃饭几十年，日子越过越富裕。土改时被定为富农，虽然被分出一少部分土地，但弟兄几人仍紧密合作，和睦相处，艰苦劳动，发家致富，在国家实行粮食统购统销时，光许在堂家一家，就卖给国家三十多石粮食，这在当时来说，是个非常了不起的事情。他们兄弟共同生活，一直坚持到农业合作高级合作化后才分开来，但兄弟间的情谊仍然十分亲厚。兄弟间这种长期相居和睦相处的做法，正是中华民族兄不离弟不分的传统美德的具体体现，被人们传为佳话，在方圆十里八乡，只要一提起白杜，都会对他们赞不绝口。人们都夸奖老大许在堂机智多谋会管家；老三许谦堂、老四许寿堂干活利索，能吃苦；老五会管羊，善放牧；他们这个家就是一个能过日子的多面能手大结合的少有的好家庭。弟兄几个，先后走完了人寿年丰的好日子，老大许在堂 1957 年逝世，享年 71 岁；老三许谦堂 1971 年去世，是年 79 岁；老四许寿堂 1968 年离开人世，也活到 69 岁；老五许益堂 1979 年去世，享年 71 岁。在比较少医缺药的六七十时代，他们兄弟都算是高寿了。更为可喜的是，就在老五许益堂将要离开人世之前的不多时日，党中央发出英明决策，于 1979 年 1 月把地主富农成分改为农村人民公社社员，从而改变了他们全家人的家庭出身，这不只是许益堂放下了闷在心里的政治负担，而且使得他的几个哥哥的英灵，同样得到了安慰。

许德甫

许德甫（1922—2007），从小在本村小学就读，1937年考入大宁县高级小学。高小毕业后，即在阎锡山政权工作，曾任石楼县分会主任、田粮处处长，后到二战区阎锡山部队任纪律侦察团团长。1947年在太行区被人民解放军俘虏。解放后在太原市新道街小学担任教师20余年。在任职期间因工作成绩突出，多次受到领导的表扬和奖励，后被中国民主同盟山西分会吸收为会员，并担任民盟小组长。作为党的统战对象，许德甫经常被邀参加市区一些政治协商会议。"文化大革命"中，被红卫兵遣送回白杜。回到太原后在东城区委会协助工作，此间，先后参与了牛驼寨烈士陵园的建设工程、煤气管道安装工程等市政设施建设。1983年退休。

许德甫一生爱好书法，他的书法，在太原市的书画展中多次获奖。他也给一些商店、门面题写过店名。2007年，因病不幸逝世，终年八十五岁。

许光隆

许光隆（1920—1992），中共党员。青年时期被阎锡山部队抓去当兵。1947年参加中国人民解放军，历任班长、排长、连长等职务。曾参加过解放太原、临汾的战斗。1951年作为志愿军，随部队参加了抗美援朝战争，在上甘岭战役中，身负重伤，回国治疗，获二等残废军人称号。在部队多次荣立战功，1956年复员返乡，作为一名伤残军人，许光隆在集体劳动生活中从不避重就轻，艰苦实干，得到了村民的尊重。于1992年逝世，享年72岁。

许林生

许林生，出生于1945年，中共党员。大专文化程度，中级职称。先后在本村小学、县城关小学、大宁中学读书。1962年中学毕业后回村农务。1967年参加工作，先后在白杜小学、东房村七年制学校、上麻束五年制学校担任民办教师。许林生在教学工作中勤奋踏实，教学成绩突出，得到领导和当地群众的好评，每年都被所在学校、联区、县教育局评为先进工作者或模范教师。特别是在上麻束学校时，正逢修建新的学校，许林生利用教学空闲时间打了三万多块土坯，深受群众称赞。1974年在东房小学教学时，安古公社党委要调他去安古公社工作，东房群众听到消息后，不想让他走，要求大队支部书记去公社请留。在东房大队支部书记的再三恳求下，他被挽留下来继续在东房学校从事教学工作。

1979 年 9 月至 1984 年 9 月，他参加了山西省教育学院高师函授中文专业学习，完成专科学业，成绩合格，获得山西省教育学院颁发的毕业证书。函授学习期间，在学院每学期的考核中，他都取得好成绩，被教育学院评为优秀学员，给予表彰奖励。教育学院毕业后，1985 年，县教育局调他到古乡中学任教。同年，他加入了中国共产党。从此，他更加努力工作，认真备课，认真批改学生作业，教学成绩突出，连续几年被评为县模范教师。他写的三年级教案，教育局在全县校长会议上推荐，让全县教师学习。1988 年评审职称时，他被评为中教一级。

1990 年 9 月到 1994 年 9 月任太德乡联合校长。在任职期间，他能体谅教师疾苦，经常深入到偏远的学校调查研究，帮助教师解决工作和生活中的实际问题，大大调动了教师的工作热情，教学成绩得到了提高。1994 年 9 月以后，先后任三多中学支部书记，安古联区、东关小学督学。2005 年退休。2010 年许林生在《白杜村村志》的编写工作中，积极誊写草稿，校阅打印稿，积极帮助编写人员收集资料，做了大量的繁杂、细致的工作。

许三锁

许三锁，1941 年出生，从小就在家经务农业，1980 年开始担任白杜西队队长六七年。在他担任队长期间，除积极努力领导群众搞好生产工作外，还认真负责和大队干部一起，争取专项资金，有史以来第一次把西崾整修成能走平车的宽敞道路。并且还重新整修了学校砖窑、给村里拉上了输电线路，使白杜村发生了重大变化。许三锁为人忠厚、同乡邻和睦相处，是村里有名的老实人。

许建峰

许建峰，1939 年出生，从小在太仙村小学读书，1954 年到城关小学上学，1957 年到隰县中学读书，1958 年考入隰县师范，在师范就读一年后，于 1959 年应征入伍，在甘肃省临夏市驻军 9741 部队服役五年后，于 1963 年转业回乡。1964 年参加革命工作，先后担任大宁县邮电局邮递员、大宁县政府司务长、城关公社副主任，后调县教委任纪检组长（正局级）。于 1999 年退休。

许建峰同志，从小刻苦学习，学习成绩十分优良，思想进步，一贯听党的话，在他就读师范时，国家征招兵员，许建峰积极响应党的号召弃学从军。参加工作后，他一贯积极努力，干一行、爱一行，干一行、专一行，专心致志努力干好本职工作，得到领导和同志的们一致好评。退休之后，许建峰不享清福，返回农村重新过上春种秋收的农家生活，勤勤恳恳进行农田耕作，继续为社会创造财富、为自己增加收入，十年如一日，充分发挥余热，深受社会的好评。

许廷生

许廷生，1954 年出生，共产党员。他从小在本村小学读书，中学毕业后，即返乡务农。1989 年担任白杜村委会主任，同时兼任村民小组长。在任期间，许廷生积极帮助村民解决生产和生活上的困难和问题，在领导村民搞好生产、完成各级政府交付的任务方面，均取得了较好的成绩。1992 年，许廷生被选任为白杜村民委员会支部书记，在他任支部书记期间，因送电线路老化，主要设备毁坏严重，白杜村长时间用不上电。为了解决这个问题，许廷生在本村在省劳动厅工作的李执祥的积极配合下，争取到为白杜村整顿线路、重新购买主要设备的 14 万元资金，他带领全体村民，奋战三个月，重新立杆挂线、安装设备，使全村又重新用上了电。1997 年，在安古乡党委书记杨进锋的支持下，把大腰河沟列为重点全面治理项目，由国家投资 15 万元，推平沟地两大块，为白杜新增加了 70 多亩沟平地。1998 年，许廷生主动争取资金，为白杜学校修了四间瓦房，使学生上课从昏暗的旧窑洞搬到宽敞明亮的大教室。2005 年，他又积极争取电网改造项目，对全村电路进行了彻底改造，使白杜村的电路设备完全达到国家标准。2006 年，为了解决全村人的吃水问题，许廷生在水利局贺生祥局长的鼎力支持下（水利局给白杜村投资了 12 万元），把园子沟作为新的引水上塬工程地，在园子沟开挖了蓄水池，盖了简易机房，安装柴油机和抽水管道，又一次把水引进了白杜村。撤乡并镇后，白杜村划归昕水镇领导，许廷生积极找乡政府、县教委和县政府的负责同志，把学校教室改造项目列入了计划，又把四间旧瓦房改造成砖混结构的新平房，更加保证了学生的安全。2009 年许廷生又主动争取到村村通水泥道路的工程项目，用了三四个月的时间，把麻束到白杜、白杜到圪崂塬二十里道路铺设成水泥路面，从此大大方便了人们的出行，解决了刮风下雨行路难的问题。

许廷生是白杜村担任村支部书记时间最长的一任村干部，在他长达二十多年的工作生涯中，在白杜村的通水、通电、通路的基础工程上，花费了不少心血，取得了一定成绩。更加值得一提的是，他不仅做好本职工作，而且在培养教育子女方面也取得了可喜成绩：他有两个儿子、三个女子，大儿子许国鹏，大学毕业之后，现在洪洞县饲料公司工作。二儿子许国帅，现正读山西中北大学本科。大儿女许卫萍成人自学本科毕业，在昕水镇工作。二女儿许丽萍成人大学专科毕业，在大宁信用联社工作。三女儿许艳萍，正在武汉华中师范学院攻读研究生。许廷生用自己的实际行动，为子女的健康成长铺平了道路。

许陆生

许陆生，2005 年任白杜村民委员会副主任、村民小组长。在任职期间，他积极配合村民委员会其他领导同志争取项目，于 2009 年，完成了上麻束到白杜、白杜到圪崂塬两条水泥面公路的修建，解决了长期以来行路难的问题。2009 年，又领导村民解决了引水项目的一些关键问题，使家家户户都吃上了清澈甘甜的自来水。

许建康

许建康（1914—1985），1924 年在本村小学读书，1928 年在大宁高级小学毕业后，先后在大宁国民小学，上菇古、割麦、三多等学校担任教师。1945 年日寇投降后，到阎锡山政权里工作。1949 年太原解放后，即返乡务农。1952 后任专职扫盲识字教师，1953 年调城关乡政府任秘书，1955 年因病返乡离职。在家务农时，曾担任生产队出纳、保管等职。1958 年曾任扫盲保教教师一年，后一直在家务农。1985 年病逝，享年71 岁。

许文德

许文德，1945 年出生。从小在村读书，1960 年毕业于大宁民办中学，后在家务农。1969 年，到安古乡公社办企业当工人。1980 年返乡经农。许文德是一个心灵手巧的能人，他从 1988 年开始，从事木雕，先后雕刻出历史人物"四大美女"等三十多种雕刻作品。1997 年在大宁县庆祝香港回归书画雕刻展览会上，获荣誉证书。2005 年 3月，参加临汾市首届民间艺术精品展，他的作品"四大美女"荣获银奖。近年制作的红楼梦仕女系列像，已基本完工。

许记生

许记生，65 岁，从 1982 年开始担任白杜村西队队长，一直到 2005 年，一干就是二十多年。在他任队长期间，同大队积极完成了白杜村电网安装工程、学校教室修建工程和引水上塬的蓄水池修建工程等，从而解决了全村群众的不少问题，深受干部群众的好评。

第二章　革命烈士

许建业

许建业（1917—1976），乳名禄子，许光谟之子，于1932年毕业于大宁县高级小学，同年考入太原友人中学，受学校党组织的影响和感染，逐渐接受马列主义，1934年就投入到学校党的工作中，1935年正式加入中国共产党，成为大宁县第一个中国共产党党员。他入党后，就负责太原女师、一中、一师的情报传递工作，与北京、上海的党组织进行直接联系。同年九月，因太原的党组织遭到严重破坏，建业离并返乡，又参加了大宁县党组织的活动。

1936年1月建业重返太原，并同党组织取得联系，继续开展党的活动。1937年12月，被任命为孝义县牺盟会特派员。1939年调任洪洞县牺盟会特派员。1940年冬，在太行区特训班学习后，被任命为榆次县县长。1941年任寿阳县县长，不久调晋冀鲁豫边区民政厅任科员。1943年11月，调任太行七专署民政科长。1945年日本投降后，许建业又先后担任河南省辉县县长、宜阳县县长、豫西专署副专员、南阳市市长等职。在八年抗日战争和五年解放战争中，许建业在晋冀鲁豫地区广泛发动群众，做了不少艰苦卓绝的工作，为抗日战争和解放战争的胜利作出了巨大的贡献。1949年9月，许建业随军渡江南下，10月任中南行政委员会民政处处长。1953年到1966年先后任湖北省农业厅副厅长、农垦厅副厅长、中南局农村部办公室第一副主任、中南局计委会委员、办公室主任、中南局直属机关党支总书记等职务。

许建业在四十余年的革命生涯中，对党的事业作出了突出贡献。他一开始在太原从事革命活动，就是在彭真同志的亲自领导和组织下进行的；在以后的革命斗争中，他也同叶剑英、李先念等有过广泛的接触；他随军南下后，曾同赵紫阳在一起工作过一段时间，是一名在党内有一定影响的中高级领导干部。

1966年在毛主席亲自发动，被林彪、四人帮掌控的"文化大革命"中，许建业在中南区工作期间受到残酷迫害，其身心被严重摧残，于1976年6月7日含冤逝世，终年59岁。1977年广东省委根据中央指示，为许建业同志平反昭雪、恢复名誉，1979年2月6日，中共广东省委在广州市为许建业同志召开了隆重的追悼大会，他的骨灰被安放在广州市革命烈士大厅。

许建业同志是中国共产党的优秀党员，是党的一名优秀干部，他的一生是战斗的一生、光荣的一生，他对抗日战争和解放战争胜利作出的巨大贡献，将永远载入史册，人们对他的英雄功绩，永远不会忘记，白杜人都会以他为荣，世世代代永远不会忘记他。许建业同志的事迹被收录在大宁县志人物传专辑中。

许科堂

许科堂（1912—1949），出生于贫困家庭，从十岁起便弃学参加农业生产，15岁开始，迫于维持生活，就给人打长工、打短工。1936年红军东征来到白杜，许科堂便积极为红军寻房子、找粮食、当向导。红军抗日为民的良好作风，在许科堂的思想上留下了深刻的影响。

1937年，许科堂参加了牲盟会，由于他思想进步、工作努力，1938年9月1日，经大宁一区区委会组织委员介绍参加了中国共产党，并担任了一区牺盟会组织的农救会宣传委员。1939年5月调县农救会工作。晋西事变后，随党组织撤离大宁，先后任离石县和三分区抗联主任。在此期间，他积极组织和发动群众参加抗日战争和反蒋斗争，取得了很大成绩。

1945年8月，为了开辟新的根据地，扩大解放区，吕梁区党委派许科堂回大宁组建县人民民主政府。1946年3月，大宁县人民民主政府在陕西省延长县西马头关正式成立，并委任许科堂为大宁县第一届民主政府县长。当时大宁县还处于阎锡山的统治下，党的力量十分薄弱，在一片白色的恐怖中，许科堂一面在黄河西岸组织武装游击队，一面深入大宁县境内放手发动群众，壮大人民武装，同敌人展开了灵活多样的游击战争，在他的领导下，游击队先后在任堤、割麦、东木等地接连打了几次漂亮仗。在东木战斗中击毙敌"爱乡团"正、副营长，并缴获了敌人一部分枪支弹药。游击队的活动，使国民党县长左尔禹惊恐万状，就在其政权飘摇不定的严峻形势中，仍然叫嚷要悬赏一百银元捉拿许科堂。

1946年大宁第一次解放后，许科堂率领民主政府工作人员进驻县城，扫除残敌，开仓济贫。时隔不久，县城再一次被阎军占领，许科堂在撤出县城后，继续在割麦、永和一带开展对敌游击战斗。1946年农历腊月三十日，许科堂率游击队袭击了阎一区区政府，击毙和俘虏了敌"爱乡团"二十一人，缴获步枪三十余支和一部分弹药，又一次极大地震慑了在县城的敌人。

1947年3月18日，许科堂带着一部分资金在刘家村为群众发放救济款时，不幸被蒋军三十师便衣队包围，许科堂在突围中受伤被捕，随即被带回县城。阎政权对许科堂进行了轮番审讯，许科堂在敌人面前坚贞不屈，毫不动摇。1947年5月27日，大宁第二次解放，阎政权退却时，同时将许科堂裹胁到临汾，关押到胡宗南三十师师部。老奸巨猾的三十师参谋长仝学增满以为凭着他们的老道经验，一定能使许科堂屈服投降，而且从他的口中得到更多他们需要的东西，但是狡猾多谋、软硬兼施的反动派头面人物，虽几经审讯，而且挖空心思把各种手段用尽，都未能如愿以偿，从许科堂口中没有得到他想要的一个字的口供。

1949 年 5 月，许科堂在临汾英勇就义，享年 37 岁。许科堂同志在敌营中坚贞不屈、英勇顽强，充分表现出了一个共产党员高尚的革命气节和英雄品质。许科堂永远活在白杜人的心中。

许天元

许天元（1931—1948），1948 年参军，中国人民解放军十八兵团战士，参加不久即投入到解放太原的战斗，在攻击牛驼寨战斗中光荣牺牲，被追认为革命烈士。其名被收录在大宁县志革命烈士名录中。

许凤堂

许凤堂（1917—?），共产党员，光荣烈士。1917 年生于山西省大宁县白杜村，1937 年参加了牺盟会。他和许执奎同时被分配到牺盟会一区区委会工作，在牺盟会领导下，积极宣传抗日，发动群众支援抗日，做了大量的有益于坚持抗日、拯救民族的工作。1939 年晋西事变发生后，许凤堂随大宁牺盟会撤离县城，他被编入八路军转战山西、河南等地，打击日本侵略者，在山东省靖乐县的一次同日战斗中壮烈牺牲，牺牲年限无考。其名录于大宁县志。

许凤堂从青年时期就投身革命，在抗日战争中作出了贡献，献出了自己的生命。白杜人民世世代代不会忘记许凤堂同志的伟大功绩。其名辑录在大宁县志革命烈士栏目中。

许广忠

许广忠（1920—?），曾用名许建明，1947 年大宁第一次解放后，参加了中国人民解放军，炮兵某纵队二团三连战士，在解放战争的战斗中，光荣牺牲，被追认为革命烈士。其名辑录在大宁县志烈士名录中。

许还元

许还元（1925—1943），1941 年兵农合一时被征入伍，在阎锡山部队当兵。1943

年，在乡宁华灵庙同日军拼杀中光荣牺牲。

许执奎

许执奎（1922—1940），出身贫困家庭，1938 年许执奎离乡出走，在县牺盟会一区区委会担任勤务、通讯员。1939 年 12 月晋西事变发生后，许执奎即随牺盟会撤离大宁，于 1940 年同日军作战中光荣牺牲，后被追认为革命烈士，其名列表于《大宁县志》烈士名录。

许玉祥

许玉祥（1918—1942），1936 年加入中国共产党，1937 年参加大宁牺盟会。晋西事变发生后，随牺盟组织撤离大宁，被编入 115 师晋南独立支队，先后任班长、排长、连长等职。1942 年在方山县同日本鬼子战斗中英勇牺牲，时年 24 岁，后被追认为革命烈士，载入《大宁县志》时，姓名为张祥。许玉祥同志是许建业之后，白杜村第二个参加中国共产党的革命青年人，他为抗击日寇而献出性命，是值得人们永远怀念的。许玉祥是党的好战士、人民的好儿子，白杜人永远记住他的功绩。

第十二编　灾荒祸异

第一章　自然灾荒

第一节　旱　灾

旱灾是白杜村最主要，也是年频率最高的自然灾害。村里人有"十年九旱，三五难收"（十年就有三季绝收、五季歉收）的说法。据村里老年人回忆分析，每八年中只有两年是风调雨顺的好年成，有六年都出现程度不同的旱灾，发生率高达近百分之七十。在旱年发生时，一般的多是春旱和伏旱。"春雨贵如油，伏旱晒死牛"的谚语，就是这种情况的真实写照，在白杜广为流传。但是，自有史记载以来，白杜村饿死人的旱灾，只有光绪三年最为严重。在解放前，每逢严重旱年，只会出现少数户外出投亲靠友、个别人行乞讨要的现象，大多数旱年也只是旱了阳处收背处、旱掉前季收后季，一般情况下干旱虽能造成减产，但还不至于到了断人烟火的地步。

清光绪三年（1877）是白杜村有史记载以来最严重的旱灾年。从光绪二年（1876年）开始，白杜村秋粮颗粒未收，光绪三年又逢特大旱灾，夏秋两季又是全部绝收，从光绪三年冬到光绪四年春，白杜村出现了人无食源、饿殍盈野的悲惨景象。全村150来口人，饿死了一半还多，到光绪四年年底，全村只剩下六七十口人，少数户人口绝亡，没有人顶门立户。

民国年间的36年中，白杜村出现了5次成灾的旱年，其中，民国十三年，大旱成灾，白杜村出现了严重的饥荒。民国十八年，因天大旱，夏秋两季收成减少8成以上，再加上民国十八年的伏天大旱秋田严重减产，人们靠吃草根和树皮来维持生活。

1947年解放后，到五十年代末，白杜村遇到了4次比较严重的旱灾，但只是造成粮食减产，人们的生活虽然受到了一些影响，但尚未影响到人们的正常生活。

六十年代的10年中，只出现了3个干旱年，其中以1965年旱情最为严重，从5月到8月，白杜村仅降雨126毫米，整个伏天滴雨未落，村东西两沟平日不停的涓涓小流，有的都不见了流水。这一年全村粮食产量只有7万来斤，人均只收粮食150斤左右。为了保证人民的基本生活，国家不仅没有向白杜村征购粮食，还先后给提供了近万斤供应粮，使人们平安地度过了灾荒。

七十年代的 10 年中，8 个年头出现了程度不同的旱情，但未出现大旱之年。

进入八十年代之后，随着科学技术的发展，种子不断改良，小麦、玉米多是抗旱作物品种，再加上地膜覆盖技术的广泛应用和政府人工增雨工作的广泛开展，即使发生旱灾，也只会造成减收，对村民的生活不会影响太大。再加上有些旱年，对一些困难户政府还会发放钱粮加以救济，人们的日子还是过得比较安稳。特别是实行包产到户的农业生产责任制后，多数人粮食年年都有很大结余，再加上党和政府对困难户实行低保和直补，虽有农业上的旱季或旱年，人们家家户户都仍然吃的是白面馍馍。

从九十年代到二十一世纪初的 10 年间，最严重的旱情有两次，一次发生在 1998 年，这一年从阴历八月开始近半年的时间，白杜村滴雨未落，致使小麦颗粒无收，一次是 2000 年，这一年从春到夏，没有下过一次有效雨，致使小麦绝收，秋田无法下种，从 5 月中旬开始下雨，人们种了许多晚秋作物，由于以后雨水充足，小秋作物喜获丰收。

第二节　雹　灾

雹灾，一般发生在村里人说的"五黄六月"间，也就是炎热多雨的夏季，一般多来自东北和西北两面。村里人传说，北面的龙王爷是个脾气十分暴躁的、没头没脑的龙王，所以北面刮大风带来的一般都是灰白色的乌云，而这些乌云往往就会下冰雹。白杜村，可以说是两三年内就会下一次冰雹，一下冰雹就会损坏庄稼，造成不同程度的减产。但白杜村还有一种看上去十分站不住脚的说法，这就是"冷子（指冰雹）不抽，五谷不收"。其实这话也是有一定道理的，实践证明，被带雹子的风雨打过的庄稼只要是没有把头打掉的苗子，一般长势都十风强劲，籽粒比较饱满。据有关科学数据测定，雨水中都含有植物生长所需要的多种营养元素，而急风暴雨中和带有冰雹的大雨中，其植物所需的营养元素要比下小雨时的雨水中高得多，因此在农谚中又有"要想庄稼长得快，浇透墒不如下透雨，下透墒不如下暴雨"的说法。这就说明暴雨和雹雨也有它的两面性，它有能把庄稼苗子打毁的一面，也有能促使禾苗快速增长的一面。

白杜村遭受冰雹袭击，造成灾害最为严重的一次是 1966 年农历 5 月 25 日。这一天傍晚，在白杜村东北方向的堡村垣上空，乌云密布，一瞬间一股大风从东北方向刮来，把堡村垣上空的乌云刮到白杜村上空，顿时，狂风一停，偌大的冰雹就像铁锅里炒豆子一样，不带一点雨的冰雹从白杜上空倾盆而下，颗粒也越来越大，一般的都像一颗西红柿那么大，有人在雹雨中拿了一个吃饭用的碗，在院里往碗里拣冰雹，一只碗内只能放 3 个冰雹，根本放不下 4 个，把这 3 个冰雹用秤一称，3 个冰雹就有 9 两多重。因冰雹下在傍晚，村里放羊的放牛的和在地里劳动的人见天气不太好，都早已提前回到村里，所以避免了对多数人的伤害。只是将在场里打麦的许建邦的头上打了一个大口子，一股鲜血满面而流。多岁的张三汝从地里赶紧往回跑，在一块地边上被刮来的大风刮倒在地垅下面，由于冰雹随风而下，地垅的高度挡住了她的身子，没有遭到大冰雹的伤害，只是屁股上被打下两个大疙瘩，主要部位基本上没受到损害。这次特大冰雹使庄稼和树木都遭到严重的损坏，豆类、棉花、谷子作物基本上全部打坏，没有收成。地里的南瓜蔓子都被裁成不到一尺长的小节子，玉米叶子全部打坏，秆子也大都被打坏。灾后队里把所有大秋作物全部毁掉种了小秋，只留下少数未被打坏的玉米苗子，秋后还收了三成的玉米。

这次雹灾还打坏了所有的房子和窑洞上的瓦片和石板，土窑面子上被冰雹打落的土积了有一米多厚，有的家户在院子炉子上做晚饭，没来得及往回搬笼盖锅和放在院子里的铁盆，结果全被冰雹打烂。全村有五六头大猪受了惊吓跑出猪圈，被打死在坪里。雹灾对树木的破坏也非常大，所有树木的枝梢树叶大都被打落在地上，村子里满坪都是厚厚的树枝树叶，就连枣树的树身也都受了重伤，冰雹打在树身上，把厚厚的老皮也揭起一大片。冰雹过后，人们像是从噩梦中惊醒，村里的一些妇女眼见冰雹破坏如此之大，着急得放声大哭起来，全村一片悲伤、狼藉的景象。这次冰雹袭击的范围，全部集中在白杜坪里，东西两源没受其害，就连同南北相隔只有五里地的上麻束，也只下了为数较少的几颗大冰雹。白杜村的这次冰雹灾害，其颗粒之大、危害之大都是史无前例的，就连七八十岁的老人也都没有听说过老天能下如此之大的冰雹。

第三节 风 灾

能造成灾害的大风的发生率比较低，多集中在夏季的五、六月间，有时，在高温干旱的天气中，常肯出现每秒 1—3 米风速的干热风，这种干热风对正在扬花的冬小麦危害极大，能造成小麦一片一片地枯萎。这种跟随干旱而来的干热风灾害的发生率比大的风灾要高得多，因此，它对小麦生长的危害也大。在近四五十年来，白杜村发生最大的风灾有：

1956 年 7 月 24 至 25 日，连续两场七八级大风把全村数百亩谷子、玉米刮倒在地里，使其颗粒难以饱满。

1972 年 5 月 13 日，遭受八级大风，使正在扬花的小麦受到很大损失。

1976 年 5 月，干热风持续多天，致使玉米卷叶、小麦枯黄青干，造成全年二成多的减产。

1979 年 7 月 23 日，八级大风侵袭白杜，刮断树枝，刮倒高秆农作物，造成减产。

1989 年 7 月 3 日，遭大风侵袭，刮断树木。刮坏庄稼。

2008 年 4 月，大风将已套好袋的苹果树上的袋子刮落百分之八十以上。

第四节　霜　冻

霜冻一般有两种情况，一种是发生在春季的倒春寒中，造成雪霜冰冻。这种霜冻，容易对返青小麦造成冻害，容易发生小麦黑疸病，对刚一出土的早秋庄稼和小麦产生冻害，特别是对早春开花的桃、杏、苹果等果木树的花容易造成冻坏。花朵一冻，大大影响果树的成果率，形成果树大量减产。另一种是在秋天，有些晚秋作物尚未成熟时，被早霜冻死，形成减产。这种冻害多发生在阴历的三月到四月中下旬和八月中下旬，霜冻的发生频率还是比较高的，差不多每年都有发生，能造成灾害的约占一半年份。据县志记载：

明万历十六年（1588）8 月降雪，晚秋作物全被冻死。

明崇祯十五年（1642）4 月降雪，冻死小麦，冻毁刚出土的秋苗。

解放后发生霜冻的年份有：

1947 年 4 月 30 日，霜冻造成灾害。

1951 年发生春霜冻，造成小麦受冻，严重减产。

1953 年 4 月 12 日，天气突变，河水结冻，小麦被冻死。

1972 年 5 月 13 日，气温降到零下 2 度，白杜村 300 多亩小麦不同程度受冻，各种大秋作物出现了 20%—80% 的死苗现象。

1979 年 4 月 11 日，白杜降大雪，小麦、秋苗冻害严重。

1982 年 5 月 2 日，出现霜冻，秋苗部分被冻死。

2003 年阴历四月，发生霜冻，冻死上百亩西瓜苗。

2009 年到 2010 年，连续三年，阴历三月上旬到中旬，在果木花盛开的季节，发生零下 5 度左右的冻害或降雪，致使核桃无收，桃、杏、苹果成果率大大下降。

第五节　洪　涝

白杜村地处塬面地区，塬高坡陡，洪涝成灾的几率不高。一般只是连阴久雨，会造成不太坚固的房屋倒塌、地里长的和收到场里的庄稼霉烂。多少年来，比较大的洪涝灾害有：

1959 年 6—7 月间，阴雨连绵不断，造成已收到场里的小麦出芽。

1961 年从 9 月 5 日起，连续降雨 30 多天，造成谷子返青、其他庄稼霉烂。

1975 年 7 月 21 日，降暴雨，洪水冲毁部分地埂。

第六节　地　震

从大宁的石山横断面来看，基本上排列整齐完好，没有被震裂、倾斜的现象。这就说明大宁有史以来，没有发生过太大的地震。据旧县志有关资料记载，大宁发生的有感地震大都是其他地方发生大地震而引起的震感。在民国九年，即 1920 年，2 月 16 日宁夏海塬 1 日连震三次的地震波及大宁，曾造成飞土扬沙、房舍摇动；1966 年河北邢台地震，1975 年 2 月 4 日辽宁营口地震和 1976 年 4 月 6 日的唐山大地震，白杜村都有震感，能看到室内悬挂物的摆动。

第二章　人为灾荒

日本鬼子烧杀抢掠造成的危害

1938 年，日本鬼子在白杜纵火烧杀，使全村家家户户的门窗＼室内家具衣物全被烧毁，粮食、棉花、牲口全被抢去，日本鬼子走后，人们返回村子，基本上是无家可归，没有粮食、没有家具，根本无法生活，给生产也带来很大困难。人们只好投亲靠友，东挪西借，过了几年少吃缺穿的艰苦生活，才逐步修复好门窗，购置了家具、农具和所需衣物，过上了正常生活。

"兵农合一"带来的危害

就在日本鬼子在白杜大肆烧杀、给白杜村人造成的伤害尚未完全愈合的时候，1943 年阎锡山开始实施"兵农合一"的暴政，这如同在伤疤上撒盐，人们又开始遇上了灾难的日子。每年所打的粮食，全被阎锡山搜刮一空，人们靠吃野菜为生。全村一片悲惨景象，这种灾荒式的生活，一直到 1947 年解放后才基本结束。

六〇大饥荒

1958 年在所谓大干快上"左"的思想支配下，力争上游、大跃进的浮夸风遍及各地。在那个时代，人们只能讲成绩，不敢提缺点，对粮食产量越吹越高，数字越报越大，征购任务越来越多，造成农民没吃没喝，发生了 1960 年的大饥荒。村里人在村里办的食堂中统一吃大锅饭，有时一顿饭吃不到 2 两重的一个窝窝头，人们只好喝稀饭、吃野菜。不少人饿得得了浮肿病，造成了历史上又一次人为六零大饥荒。其实那时并不是没有粮食，单是大宁粮局代国家保管的粮库里就存有百万斤玉米、小麦。但是，国库的粮食地方上没有动用的权利，造成库里放着农民种下的粮食、种地的农民在饿着肚子的奇特现象。党中央总结六零大饥荒的深刻教训，1961 年放开政策，让人们自由开垦小块荒地，所开荒打下的粮食，不计征税，不顶公粮，只一年工夫，人们就过上了吃饱喝足的安定日子。

第三章　祸　异

李万发、李润锁被日本鬼子给烧死

1938 年日本鬼子十一师团侵犯大宁，占领了大宁县城。3 月 15 日，日军从县城出发，来到白杜，企图继续往而吉方向进发。日本鬼子哪里知道，从白杜要往而吉方向开进，只有一条连单人行走都不好通过的悬崖狭窄险道。他们驮着各种大炮和弹药的骡马根本无路继续前行。气急败坏的日本鬼子随即将大炮架在白杜以北的北村坪，向而吉山头等地猛烈轰击。恼羞成怒的日军一连发射了一百多发炮弹之后，随即进入白杜村，开始了大肆烧、杀、抢、掠的罪恶行径，顿时全村到处一片火海，没来得及逃离的年逾七旬的李万发老人和组织村民躲避的牺盟会自卫队员李润锁被日军投入大火之中活活烧死。日军退却后白杜村民举行了悲壮隆重的安葬仪式，对为白杜村民不受日本鬼子的伤害而英勇献身的李润锁同志进行了隆重的安葬仪式。并在他的墓前，竖立了一块刻着"李润锁烈士"的石碑。（李润锁虽然是外地人，但已在白杜安家落户）

老两口同归于尽

许玉胜老两口常因家庭琐事争嘴吵闹，两口的闲气越来越多、越来越大。俗话说："闲气多了生祸事。"1950 年正月十三，天刚大亮，两口子经过一番激烈的争吵之后，老婆说，你就这样欺负我，我就不活了。老汉赌气地说，那你就去死吧。没有把自己说的话当回事的老汉，千万没有料到，老婆从大门走出去，爬到十五六丈高的窑背上，一跃而下，当场跌死在院当中。老汉见老婆死在院里，也爬上窑背跳到院里，当即也被摔死。就这样一会工夫，造成两条人命，使老两口同归于尽。

许崇堂受伤身亡

许崇堂是一个十分讲究穿戴打扮的人。有一年冬天，他和他的儿子到地里去砍柴，许崇堂看到一个深圪坨里长着几株野椿树，他就跳下去把椿树砍下，然后让他的儿子在上边用手吊，谁知道在吊一根椿树时，他儿子没有提牢，椿树掉了下去，正好打在许崇堂的头上，当即在他的额头上爆起一个大疙瘩，回到村里没几天，许崇堂觉得额头上长个疙瘩不好看，于是就找人给他想法儿割。解放初期，一些医生的医疗技术不是十分高明，施行外科手术也不注意消毒，更没有条件注射破伤风疫苗，所以许崇堂的头部疙瘩割开没几天，就因得了破伤风而不幸身亡。村里人惋惜地说：崇堂的死，就吃了他爱打扮图好看的亏。

夫妻共同遇难

年轻的李玉生在后坪渠打了两孔土窑洞。窑洞打好后，小两口即搬到新窑洞去居住。因为新窑洞土质过于疏松，两口子住进去没有多少日子，一天晚上，大雨过后，窑洞就全部塌陷，把李玉生小两口全部压在新窑洞内，村里的邻居发现后，即赶快在废墟中营救，但到刨出来的时候，小两口双双都被压死，造成白杜村又一次夫妻同遭灾难的悲剧。

兄弟先后遇祸

许玉贵是许光烈从他亲戚家要来的过门儿子，以后许光烈又生了一个儿子叫许玉庭。许玉贵和许玉庭虽然不是一母同胞，但相处关系也还比较亲密，但是，不到几年工夫，兄弟俩先后都遭祸事身亡。许玉贵家住在后坪渠的土窑洞，有一天，他看到他家院里的一孔破窑洞里的大土块要塌下来，他为了从旧窑洞内往出抢救财物，一次又一次地进去出来地快速搬运，就在他最后一次进去搬东西的时候，窑洞上面跌下来一大块土疙瘩，正好打在了许玉贵的身上，为了抢救财物的许玉贵当即身亡。

过了不几年工夫，许玉贵的弟弟许玉庭到地里去耕地，当他扶着耕犁到地头往回掉牲口的时候，被转身的耕牛抵靠，落下了山崖，因就他一人在地里耕地，没有被人发现，未能及时抢救，许玉庭惨死在崖下的土坑内。兄弟俩先后在意外中毙命，在其亲属和全村人的心胸中，又一次留下悲痛的伤情。

他险些葬在山洞里

早些年间，村里的一些人喜欢揎獾子，獾子在秋后吃足地里的粮食后，就在山水冲成的渊洞里去冬眠。深秋的獾子十分肥壮，肥肉十分香美。爱揎獾子的人就从长粮食的地里沿獾子来去的爪印在深渊找獾子的踪迹，找到后就开始钻在土洞里捉獾子。

他们手里拿着一把镰刀，遇到土洞狭窄人不能进去的时候，就用镰刀削土人往里爬，当到了獾子过冬的老窝遇到獾子时，就用镰刀打獾子的鼻子（据说獾的鼻子是个致命的要害地方，只要用力一打，獾子就会毙命），把獾子打死后，拉出洞外，全家人就会饱餐几顿美味的獾子肉。一天许致堂一个人在刘家坡上一个山洞里发现了獾子的踪迹，便钻进山洞，手拿着镰刀和火柴，开始往里爬走。当爬了一大段山洞时，发现他身后土全塌下来了，他要往回返已是不可能了，于是他就用镰刀往前边掏洞边前进，一直用了一天一夜的工夫，才出了地面。许致堂用自己的智慧和力量使自己有惊无险的逃出了山洞，避免了一次重大灾害的发生。

第十三编 传闻轶事

白杜村村名的来由传说

提起白杜村村名的来由，曾有过一段优美的传说。在很早很早以前，白杜村就有先民在这里栖身居住。那时候在白杜村的山坡沟凹到处都生长着茂密的原始森林，还见不到多少可刀耕火种的田地，收的粮食很少。人们得以生存的食物来源，主要靠的是在树上采食野果、在林间捕猎鸟兽、在沟河捕捞鱼蟹。但是，不论生活多么艰苦，村里散居的为数不多的几户居民都是团结友爱、和睦相处、尊老爱幼、诚实相帮。久而久之，他们的礼仪之举，不仅受到屈邑族长和北屈官衙的表赞，而且感动了天神。有一天晚上，人们正在熟睡之中，村上一位威望很高的白髯红颜的长者，忽然看见屋前闪烁着一道道金光，并听到有人呼叫的声音。长者急忙起身出外举目一看，只见在天空的金光闪烁之处，一位神仙身前身后簇拥着一群白色俊鸟，后面跟着一群天兵天将，手中拿着铲具筝筐，向着他从天空中飘然而来。到快要靠近他的时候，对他说："我是玉皇大帝派来的造福天神，你们这里是一块风水宝地、宜居之处，住在这里的人，人气高尚、家丁兴旺，天皇对此特别感动，要我专门下凡为你们送天福。"话一落音，天神和他所带领的天兵天将、白色俊鸟连同闪烁的金光，骤然消失。也就在这时，这位长者猛然间从这场甜蜜的睡梦中惊醒，他不由自主地回味着这场神仙托梦的情景，再也没有入睡。说也奇怪，第二天天一大亮，村里不少人都争先恐后地登门向长者报送自己看到的奇观。有的惊奇地说：只一夜之间咱村村边的密林里出现了两个偌大的水池。有的兴奋地说：在北坪的杜梨林中，飞来了一大群洁白的俊鸟，和盛开的白色杜梨花互相映照，甚为美观。人们都对这种突如其来的景象甚感意外。这时长者对大家详细讲述了昨天晚上天神给他托梦的情景，并给大伙说，你们看到这些一夜之间的大变化，都是上天赐给我们的喜景。众人听毕，人人对此乐不可支。

当天中午，这位长者在他家中准备了比较丰厚的野果山味和食品，把全村男女老幼都召集到自己家里，庆贺这突如其来的新变迁。水足饭饱之后，长者告诉大家，新出现的这两个泊池，是天神为大家挖造的，两个水池能拦蓄天水，使咱们村里的塬面，从此不再会被雨水冲刷成沟，保全了村里的风脉，咱们就把这两个水池叫做"天水泊池"吧！村里飞来的俊鸟身为白色，咱们给它起个名字，我看就叫"白鹤"吧！白鹤栖落在开白色小花的杜梨树中，也是咱们村的一大奇特景色。这些都是天神赐予我们的。咱们就随天神之意，取"白鹤"和"杜梨树"之首的"白"、"杜"两个字，把咱村立名为"白杜"吧！老者说完，众人拍手称快，一致表示完全赞同老者的定论。由此，白杜村的村名一直沿用至今。千百年来，白杜人把天神为他们建造的两个泊池也当作村里的一大风水宝物，认真加以保护。

许德胜当保镖

白杜村的许德胜在解放前是个出了名的好汉，他身材高大魁梧、胆识过人、武艺高强、三教九流交往很广，在周围十里八乡很有名气。他第一次为别人当保镖去山下，途经金岗岭山。他们赶着30多头驮着商贸货物的骡子正往前走，忽然从山沟里窜出一伙人拦住了他们的去路。其中站出一个彪形大汉，大声吆喝着，要他们丢下驮骡走人。许德胜一听，知道这是遇上土匪了。他感到大事不好，心想这下可完了。他眼巴巴地看着土匪们把牲口赶进了山里。他想，这30多驮财物不是个小数目，我拿什么给人家交代，他心里暗想，不如干脆投奔这伙人，一走了之。主意一定，他就跟随其后进了山。拐了几道弯，来到了一个小山村，在一道小沟里，沟两边有10多孔大小不等的窑洞。这伙人停下来，卸了牲口驮子，去吃午饭。许德胜这时感到又气又急、又渴又饿，可那些人只顾自己吃，也没人理他。他想你们不让我吃，我自己动手。他随即拿了一只大碗，满满盛了一大碗小米干饭，大口大口地吞咽起来。不一会工夫，他就吃了3大碗。土匪们看着他这般形象，一个个惊得目瞪口呆，交头接耳、窃窃私语，有的说："这人恐怕是个了不起的人！"

许德胜饱吃一顿，饭后又再没事干，又无处休息，就到处转来转去。他跳过山沟，一孔挂着布门帘的土窑洞映入他的眼帘。他不管三七二十一，上前撩起门帘往里瞅。窑洞里光线较暗，模模糊糊地看见有个人躺在坑上正在抽大烟。就在他撩起门帘的一瞬间，躺着的人已经看清了他的脸面，认出了他是许德胜。那人问道："老许，你怎么会来到这里？"许德胜一听话音，顿时喜出望外，躺着的这个人原来是自己多年未见面的老朋友。他一蹦跳上坑，一把拉住老朋友的手冤屈地说："一伙好汉把我的镖驮子给截了。"那人问："什么时候？"许德胜略带气愤地说："今前晌！""你先来抽烟吧！"说着把烟枪递给许德胜安慰地说："你想住，就尽管放心地住下。如果你急着要走，我马上打发你动身。"许德胜放下烟枪腾地坐了起来说："我是要赶时间把货给人家送到山下，现在哪有心思住呢？"那人听说后向外走去。不一会儿走进来对许德胜说："现在你就可以动身了!"说话的同时递给许德胜一件黄色马褂说:"今后你过金岗岭山时,只要把这件马褂搭在第一个镖驮子上就会万无一失。"原来他这个老朋友现在已经当了这里的土匪头子了。

许德胜为什么能和这个土匪头子处下如此深厚的感情呢?原来,在几年前,许德胜有事去襄汾,途经金岗岭山一个小山村时,忽然见村旁有人在那里打斗,他驻足一看原来是两个人和一个人厮打,而且是越斗越狠,这个人越来越难以招架。许德胜历来是个爱打路见不平的人,见此情形他二话没说,上去三拳两脚就把那两个人打翻在地,救出了那个人。这个原来被他救过的人,就是现在的这个土匪头子。

常顺子过崾

白杜村的西崾,地形十分险要,崾的中间不仅狭窄弯曲,而且高悬于两边都是深沟的悬崖绝壁之上。在清光绪年间,白杜村对该崾子进行了一次整修,在崾子中间一段的南面,采取立木柱、加顶横板并填土加宽的办法,作了维修。从此,村里人在高山砍柴往回担柴,就可在崾上行走。但一些胆量稍小的人或是外地生人,还是不敢过崾。传说在民国初年一个叫常顺子的外乡人,身上背着一条钱重子,从圪崂塬往白杜村走,打算过崾,他一上崾,刚走了几步,便吓得两腿发抖,不敢向前走了,随即便退了回去。他站在路旁,略微思索了一会儿,决定不敢立着走,就试着爬行过崾。他试了一下,爬在地下无法带钱重子,于是常顺子便把钱重子放在地上,伏下身子,顺着斜窄高悬的小道抖抖擞擞地爬过崾子,常顺子虽然紧紧张张的过了崾子,但望眼一看,他的钱重子还在崾子的那边放着。无奈,常顺子又紧紧张张地爬了回去,不敢立着走崾,爬着过又背不了钱重子,常顺子只好改走翻沟路,顺着圪崂塬河坡道,向白杜走去。常顺子此举成了人们广为流传的一则笑话。从此,"常顺子过崾,过来过去没顶事"就成了白杜村大人小孩一句新的顺口溜。同时,这个故事也在全县广为流传。

许记秀"看病"

传说,在民国年间,白杜村一个叫许记秀的人,从马头关过了黄河,到陕西去探访一个交往多年的好友,他在好友家里住了几天,就踏上返回山西的路程。当他走到延长县骡子山一个小山村时,发现自己所带的盘缠已快要花光了。这个小村离黄河畔还有几十里山路要走,许记秀不仅没有吃饭用的钱,而且连乘船过河的船工费也将无法支付,不吃饭不行,过黄河没钱也不行,这怎么办呢?许记秀一直在苦苦思索着筹钱的办法。许记秀在白杜村是一个办事很有头脑的有心人，这时他就想到冒充巫医给人看病赚钱的办法。想到这里，他就走进了村子里，走进一个看上去家境比较宽裕的人家里，说也凑巧，许记秀打算冒充巫医给人看病，正好该户人家的一个中年妇女，躺在炕上，不停地呻吟着。许记秀一进门，主人便十分惊奇地问他有什么事。记秀两眼微闭，双手合十，不紧不慢地说："我是河东大宁人，今日路过此地，忽然发现有一股妖气在你家破门而入，我怕给你家带来危害，所以就奔你家而来，一进你家门果然发现你家妇人已身染严重疾病，所以特此告知。"主人听罢许记秀一番言语，便热情地把记秀让上炕头，当即说："先生，我家妇人奶头肿胀，白天黑夜疼得饭不能吃、觉不能睡，那就请你快想办法，为我家除妖去魔吧！"。许记秀这时毫不谦让，随口而出："以我的观察来判断，进家之妖，是个微不足道的小巫，我完全有法儿除掉它，那你就赶快准备香裱油灯，只要我略施小术，便可使小妖一败而去，你家妇人的病也就会很快痊愈。"主家一听，连声乞求，望先生快施法术，为我家妇人驱赶妖魔。说着，早已备好香裱等物。许记秀从来没有学过什么法术，也根本没有念过法语，怎么办呢？记秀一边点香、点纸，一边想念咒的词语。就在这时，他灵机一动，心想，那就念白杜村的一些地名吧！这时他就让病妇把她肿胀的奶头裸露在衣服外面，然后用点着的黄裱在病妇的胸前转着圈儿，大声念道："犁园疙瘩，瓜疙瘩，大坡疙瘩，庙疙瘩，和尚疙瘩，寺疙瘩，大疙瘩，小疙瘩，过了七崚八疙瘩，还有九亩大疙瘩，不管疙瘩有多少，太上老君保平安。"许记秀翻来覆去，把它念了许多遍，病妇是陕西人，本来就听不懂大宁话，光能听懂许记秀不断在念疙瘩，所以越听越感到好笑，但又不敢发出声来，时间一长，病妇再也憋不住了，随着病妇一声大笑，也把她化了脓的奶头憋破了，一股脓血从憋破的口子上流了出来，由于脓血流了出来，病妇奶头的疼痛也减轻了许多，许记秀乘势给主人说："这下妖魔被赶走了，你女人的病也自然会好起来。"这时病妇也搭着腔说："现在就觉得疼的轻多了。"主人十分高兴，当天又好吃好喝把许记秀款待了一番。第二天临行前，主人不但给了他一笔钱，还给他带了一部分路上吃的干粮，许记秀一合计，这笔钱除过过黄河的船工费外，还可买三四十斤粮食，给他的干粮，也满够他返回大宁一路吃了。

张石匠"过生日"

在过去，人们吃的面粉靠用石磨来磨。石磨由上下两扇石盘组成，石磨上由石匠用錾头錾成一行一行有规律的条形凹凸壕沟。每当条形壕沟棱角磨平的时候，就要请石匠再来錾磨，否则磨就磨不碎粮食了。有一天村里来了个錾磨的，好多家人都约请他为自己錾磨，錾一盘磨一般得一天多的时间，石匠除了要得一定数额的工钱外，还得要在磨主家吃饭。

过去，人们的生活水平较低，一般情况下，都不会做太好的饭去招待客人。但是，张石匠是个爱吃好饭的馋嘴人，每天都想吃好的。于是他就想了个办法，天天"过生日"，第一天到白杜錾磨时，给磨主家说，今天是我的生日，我虽然"过生日"，也不休息了，还照常给你家錾磨。磨主家听石匠说他今天过生日，便设法做了一顿饺子给他吃。第二天，张石匠又给另一家錾磨，他又用同样的方法，事前给磨主家说，今天是他的生日，这家也给他做了一顿比较好的饭。以后，天天如此，每到一家錾磨，都说这一天是他的生日，这样各家各户不是给他煮饺子，就是给他蒸包子，或者是为他做其他较好的饭食。村里的婆姨家，一般在吃过早饭没事的时候，都肯带上小孩坐在一起拉闲话。就在张石匠到村錾磨的第五六天的时候，几家錾了磨的妇女，无形中凑在一起拉闲话，许家婆姨说，那天张石匠在我家錾磨时说他那天"过生日"，我家给吃了包子。李家的婆姨说，不对吧，在我家錾磨时张石匠也说那天是他的生日，我家给他吃了饺子。其余几家錾了磨的家户婆姨，也都说张石匠在她家錾磨时说他那天过生日，而她家也给他做了好饭吃。几个妇女这时才算弄清张石匠是为了骗好饭吃，到每家都谎称那天是他的生日。人们了解了这个情况后，村里几个多事的年轻人，就跑出去问张石匠关于他天天过生日的事。张石匠见自己说谎骗吃饭的事露了馅儿，但仍然不慌不忙地给质问他的年轻人们说，不是我天天要过生日，是我妈生我的时候，一连难过了几天才把我生下，所以我就把这几天都当作我的生日。张石匠说完众人一阵哄堂大笑，笑得他满脸赤红，当即收拾起行当，离开了白杜村。

许玉胜许愿

过去，村里人没煤烧，全年做饭、取暖全靠入冬以后砍柴火作烧柴。天长日久，光靠农村里的坡坡凹凹已砍不下那么多的柴，村里人就得到村西北面的高山里去砍柴。有一天许玉胜赶着自己的骡子，又到高山上去砍柴。许玉胜把柴砍好，束成两大捆，用绳子捆在架子上，正要往骡子鞍子上抬时，骡子的后蹄踏了空，顺着山上的陡坡子一直往下翻落，面对如此惊险的状况，许玉胜十分惊慌，一开始骡子向下滚，他非常焦急地说：山神爷保佑我家骡子平安，我给你说场书。说完骡子还是向山沟下翻滚，许玉胜更加着急地说：神爷爷，我给你献只羊。接连又说我给你献头猪。刚说完，骡子正好滚在一块平地上，许玉胜赶快跑下去，一看骡子已站在那里，他用缰绳试着拉着骡子走，骡子不但能走，而且浑身没有一点受伤的地方。许玉胜见状高兴地哈哈大笑，脱口而说：骡子呀骡子，你往山下滚，吓得我在那里满口胡说。从此"许玉胜给神许愿——许得多，不算数。"成了白杜人一句新的顺口溜。这件事也就成了白杜村一个新的传说小故事。

许富宝赶着毛驴提水桶

过去，白杜村人的饮用水都得在村西的河沟里取，有牲畜的人都用水架搭在毛驴或牛的身上，把用铁箍箍成的两只大木桶，搭在水架上，从沟里往家驮水。有一天许富宝赶着他家的毛驴，顺着西河坡下到沟底去驮水。到了井子跟前，许富宝从水架上卸下水桶，把水桶放进井子里，水桶灌满水后他便用搭勾（一种从井子里往上吊水桶的木勾子）吊水桶，正在这时，还没驮上水桶的毛驴顺着下来的路，一直向着返回村子的方向走去。许富宝这时便用两只手提着两桶水（足有150斤），一边走着，一边"哦、哦"地喊着（村里人让牲口停下来的一种喊声），意思是让毛驴停下，他好把水桶搭在驴身上，但是那毛驴就是不听他的呼喊，一直顺着河坡往上走。驴空着身子在前面走，许富宝提上水桶在驴后面，顺着河坡往上走。就这样，一直走到家里，才赶上毛驴。许富宝提上两只装满水的大木桶，为了赶上毛驴，走了三四里的上坡路，连歇都没歇一下就到了家里。许富宝气力之大，他能把两只150多斤重的大水桶，一口气从河沟提回家的事儿，至今，一直在村里流传着。

许谦堂一顿吃了一升米

过去，白杜村人有用大老镢开垦荒山坡地的习惯。新开垦的荒山坡地一般都能长几年好庄稼，所以凡是劳力多而且有苦程的人，每年都要开几亩山坡荒地，种点糜子、谷等，增加家里一点收成。

村里有个叫许谦堂的年轻人，体格健壮，力气很大，吃得多，干得也比别人多。别人一亩荒地得用四五天时间才能刨完，他连两天都不用就可刨完。但是他的饭量也是十分惊人的。有一年春天，许谦堂独自一人到村北面刘家坡去开垦荒地，因为刘家坡离村子较远，凡是到刘家坡开地的人都会带上干粮，住宿在刘家村。许谦堂到刘家村，第一天吃过早饭后，带上中午的干粮和水，在地里开了一天荒地，晚上回到村里，想吃小米焖饭，便在刘家村借了1升米（1升米足有3斤重）。借来米之后，他想到不如今晚上先用小米焖吃一顿焖饭吃。想着，想着，就将锅里水烧开，然后将1升米的三分之一下到锅里，不一会米饭熟了，一股扑鼻的香味溢满了整个屋子，他不顾一天的疲劳，一口气就把焖好的米饭吃了个精光。他吃完米饭后，满口米香味久久不能散去，肚子觉得还不十分饱，于是他又将剩下小米的一半下到锅里。第二锅小米焖好后，许谦堂不一会又将它全部吃完。许谦堂正想打开铺盖睡觉，但是小米干饭的香味又在打动着他的心弦，他想吃小米干饭的食欲又上来了。于是他又烧开一锅水，将剩下的小米全部焖在锅里，不一会米做熟了，他又一口一口地把焖好的第三锅米全部吃到了肚子里，这时他才觉得肚子里实实在在填满了小米饭，也感觉到全身十分舒服，他钻进被子里，一头倒下去，一觉睡到天快明，一轱辘爬起来，带上干粮和水，又到地里去开荒了。

他为什么叫个"铁锤子"

早年间，白杜村有一位长者，小名叫个"铁锤子"，不知道原因的人，总觉得这个名字不但太俗气，叫着也有点别扭味。不少人认为这个名字带着很大的贬义。其实不然，原来，在"铁锤子"没有出世前，他家里很穷，当他母亲怀上他时，全家人怕生下他再添人加口，养活不了，下决心要从胎里去掉他。为此，他母亲便在怀胎期专门找重体力活去干，甚至有几次在肚子上用力捶打，想把她怀着的胎儿打掉。但是，事与愿违，胎儿一直牢牢地在母体内一天天成长壮大，怀孕期满后，胎儿一生下来，还特别健壮、十分结实。老两口说，这孩子特别命大，身子骨硬得像铁一样，咱们就叫他"铁锤子"吧。这就是"铁锤子"这个名字的来历。

鞭杆子打胜磨杆子

清光绪末年，白杜村请了上麻束村一个叫王吉士的武功教师给村里的年轻人讲拳术、传武功，不到两年工夫，这些年轻人不仅学到了不少术路，而且武功也练得很有起色，一时间白杜村的名声在周边各村广为传扬，越传越神，甚至有人神奇地说，白杜村许某会飞檐走壁，李某双臂能举起一个碾骨碌子，就连老年人一巴掌就能扇断一棵一把粗的树。这些传言，虽然有些言过其实，但它也比较如实地衬托出白杜人练习武艺不可小视的功底。可是消息传到离县城不远、地处沿川的一个大村子时，这个村的人很不服气。他们之所以不服气，是因为这个村在近年来县衙组织的几次比武大会上都有人荣获第一名。他们不但不服气，而且还放出话来说，如果白杜人敢的话，我们愿请他们来我村比试武艺，如果不敢，就回书给我们承认自己服输。听了这些既傲慢又欺人的话，白杜村的几个年轻人十分气愤，决心要同他们一比高下，并很快把去那个村比试武艺的时日通报给他们。比武日到来的那一天，白杜村的那几个年轻人，一大早仍像平时一样，赶着牲口到地里去耕地，耕了一早晨地，回来一吃过早饭，几个人就拿着鞭子直奔比武地的村子去。大约过了不到两个时辰后，他们就赶到了要比武的那个村边，在村子外，几个威风凛凛的主人早就守候在村口哩，他们有的扛着磨杆，有的举着碾杆，显出一副力大无比的架势，并大声呼喊，咱们就在这村边比试吧！说时迟，那时快，对方的呼喊声未全部落音，白杜村的几个年轻人便手疾眼快地冲上前去，一个个举起鞭杆子朝着拿着磨杆、碾杆的手打下去，正好都打着他们刚要举起的手指上，鞭杆子细，打到有磨杆衬托的手指上，也是够疼痛的了，这时只见他们一个个都丢下手中粗笨的家伙，落荒逃回到村子里去了。白杜村的那几个年轻人也高高兴兴地踏上回家的路。这次比试实际是一次智慧的胜利，不管事实如何，白杜村的几个年轻人，总算取得了胜利。从此，鞭杆子打胜磨杆子的佳话，在全县广为流传。

能吃能干的许凰堂

许凰堂一米八五的大高个子，身材也比较魁梧，是村里有名的大肚汉，也是全村公认的干活力气最大的一条汉子。

解放前，村里人少吃缺穿，没有多少零花钱，再加上当时社会多数人都只干着一个"农"字，一般人要找个来钱路着实是不太容易的事。1947 年大宁解放后，白杜村的一些人发现了一个能赚点钱的门道：在西山这个小天地里，大宁是个盛产棉花和小麦的地方，由于农村多种小麦和棉花，所以玉米、小米等一些杂粮的价格，就要比邻近县价钱略微贵一些。这时村里有些人就开始从吉县往大宁担小米或玉米贩卖。人们三三两两，一大早从白杜起身，带上足够的干粮，扛上一根扁担和两条布袋子，到吉县窑曲集上去买粮食，一天走去，买下粮食担上，当天返回大宁城内，第二天在集上再卖出去，一百斤粮食能赚两万多元（旧币，约合现在两元人民币），这自然是担得多，就能赚的钱多些。

人的力量是有限的，再加上路途遥远，年轻人一般一次只带二三斤干粮，只敢担八九十斤。许凰堂可就与众不同了，他从白杜起身，带五六斤干粮，往回走担一百五六十斤粮食，别人带二三斤干粮足够吃，许凰堂把五六斤干粮都吃完还显得不够，别人担八九十斤粮食还挺费劲，许凰堂担一百五六十斤重的担子，还常常走在大伙的前面。

1948 年，许凰堂参加了革命工作，他一直在乡政府和后来的人民公社里工作，经常在村里下乡，由于他饭量较大，别的干部在老百姓家里吃饭，一顿饭只能吃一碗多，而许凰堂就得吃两三碗还觉得不太饱。他觉得也不好意思，所以不管到了谁家，吃完饭总要说"你家做的饭就是好吃"，言下之意，我之所以吃得多，是因为你家做的饭好吃。

李廷良随机应变

解放前，李廷良的哥哥李廷温在隰县的一个编村担任着村主委的职务。为了糊口，李廷良也跟着他哥哥到隰县干一份待遇很微薄的公差。

李廷良从小没有念过书，大字识不了一斗，基本上是个全文盲。有一天，李廷良在村公所同几个人坐在一起拉闲话。正说着，他从身上掏出一份县政府发给村公所的公文，两手展示在胸前，拿出一副看文件的架势，这时坐在他旁边的一个人给他说："老李，你把文件拿反了。"李廷良没加思索，大声笑着说："我是想让大家看，所以故意拿反的。"

大　事　记

中华人民共和国成立前

1876 年，光绪二年

天旱秋季歉收。

1877 年，光绪三年

天大旱，田禾绝收，人靠吃树皮、野草，白杜村民饿死人口占到半数以上，全村 150 来口人，只剩下六七十口人。时年鼠害盛行，村里至今仍流传着"光绪三年老鼠多，黑夜睡下咬耳朵"的说法。

1890 年，清光绪中期，约光绪十五年前后

本县当支村单同爵中举清廷武进士，不久就被光绪朝选为宫廷卫士。单同爵同白杜村许长胜是姑表兄弟。单同爵入驻为宫廷卫士后，就将长胜也带进宫内为卫兵。直到 1900 年八国联军攻进北平后，单同爵因病返回故里，许长胜也随同返回白杜。

1898 年，光绪二十四年

白杜村办起私塾，由本村许毓麒任首席教师。各种学杂费用全由学生负担。

1919 年（民国八年）

政府倡导妇女放足，禁止缠足，白杜村青年媳妇、女子积极响应，自己解放自己。

1923 年（民国十二年）

许光烈任县实验小学校长。

1925 年（民国十四年）

5、6、7 三个月内阴雨连绵 40 余天，造成小麦出芽。

1928 年（民国十七年）

三伏大旱，夏粮歉收，秋田绝收。村人以野菜山果度荒充饥。

1929 年（民国十八年）

本年合格村人刘在海任白杜初小教师，时年白杜村全村共有 19 名学生，分 4 个年级。

1930 年（民国十九年）

下南庄张安俊任白杜村小学教师。

1934 年（民国二十三年）

许光烈任大宁县高小校长。

1935 年（民国二十四年）

许建业在太原友仁中学加入中国共产党。许建业是大宁县入党最早的共产党员，九月因党组织遭敌人破坏，许建业离开太原返回白杜村继续从事革命活动。

1936 年（民国二十五年）

1 月，红军东征部队红一军团二师下属部队到白杜驻扎，向许光谟家打条借粮 3000 斤。许光谟的儿子许建业和党组织接上关系返回太原。

1937 年（民国二十六年）

7 月，大宁成立牺牲救国同盟会（简称牺盟会），许科堂、许凤堂、许执奎、许广忠、李润锁等人参加了牺盟会，许执奎在牺盟会一区区委担任通讯员。

8 月女作家丁玲率西北人民战地服务团途经大宁，在县城民革小学任教的许乃让等人和全体师生整队迎接丁玲一行，并聆听服务团演讲、观看文艺表演。

12 月许建业被任命为孝义县牺盟会特派员。

1938 年（民国二十七年）

3 月，日军第十一师团进驻大宁，3 月 15 日日军在追击阎锡山十九军部队时铁蹄践踏到白杜村，烧死村民 2 人，烧毁房窑六七十孔（间），抢走大批粮食财物。

9 月间，许科堂加入中国共产党。

1939 年（民国二十八年）

5 月，许科堂调县农救会工作，晋西事变后参加八路军，调离石县任抗联主任。

同年，许建业调任洪洞县牺盟特派员。

11 月 30 日牺盟会撤离大宁，集结于隰县羊角山一带，许科堂，许凤堂，许执奎，许广忠等人相继撤离。同日，日军轰炸机在对大宁县城狂轰滥炸的同时，一架日军飞机到白杜村盘旋一周，将一枚炸弹投放到杏坡疙瘩，在路边炸了一个直径两米的大坑，至今炸坑仍然留存。

1940 年（民国二十九年）

许建业调任榆次县长。

1941 年（民国三十年）

许建业调任寿阳县长，不久又调任晋冀鲁豫边区民政厅科员。

同年许乃让到三多小学任校长。

11 月许建业调任太行专署民政科长。

1943 年（民国三十二年）

7月，大宁左尔禹政府战工团团长赵中枢一夜之间在大宁逮捕了其认为疑是共产党员的干部、教师、群众50余人，在三多小学任教的许乃让也被扣押在县城，第二天找人说情释放并返回三多小学。

1945年（民国三十四年）

8月，"八·一五"日本投降后，许建业先后任河南省辉县和宜阳县县长、豫西三专署副专员、南阳市市长等职。

许科堂受吕梁区党委派遣，回到大宁担任大宁县民主政府县长。

1946年（民国三十五年）

大宁县民主县政府在西马头关正式成立，许科堂担任县长，以后许科堂领导大宁游击队在任堤、割麦、东木等地击毙敌爱乡团正副营长等官兵。

4月1日大宁县将编村改为乡，白杜村仍归当支乡管辖。

11月22日大宁县第一次解放后，许科堂率领民主政府工作人员进住县城肃清残敌，并开仓济贫。

1947年（民国三十六年）

国民党县长左尔禹为解决驻县城胡宗南部队的燃料问题，下令拆毁了城内一百多间寺庙和民房，与此同时，白杜村的隆兴寺亦被拆毁，其梁、柱、椽等，大都被运回城内供驻军烧用。

同年3月许科堂在刘家村给贫民发放救济物时被蒋军三十师便衣队打伤抓捕，同年5月在临汾英勇就义，时年33岁。

同年5月白杜村随同大宁城获得二次解放。

11月大宁全县开展反奸反霸斗争，查封地富100多户，关押当时被定为地主富农成分的100多人，许光谟、许在堂亦被关押。

1948年（民国三十七年）

春天，县政府根据上级指令，为了解决解放区的经济困难，号召农民种植大烟，白杜32户人家，家家响应号召在小片地上种植鸦片，当年种下的大烟，只能卖给国家，不能上市出卖，一两烟土能换一斗小米。

同年1月，中国人民解放军晋绥军区司令员贺龙到大宁视察工作，对土改斗争作出了重要指示，从而使大宁及时纠正了土改中出现的"左"的错误倾向。白杜村的许光谟、许在堂亦被释放回村。3月白杜土改工作结束，全村共划分为贫农18户，中农10户，上中农2户，富农1户，地主1户，对全村的土地也进行了逐块丈量，以人按亩进行了分配，不管什么成分的人都分到了土地。

中华人民共和国成立后

1949 年（民国三十八年）

春天，县民主政府发布了禁止种植鸦片的命令，同时对过去存贮的大烟也进行了上缴或销毁。

6 月 5 日，大宁县根据晋南行署的命令，组建了 150 名民工组成的大宁县解放大西北担架队，担架队自备干粮和日常用具，由大队长、县人民武装委员会副主任马占清带队，赴大西北，白杜村在县人民武装部工作的许瑞堂和本村农民许厚堂自愿参加了支援解放大西北担架队，许厚堂还赶着自己的毛驴，他们随同华北第十九兵团向大西北进发，途经陕南到甘肃、宁夏，先后走过了峰峦陡峭的六盘山、崎岖峡谷的三关口，历时 4 个多月，于 10 月 31 日胜利归来。受到大宁县委、县民主政府的隆重欢迎，并召开了庆功大会，在大西北临行前，部队还给大宁担架队赠送了两匹战马，十多支新步枪，并补发了足够的路费，还给每个民工颁发了光荣证和纪念章，大宁县政府还给许厚堂发了 500 斤小米，作为人和牲口的出工报酬。

8 月，白杜村恢复了小学，小学办在东圪崂李廷良家西窑，由杨志礼任教，学校为民办性质，教师每月报酬为 90 斤粮食，米、麦各半，由学生负担。

9 月，大宁县完全小学成立。

1950 年

2 月，许新民作为中华人民共和国建国后白杜村第一个在高级小学就读的学生，在县城关小学上了学。

3 月，李进仓和许建德在白杜联合 20 多户农民成立了互助组，由李进仓担任组长。

6 月，全村各户都领到了县人民政府颁发的土地证，土改时分到窑洞的许乃谦、李进仓等户还领到了房窑证。

8 月，全村开始推广"温汤侵种"和"药剂拌种"等农业技术。白杜村也派人参加了县里举办的培训会。

同月，建立了白杜村信用合作社，李进仓任信用社主任，许乃让任会计，在全村开展信用存贷业务。

9 月 1 日，黄昏时分，白杜村遭冰雹袭击，时间长达 1 小时之久。

12 月 18 日，全村近百名干部群众，步行到道教村同全县上万人参加了县政府在这里举行的镇压反革命分子大会。

本月，全县将 9 个行政村划为 23 个，白杜村仍归当支行政村管辖。

1951 年

4 月，白杜村民积极响应抗美援朝的伟大号召。全村参加反对美帝侵略、保卫世界和平签名的人数达到 80 多人，有 20 多个青年自愿报名要求参加中国人民志愿军。5 月 1 日，白杜村 50 多个干部群众赴县城参加了县政府组织的抗美援朝示威活动。11 月 5 日，李进仓、许建德参加了县政府举行的劳模大会，并受到了奖励。本月，村里引进了"金皇后"、"斯字棉"等优良品种。

1952 年

1 月，许新民在城关小学毕业后，被分配到白杜小学担任教师，时年 16 岁。此年白杜小学仍为民办，每月向学生收 45 斤小米、45 斤小麦作为教师的报酬。

3 月，县政府免费为白杜村 20 多名儿童接种了预防天花的疫苗，从而杜绝了流行性的出天花的疫病。

5 月，白杜学校组建了少年儿童先锋队。

12 月白杜试办农业生产合作社，全村有 20 多户入了社，许建德担任社长。

同月，许新民调离白杜小学，到下麻束任小学教师。接任白杜小学任教的是临汾师范毕业的蔺与廉，因蔺与廉有腿伤，由县委书记亲自派县委机关的骡子从县城送到白杜任教。半年后，白杜小学改为公办，教师工资由国家按月发付，每个教师一般可以领到二十一二万旧人民币。

1953 年

9 月 12 日，气温急剧下降，白杜村冬小麦普遍遭受冻害，造成小麦大幅度减产。

7 月大宁县第一次人口普查工作结束，白杜共有人口 169 人。

8 月全县行政村划分工作结束，全县划分一镇十八乡，白杜辖归安古乡。

11 月国家实行粮食统购统销政策，号召农民向国家销售余粮，白杜村民积极响应政府号召共向国家交了 4 万多斤余粮，许在堂将他兄弟 4 人几年以来积攒的 3 万多斤粮食全部卖给国家。

本年在全面开展的慰问中国人民志愿军活动中，白杜村共捐款 50 万元（旧币）。

1954 年

4 月 8 日，县政府召开全县农业社长会议，许建德作为白杜农业社社长，参加了会议。

7 月，全村开展了学习《中华人民共和国宪法》草案的活动。

9 月，实行棉布统购统销，全村人领到政府发的定量购买棉布的布票。

1955 年

春，旱情严重，从 2 月到 4 月基本上干旱无雨，严重影响了春播工作。

1956 年

阴历 2 月，白杜同上下麻束共同办起了高级农业社，牛、驴、土地等主要生产资料全部入了社，实行集体劳动，按劳分红。

2 月，太原工人代表团来大宁给白杜村赠送了留声机等。

4 月，全县划为 1 镇 10 乡，白杜村辖属安古乡领导。

7 月 24 日，遭受冰雹、暴雨袭击，全村大秋作物受灾严重，减产达三四成。

9 月，大宁县初级中学招生，李文生、许高民、许钧民等人考入大宁初中学习。

1957 年

春季气候寒冷，全村小麦遭受冻害，造成小麦减产。

4 月，流行性感冒在全村爆发，全村患疾病人数高达 70%，政府组织医务人员巡回诊治组，到白杜村认真为群众诊治，从而控制了疫情。

从 5 月到 8 月白杜发生了一百多天无雨的严重旱情，造成全年粮食减产过半。

10 月，全村开展了以社会主义教育为中心内容的整风运动。

1958 年

3 月，白杜村响应政府号召，在全村开展了轰轰烈烈的以消灭麻雀、老鼠、苍蝇、蚊子为主的除四害运动。

5 月，全村开展扫除文盲运动，李廷玉担任扫盲教员，全村 20 多名青壮年参加了扫盲识字运动。

6 月，隰县与大宁合并。

8 月，原大宁城关镇与当支乡划为大宁镇，白杜辖属大宁镇管辖。

本月，在"大跃进"的浪潮中，"极左"思想十分泛滥，要求人们深翻土地，必须达到几尺深。白杜村也参加了此项运动，但因人的力量有限，很难完成上级所分配的指标。9 月，李进德、许乃让、李廷忠、许建康等 10 多人赶上集体毛驴到隰宁县的碾子沟参加大炼钢铁运动，时间长达数月。

11 月白杜村为培养"赤脚医生"派王慧卿到县城（隰宁县）卫生训练班学习。

本年，许光烈被选为吕梁政协委员，许光成当选为县政协副主席。

1959 年

7 月，白杜办起公共食堂，因集体粮食十分欠缺，一个人一天只有七八两粮食。公共食堂延至 1960 年底才停办。

10 月白杜村四分之一的劳力被抽出到黄土等地修建水库和大协作，严重地影响了当地的农业生产。

1960 年

由于一平二调，再加上自然灾害，集体粮食产量大减，本年白杜村人均口粮不足二百多斤，再加上集体食堂吃大锅饭，粮食更显得不足，政府提出低标准瓜菜代的口号，当时白杜村民除在食堂一个人一顿领回一个只有二两重窝窝头，再挖些野菜充饥，由于营养不足，不少人都得了浮肿病。

本年底党中央开始纠正一平二调的"共产风"，将近两年来平调农村的物资、劳力、畜力等进行了按价退赔，白杜也领到了2000多元的退赔款。

12月村里公共食堂停办，村里人又各回各家点火做饭。

同月，由于县直机关精减压缩人员，王慧卿从吕梁医院返回本村，在保健站负责全村的医疗保健工作。

1961年

政府为了彻底解决1960年出现的严重饥荒，放宽政策，允许人们大开小圪崂地。饥饿中的人们早起晚归，除了集体劳动时间外，利用早晚时间给自己开挖荒地200多亩，人们种了大量谷子、玉米，这一年风调雨顺，收成很好，家家户户除了集体分到的口粮，自己也收了不少粮食。

6月1日，隰宁县分为隰县、大宁两县，恢复了大宁县，全县划分为10个人民公社，白杜大队辖归当支人民公社。

本年，白杜一口人只分了五十来斤小麦、200来斤秋粮，当支公社拨给白杜村1500斤供应粮，从而在一定程度上解决了人们口粮不足的问题。

1962年

遇到严重春旱，一春天白杜村基本无雨，直到阴历四月才落了头场雨。

6月12日下午，白杜村遭受了七级大风和冰雹灾害，秋作物因灾减产到四成，由于有头一年小块地收的粮食，人们的生活比1960年要好得多，基本上没有饿肚子。

10月，开展清工、清财、清物资的"三清"运动，经过"三清"白杜大队没有发现重大问题。

1963年

春起，连续降雨三十多天。

10月，成立贫下中农协会，许金奎任贫协主任。

11月，开展清思想、清政治、清经济、清物资的"四清"运动，运动搞了近半年，直到下年春天才基本结束，白杜大队没有发现重大问题。

1964年

3月，白杜村开始搞计划生育工作。

7月，进行第二次人口普查，全村总人口184人。

7月12日，天降暴雨，大、小泊池快要溢满。

12月5日，许金奎赴县城参加贫下农协会代表会，大会选举产生了全县贫下农协会。

1965年

1月3日，县委派工作组来白杜村开展当年的"四清"运动

4月15日，一百多名北京、太原知青来大宁插队劳动锻炼，县上在白杜村峪里沟打土窑和圈砖窑20多孔，村里给他们安排了灶具等生活物品并给发了劳动工具。

7月县上决定修建从县城到白杜峪里沟知青水保队的20华里乡村级公路，到12月公路修建完成。白杜从此成为全县第一个通公路的塬面村。

8月23日，白杜大队派种田能手李廷俭等2人，到县城参加翼城20名摇耧能手传授摇耧技术学习班。

8月，遇三伏大旱。

9月，开展以"两管"、"五改"（管水、管粪，改水井、改厕所、改畜圈、改炉灶、改环境）为中心的爱国卫生运动，使全村的卫生面貌大有改观。

12月6日，白杜村派出5名社员到榆村参加修建榆村公路的工程。

12月23日，李进仓作为县人民代表，参加了县第六届人民代表大会。

1966年

5月，"文化大革命"开始。

6月，开展破四旧（旧思想、旧文化、旧风俗、旧习惯）运动，全村所有的祖宗牌位、家族宗谱都被销毁，有的一部分存书亦被按有毒书籍烧毁。

10月6日，县委召开学习毛主席著作积极分子代表会，李廷杰、许金奎等人作为代表参加了大会。

本月，县城中学师生"停课闹革命"，许汉民等在大宁中学上学的学生，外出到北京、西安等地搞串联活动。

1967年

5月，开展农业学大寨运动。

6月，在前坪等地开始大平土地活动，至同年10月全村共平地40多亩。

本月，白杜成立核心小组，代替了党支部。许金奎当选核心小组组长。

7月，用贷款购买回一台三零型拖拉机，白杜村成为全县第一批使用大型农业机械的村子。

1968年

5月，在县革命委员会派往白杜村工作组的组织和领导下，在全村开展了群众专

政，先后有十多人被揪斗批判。冯三汝、李进隆、李进仓、许乃让、许建康、许尊慎等人都被批斗，有的还遭到了惨无人道的捆绑吊打。

6月8日，在县城举行的批斗所谓走资派、牛鬼蛇神和地富反坏右等一百多人，头戴高帽身挂纸牌进行游街批斗。李进仓也被抓去游斗。

7月16日，李玉田等人参加县举行的庆祝毛主席畅游长江2周年活动，有20多人在昕水河游泳。

同月，村保健站改名为赤脚医生医疗站，王慧卿仍在医疗站工作。

10月28日，北京市606名知识青年来大宁插队劳动锻炼，白杜村接待了11名知识青年到本村安家落户。村里干部群众十分热情地为他们安排住房，筹集灶具等生活用品并给他们购买了劳动工具。

1969年

9月5日，下大暴雨。

11月23日，白杜村在安古公社安排下派民工参加修筑209国道直至1973年完工。

1970年5月25日，傍晚，白杜村遇到了前所未有的特大冰雹的侵袭。当日晚，村里放羊、牧牛的刚返回村中，从东北方向过来的一股黑云突降冰雹，冰雹一来，没有雨点，全是冰雹，冰雹大如西红柿、苹果，全村打死猪3头，打伤两人，打烂农民在外边做饭的铁锅、铁盆30多件，窑上的石板、房上的瓦片全被打破，树枝树皮全被打落，全村一片狼藉惨相。

1971年

5月，村核心小组撤销，恢复党支部，李廷杰任党支部书记。

7月6日，白杜村降大暴雨。

11月30日，县上传达林彪叛党叛国事件，白杜村全体党员听了传达。

1972年

5月13日，遭受冻灾，本年小麦严重减产。

1973年

8月，天大旱严重影响了秋田生产，造成减产三成左右。

1974年

10月12日太仙河水库动工兴建，历时2年多于1976年建成，其间，白杜每年都派出5至10名民工参加修筑。

本年遭受严重旱灾，全村降雨量比正常年减少百分之二十左右，特别是农作物生长的旺季，7、8、9三个月雨量更少，造成严重减产。

1975年

7月21日，遭大风暴雨侵袭，村东、西河沟山洪暴发，玉米等高秆作物多被大风刮倒，造成减产。

11月，县委派工作队来白杜开展党的基本路线教育运动。

1976年

1月8日，周恩来总理逝世的不幸消息传到白杜村，村民不约而同地用多种形式深切表示哀意。

4月1日，白杜峪里沟知青水保队迁往新址。峪里沟改设为大宁县"五七"农业大学。

6月7日，许建业在广州逝世，终年59岁。

7月，朱德逝世，白杜村民一致深表沉痛哀悼。

7月28日，唐山大地震，白杜村也有震感，有关部门测定大宁地区破坏烈度为7级。

9月9日，毛泽东主席逝世，全村人民听到消息万分悲痛。

10月12日，粉碎江青"四人帮"反革命集团消息广播后，全村人民兴高采烈地热烈欢呼伟大胜利。

1977年

2月6日，中共广东省委在广州市为许建业公开平反昭雪，并举行追悼会，许建业的骨灰重新安放在广州市革命烈士大厅。白波、许钧民代表县委参加了追悼会。

5月，连降大雨，据气象站测量，降雨量400多毫米。

7月6日降大暴雨，村里的大泊池满溢。

1979年

1月，中央作出决定，原定为地主、富农的不再叫地主、富农，他们和其他人一样都称为人民公社社员。

4月11日晚，高山降大雪，白杜村后半夜下雨夹雪，第二天虽然没有积雪，但气温下降到零度以下，小麦冻害十分严重，早出苗的春作物小苗亦有冻死现象。

1980年

春天实行了包产到户、责任到人、分户劳动的联产责任制，结束了长达20多年捆到一起的集体化劳动形式，人们的劳动生产积极性空前高涨。

本村许金奎等8户人领到政府帮助困难户脱贫致富的资金。

1981年

3月政府进一步完善了责任制，实行交够国家的、留足集体的、剩下全是自己的大包干政策。牲畜、羊群都又作价归了个人，进一步稳定了人们的思想，人们的生产积极性更为高涨。从 1980 年到 1981 年连续两年，粮食获得前所未有、出人意料的大增产，全村年产粮食 40 万斤，比集体劳动时平均年产量高出一倍还多，人们的生活得到了很大改善。

1982 年

3 月 4 日，大风，有不少树枝被大风刮断。

6 月 20 日，实行生产责任制后，原归队的树木又回归个人所有，连同近几年来个人所栽的树木，都领到了政府颁发的林权证。

在今年全国人口普查中白杜人口达到 307 人。

1984 年

3 月取消棉布凭布票供应的办法。

本年小麦获得大丰收，亩产小麦一般都在 300 斤左右，全村 300 多亩麦地总产达到了十万多斤。

7 月，人民公社、生产大队、生产队经历了整整 26 个年头后，正式宣告撤销。安古人们公社改为安古乡，白杜生产大队改为村民委员会，白杜生产队改为村民小组，属安古乡领导，被捆绑在一起的集体劳动生产彻底离开了千家万户。

从此村里人不仅家里有余粮，手头也有了不少余钱。本年全村农业总产量、总收入绝大多数农户都比实行责任制之初的 1980 年翻了一番还多，人们的日子越来越红火。

当年，李文生被提拔为大宁县人民政府副县长。

1985 年

6 月 17 日，遭受大风冰雹袭击，农作物不同程度受灾。

1986 年

本年出现罕见伏旱，秋田受旱减产。

1987 年

10 月 30 日以前，天气还是秋高气爽、万里无云，但是 10 月 31 日凌晨（农历九月初九），突降暴雪，大雪将未收获的白菜、萝卜盖得严严实实，31 日虽然天气放晴，但随着西北风的劲吹，气候即进入大寒天气，至此白菜完全冻烂在雪地里。

1988 年

春旱，秋苗一时很难出齐。

1989 年

春夏连遇干旱，但 7 月后，阴雨连绵多成灾害。

1990 年

本年初，年事达 75 岁而且染病在身的许乃让坚持写文作诗，用了不到 5 年时间共写出古体诗文 150 多篇。

本年初村民开始使用身份证。

6 月，全国开始第四次人口普查，白杜村在村人口为 312 人。

11 月，新版《大宁县志》在县志办主任冯岩和其他同志的积极努力下，正式出版印行。由于李文生、许乃让、许高民、李玉田、许光成等积极为县志提供资料，名字被编入县志后记中。

1991 年

中央关于农民承包和劳动管理条例下达到了白杜村，党支部很快组织村民认真学习。

同年，李执祥报考省委招考副厅级领导干部，获笔试考试第一名，总分第一名。

1992 年

许乃让所作的古体诗，被大宁《昕水文艺》、《临汾日报·文艺版》选登了 6 首。

2 月，李执祥被选任为省劳动厅副厅级纪检组长。

11 月县教育局危房普查组到白杜学校调查。

1995 年

李瑞田提升为京西宾馆总经理。

1999 年

大旱，从 1998 年阴历八月下旬开始直到本年正月二十九，近半年时间滴雨未下，阴历正月三十晚开始下微雪，晚上雪量有所增大，但到 2 月初一共降雪不足 10 毫米，致使本年全村小麦基本颗粒无收。

2000 年

由于进入二十世纪 70 年代以来，使用农药越来越多，造成一些野生动物大量伤亡，再加上人为捕杀，到本世纪飞禽类山鸡、野鸡、麻雀等越来越少，红嘴鸭、喜鹊、乌鸦、野鸽子、猫头鹰、老雕等基本绝迹，走兽类狼、狐狸等都很少见，候鸟燕子、火燕、白头鸟、大雁等越来越少，粪爬牛和其他小昆虫也基本绝迹。

从 1999 年冬至 2000 年春少雨雪，从春天开始到 6 月 3 日没有下过有效雨。小麦基本颗粒无收，秋田无法下种，直到 6 月初才下了一场大雨。

9 月，中央取消了农业特产税，从此，人们收获的苹果、核桃等土特产上市再也不用交数额较高的特产税了。

2002 年

经过近两年的时间，许新民、许钧民同曹生贵主编的大宁黄河总公司 30 多万字的发展史用了两年功夫撰写成稿，这是大宁县第一部企业史书。原省委书记李立功、副书记杜五安等为本书题了词。

4月，黄河总公司委托许新民、许钧民和曹生贵到北京印制黄河总公司发展史，历时40多天。

2003年

4月，非典（非典型肺炎），也称SARS，在全国突发，白杜村按照县政府安排采取了比较有力的预防措施，全村没有出现感染病例。

2004年

一个振奋人心的好消息传到了农村，国家免除了农业税和粮农的一切费税，这一政策就为全村增加了数万元的收入。

同年，国家又对粮农实行了种粮现金补贴政策。种一亩小麦给补助10元，种一亩玉米给补助5元，全村当年共播种小麦140多亩，国家给补助了1400多元，种了300多亩玉米，国家给补助了1500多元。

2005年

国家实行远程教育，县教育局给白杜小学配备了电脑和电视机。

10月17日，许光成在侄婿、外甥陪护下赴北京参加为纪念抗日战争胜利60周年而举办的书画展，在书画展中许光成的作品被评为特等奖。

2007年

白杜村安上了程控电话。

2008年

村民高纪芳开始做大型十字绣的工艺制作，从3月到5月，用了3个月的时间绣出了1.6米×3米的琴棋书人物画。她绣的第一幅画就卖出了5400多元的好价钱。

本年，在国家村村通的政策指引下，县交通局从前半年开始共投资25万元。到9月铺通了从上麻束到白杜村和白杜村到屹崂塬的乡村级的水泥面公路。

同年，在国家扶持下，白杜村在园子沟安装了新的引水上塬工程的所有设备。

2009年

白杜在上海同济大学任教的许乐编著的《香港电影的文化历程1958—2007》在中国电影出版社正式出版。该书被北京电影学院列为电影艺术理论研究丛书，还被认定为2007年度北京市重点学科电影学建设专项最终成果之一。

县水利局给全村各户铺设了自来水管道。

10月8日，在许国伟倡导和支持下，许新民开始纂写《白杜村村志》。

11月10日到11日连降大暴雪，降雪量达到30多毫米。

本年，许新民用了半年多时间，从其父亲许乃让所作的 150 多篇诗文中，选录了 100 篇古体诗、15 篇古体文章，编辑为《桑榆诗文集》正式出版刊印，成为我县农民第一部诗文作品。

2010 年

经过在园子沟扩大蓄水池加大存水量，8 月自来水管道正式开始给各家各户送水，全村人吃上了自来水。

3 月 1 日降雪 15 毫米。

3 月 2 日气温降至零下 4 度。

祝贺与希望

《白杜村村志》由许新民先生主笔，在县城本村干部和全体村民的积极参与下将要付印了。著书立志，昭启后人，这是留给我们村子孙后代的宝贵精神财富。在《白杜村村志》将要出版面世之际，作为白杜故里同仁，我和全村父老乡亲一样，感到十分高兴，也非常激动，在这里，我首先表示亲切的祝贺。

白杜有着文明的发展历史和丰厚的文化底蕴。早在明清时期就很兴旺发达，以其古建筑遗址来看，庙宇不仅齐全，而且规模较大，村南有花娘娘庙、村北有土地庙、村东有五道庙和下寺庙，是佛教和道教的经典之作，其建筑都十分精细宏伟，各庙宇在明清时期香火十分旺盛。特别是村子西南面的隆兴寺大庙占地有四五亩之大，庙内设有龙王祠、大佛祠等，庙院内建有一座大戏台，据说在每年的秋收之后，村里总要请戏班子来唱几台戏，以此祭奠神灵、庆祝丰收。可以想象得到当年白杜村的兴旺发达景象。

在抗日战争和解放战争中，村里有一批热血青年参军参战、参加革命，许建业同志是我县的第一个共产党员，大宁解放后的第一任县长许科堂烈士就是我们白杜村人。抗日战争、解放战争中白杜人付出了血的代价，有九位热血青年为革命献出了宝贵的生命。

白杜人历来十分重视文化教育事业，在我的记忆中村里就有一批文化老人，常常听他们谈历史、讲典故，至今记忆犹新。特别是每年春节，家家户户的春联文雅笔工，甚是新颖。解放前，我们村的许乃让老先生曾任过三多小学校长，许光烈老先生曾任过午城小学校长。许建业同志早在二十世纪三十年代初就进入太原友仁中学。解放后，一九五〇年村里恢复学校后，白杜小学学生每年升学率都比较高，曾给城关学校、大宁中学、隰县师范输送了不少优等生。多年来，村里涌现出一批在中直机关、省、市、县担任重要职务的优秀干部，特别值得称道的是我们村在工行工作的许兰生之子许乐，他是我县第一个北大毕业的博士，现在上海同济大学执教电影专业。

白杜人人气高尚、民风淳朴，村民身居一地、心连一起、和睦相处，相帮相护、尊老爱幼、扶贫济困，他们不懈奋斗，守护着美好的家园，建设着祖先遗留下的这块宝地。

我离开家乡已经四十多年了，对村里的历史及现实了解浮浅，知之甚少，只能粗浅地表以激情，以表达我对村志出版的祝贺。

在此，我衷心地希望白杜村全体村民、白杜在外工作的各位后代能从这部村志中了解家乡的文明历史，传承先祖的光荣传统，在各自的岗位上敬业奋斗，为家乡、为人民、为祖国作出更大的新的贡献。

李执祥

二〇一〇年十二月

后 记

　　我的家乡白杜村，是个人杰地灵、物阜民丰的好地方。我爱我美丽的家乡，我更爱我家乡那些才能出众、勤劳朴实的父老乡亲，是他们——白杜村的历代先辈，在人类发展的历史长河中，用自己的聪明才智和勤奋的双手，战天斗地，绘制出一幅幅淳厚丰实、流光溢彩的动人生活画卷；是他们，在祖国和人民需要的时候，挺身而出，为了国家的安全和人民的幸福，浴血奋战，英勇献身，写出一首首激奋人心的战斗诗篇；是他们，坚持团结友爱、和睦相处，弘扬中华民族自强不息、艰苦奋斗的传统美德，唱出了一曲曲优美动听、感人肺腑的时代壮歌。邃古及今，白杜村的历史内涵丰富多彩，情深义远。在伟大祖国日新月异的社会变革中，是一片蕴藏着无限生机的热土，有着广阔美丽的前景。把白杜村过去的历史撰写成文，不仅顺应社会发展的需要，而且也符合广大村民的心愿。正由于此，撰写白杜村志，可以说是我由来已久的一个强烈愿望。早在1983年我任县志办主任的时候，就萌发了撰写村志的想法，所以从那时起，我就有意识地同村中健在的长老先辈们广泛接触，开始收集和记录一些有关的资料，这一工作，二十多年来，虽然只是断断续续，可从来也没有停止过。

　　经过二十多年的收集、整理和思想上的不断酝酿、梳理和积累，使我对白杜村的历史和现状，较过去相比有了一个更加清晰的轮廓，对白杜村历年来的兴衰变化和人物典故，也有了一个更加广泛的基本概念。这就为我日后动笔写书积累了不少资料，打下了一定的基础，创造了较好的条件。2010年春天，就在我整理出版印制完成我父亲的遗作《桑榆诗文集》和我的小作《雅贤居小集》两本书后，我就打算开始做白杜村志的事情。也就在这时，在外地信用联社工作的同乡许国伟在和村友的一次聚会中热情地提出倡导编写白杜村志的意向，并恳切地表示：只要能为家乡撰写出一部村志，他愿竭尽全力，设法解决启动资金和印制费用。在那次聚会中，有的村友也推荐我来做白杜村志的编写工作。这一情况，无疑和我的内心想法一拍即合。于是我便于春暖花开的三月初，在我的住所——雅贤居书屋，开始了白杜村志的编写工作。

　　编写一部村志，首先会遇到一些难题：第一个难题是，必要的经费难找来源之处。年轻有为的许国伟同志为我们解决了这个首要的难题。第二个难题是缺乏资料并且无处去找，写村志的资料收集，大大不同于写县志，写县志有县直有关部门可以提供本系统本单位的翔实而具体的大量资料，又有县档案馆历年来归档保存的系统史料。而村志资料，特别是文字资料，不论找到那里，也只能是凤毛麟角。特别是白杜村从人民公社化至今的几十年间，又同上、下麻束是一个大队或村委会，所以在县档案馆、县统计部门或乡镇所看到的很少的一些村级数字等资料，也只是以大队或村委会记写的，具体很难分清楚属于白杜生产队和村民小组的究竟是多少。因此，写村志在很大程度上就得依靠口碑资料。口碑资料一般也只有那些年岁较长而又善思世事的人才能提供。然而当今的实际状况是，白杜村比我这个七十五岁年龄还大的只有六七个人了。而他们之中，又多是没有文化的人，有的已进入老年性痴呆阶段，从他们口中也不可能了解出更多的东西。所以我动手写白杜村志，就只能靠我个人几十年来对白杜古今资料的积累来完成。第三个难题是，完成村志的所有工作都是纯粹义务性的，也不可能得到任何报酬，像对各家各户基本情况的收集、电脑打印、校对等工作，就得靠有关人员的主动性、积极性和自觉性来完成。令人可喜的是，在编写过程中，在村在外的许多家乡同仁都能积极配合、全力协作。他们的这种可贵精神，更加坚定了我写好村志的信心和决心。和我同龄的许芳有，多次主动和我在一起回忆史料，大大拓展了我的编写思路；许钧民是个有一定写作能力的人，但因他本人掌握村志所需资料太少，不好动笔，就帮我誊写初稿、校对电脑打印出的文稿、设计表格、进一步搜集尚缺资料，做了许多重要工作；许林生住在临汾照看在临汾念书的孙子，但他在暑假返县后，连续数十日，天天按时同我一起整理资料、校对稿件，做了一系列艰苦细致的工作；乘着暑期为村志做了一些工作的，还有正在上大学的我的大孙女许学娟，她在假期放弃了宝贵的休假时光，在电脑上连续做了六七万字的校改工作；李玉田、许建国、李廷俊、李春雨、许晋平、许记生、李文林、许兰生、许文德、李连文等同志在提供资料、收集情况，联系工作等诸多方面，都做了大量的十分有效的工作。特别是老支书许廷生、村民小组长许陆生等在整理收集资料工作中，做了不少别人无法取代的工作；在道路运输管理站担任站长的我的三儿子许永红，在电脑打印文稿方面想了不少办法，做了许多精密细微而卓有成效的工作，大大加快了文稿的打印校对工作。另外，我的大儿媳房改珍、二儿子许建红、二孙子许凯峰、侄女许建丽、许迎辉、侄媳李燕青和近邻许振鸿等都在电脑打印、校改等方面做了不少具体工作，有的人取笑地说我像是穆桂英挂帅出了征，把一家人都拉到编写志书的行列里了。就这样，通过大家的共同努力，一部列有十三编、三十九章、一百二十六节，二十多万字，涵盖上下一百多年，包罗白杜村人文历史、经济发展、社会变革等所有内容的《白杜村村志》，只用了半年时间便大功告成。白杜村志的成书历程，又一次展现了白杜村人才众多和白杜村人善于团结进取、做好公益事业的优良品质。

　　白杜村历来文化人才众多，过去人们对它曾有过"秀才村"的美称，出过不少革命烈士、爱国志士和做出过各方面突出贡献的特殊人才，涌现出一批在中直机关、省、市、县担任主要领导职务的优秀干部。在编写村志的过程中，展现在稿纸上的一些人物以及他们所经历过的英雄业绩和显露出的高超才能，常常使我兴奋不已，感受更加深刻，对他们的敬慕之情也愈加深厚。这使我觉得越写越有写头，越写劲头越大。差不多每天都是早上四五点起来，连把脸也顾不及抹一把，就坐到书案上，在稿纸上行云走笔，忙个不停。有时候老伴早把热腾腾的饭菜端在饭桌上，并多次催促，总是把我从书桌上"请"不到饭桌旁。尽管如此，几个月来，我从来一点也没有觉得累过。这大概就是"心欲愿而身不嫌劳"的缘由吧！

　　说实在的，在半年多对白杜村志的编写日子里，我很少有消闲的一天，可以说，每一天都是在繁忙而紧张中度过的。有时候白天工作上十多个小时，晚上睡在床上，总还是不由自主地在构思完善当天写就的文稿、考虑明天干什么如何干。直到把志稿交付印刷厂排印之后，我紧张了几个月的心情才算放松了下来，就像一个怀满十月胎儿的孕妇将要临盆生育一样，不管将要出生的婴儿是美是丑，我总要让他在芸芸众生面前如实地、充分地展示并任人评述自己的美丑。白杜村志问世之后，会得到人们什么样的评说，这就只有留给时间去作证了。不管如何，我总算了却了一桩心事，完成了我一生的又一个心愿。话到这里，这篇简短的后记就该结束了。但是，借此机会，我还想再说几句我最想说的话。我要十分感谢千百年来创造出如此丰富多彩社会生活的白杜村各位世代先辈；感谢在编写过程中，为完成村志任务而辛勤奉献的、本文前边提到的和没有提到的所有热心人；同时也感谢我的老伴王慧卿，感谢她在我编写过程中，主动承担所有家务，让我腾出更多的时间和精力，一心一意投入到编写工作中去，从而大大缩短了编写时间，加快了速度。我更要感谢对《白杜村村志》关心和支持的各位领导和同志们。志书初稿面世后，原县志办主任、退休老干部冯岩，不仅对志稿的修改提出了不少恳切的意见，而且为志书写了热情洋溢的序言；本村同仁、原山西省劳动厅纪检书记李执祥十分热情地为本志的编写、出版写了一篇热情洋溢的文章——《祝贺与希望》；编审委员会侯耀强、李玉山、许建峰等同志多次为志稿修改润色，县有关主要领导樊宇、贺寅生、姚如意等在百忙中为本志题了词，退休干部许高明和退休职工李廷俊也送来一幅题词，对村志作了高度评价。所有这些添笔，使得志书的体态更加丰满、结构更加完善。最后，我还想诚心诚意地表述一下我的内心真实想法：白杜村志虽然是由我一个人动笔编写的，但却蕴结了很多人的心血，是集众人之能的一项劳动成果，如果没有大家的共同努力，我是写不出这个村志的。

　　白杜村志的文稿，尽管历经多次精细琢磨，反复修订，但由于编者水平有限，文字功底不足，仍然难免有疏漏失误之处，尚请读者见谅，并加以批评指正。我还有一个心愿，望白杜后人能够在若干年后再续写白杜村志，使白杜村的历史能够不间断地一直记述下去。

许新民

二〇一一年四月二十八日

图书在版编目(CIP)数据

白杜村村志 / 许新民主编.—太原：三晋出版社，
2013.8

ISBN 978-7-5457-0804-2

Ⅰ.①白… Ⅱ.①许… Ⅲ.①村史—大宁县 Ⅳ.
①K292.55

中国版本图书馆 CIP 数据核字(2013)第 206157 号

白杜村村志

主　　编: 许新民

责任编辑: 解　瑞

出 版 者: 山西出版传媒集团·三晋出版社(原山西古籍出版社)

地　　址: 太原市建设南路 21 号

邮　　编: 030012

电　　话: 0351—4922268(发行中心)

　　　　　0351—4956036(综合办)

　　　　　0351—4922203(印制部)

E — mail : sj@sxpmg.com

网　　址: http://sjs.sxpmg.com

经 销 者: 新华书店

承 印 者: 太原市元宏印业有限公司

开　　本: 787mm×1092mm　1/16

印　　张: 20　彩页 6

字　　数: 350 千字

印　　数: 1—1000 册

版　　次: 2013 年 10 月　第 1 版

印　　次: 2013 年 10 月　第 1 次印刷

书　　号: ISBN 978-7-5457-0804-2

定　　价: 88.00 元

三晋方志书系

书　名	定价(元)	书　名	定价(元)
平阳府志	300	阳泉城区志	300
汾州府志	150	大同市矿区志	148
泽州府志	210	忻州地区志	360
永宁州志	300	山西省重点乡镇村志	
潞安府志	180	系列丛书(十册)	800
沁州志	120	南村镇志	100
太原市志(八卷)	3000	孝义市城关乡志	200
交城县志	280	孝义市柱濮镇志	200
孝义县志(续)	260	广胜寺镇志	260
文水县志	260	东寺头乡志	68
晋城县志	320	刘家垣镇志	360
朔县志	200	北周庄镇志	390
榆社县志	300	下院村志	200
苛岚县志	280	重点村志(十本)	800
阳曲县志	260	河底村志	100
灵丘县志	98	柏沟村志	100
永济县志	200	义安村志	100
襄汾县志	138	信贤村志	100
襄垣县志(一)	180	小店村志	100
襄垣县志(二)	200	槐荫村志	100
长子县志	100	拦车村志	100
临猗县志	288	沟北村志	98
河津县志	268	南上庄村志	58
翼城县志今译	400	逯家庄村志	160
翼城古志集成	800	附城村志	366
广灵县志	300	太里村志	98
清代文水县志二种	300	大营村志	168
凤台县志	198	贾令村志	260
寿阳县志	480	太原市古城营村志	298
太原古县志集全	600	白杜村村志	88

书　　名	定价(元)	书　　名	定价(元)
山西古迹志	100	和顺教育志	130
五台山志	98	静乐教育志	120
珏山志	218	文水中学校志	150
大寨风物志	228	广灵县教育志	300
太行大峡谷志	360	和顺县财政志	280
北岳恒山志	310	宁武财政志	60
雁门关志	418	陵川县经济和信息化志	280
晋祠志	280	晋中煤炭志	280
朔州风景名胜志	280	高平市赵庄煤矿志	118
朔州名胜志	80	陵川县煤炭工业志	160
龙林山志	60	盂县东坪煤业志	268
平鲁旅游志	150	沁源金石志	480
裴氏历史人物志	60	太原市国营林场志	68
左权县人物志	160	平顺烟草志	120
韩氏历史人物志	80	清华水泥厂志	300
忻州地区英模志	200	太原图志	680
当代河东人物志	100	平鲁民俗图志	120
三晋煤炭英模志	138	晋祠水利志	20
平鲁人物志	228	平鲁文化图志	80
泽州县法院志	150	代县文化图志	98
怀仁县人大志	98	右玉文化图志	35
晋城市中级人民法院志	186	蒲县交通志	180
平顺县政协志	68	忻州公路志	198
绛县政协志	128	灵石县林业志	160
平遥政协志	260	原平粮食志	160
中共闻喜县委党校志	168	洪洞大槐树移民志	50
离石教育志	120	小店区地震志	360